W I Z A R D

相場師マーク・リッチ

史上最大の脱税王か、未曽有のヒーローか

The KING of OIL

The Secret Lives of Marc Rich

by Daniel Ammann

ダニエル・アマン［著］ 田村源二［訳］

Pan Rolling

目次

謝辞

原稿を書きはじめたときにはまだ知らなかった数十人の人々の助けと助言がなければ、わたしは本書を上梓することはできなかっただろう。この四〇年間に、さまざまな立場でマーク・リッチと仕事をしてきた石油トレーダーやコモディティ・トレーダーが、自分の考えや記憶を披露してくれ、門戸をひらき、資料を提供し、取引や資金調達に関する専門的なことを説明してくれた。彼らは自分たちの世界の全体像を示そうとしてくれ、ちょっとした秘密を明かしてもくれた。だが、大半の人が目立つことを嫌い、この本に名前が載るのを避けたがっている。ともかくこの場を借りて、そうした人々全員に感謝したい。彼らは初めて会ったわたしをすっかり信頼してくれたのだ。

アーサー・クレバノフは最高のエージェント、考えうる最良の助言者だった。プロに徹し、モチベーションが高く、博識で、ユーモアのセンスも抜群だった。セイント・マーティンズ・プレスの編集長フィル・レヴジンは、わたしが初めてこの企画を話した瞬間から、これはいけると信じてくれた。わたしのジャーナリスト活動のホームベースである『ディー・ヴェルトヴォッヘ』誌のオーナーで編集長のロジャー・ケッペルは、わたしがビジネス欄主任の地位から長期にわたって離れることを寛大にも許してくれた。以上三人の方々に、心からの謝意を表したい。

友人や同僚のなかには、時間を割いて的確な質問をしてくれた者たちも数人いる。そうした人々は、原稿を丹念に読んで問題点を指摘し、議論に加わって、本書をよりよいものにするのに一役買ってくれた。彼らはきちんと批判することで友情を証明してくれた。

本書の実現にさまざまな形で寄与してくれた以下の人々にも、心からの感謝を捧げたい。アヴネル・アズレイ、シュテファン・バルメットラー、サイモン・ブルンナー、ペーター・ヘンセラー、ピア・ヒーフナー・ハグ、クリスチャン・ケーニヒ、トーマス・クレイマー、マイケル・クローバス、モニカ・マイリ、イサク・ケルブ、カリンとクリストフのローテンフェーファー夫妻、ウルスラ・サント・ドミンゴ、ジュン・サルバッハ、ダニー・シェークター、ペーター・シルドクネヒト、ドーリスとヤーコブのシルドクネヒト夫妻、マルクス・シュナイダー、シュテファンとリディアのシュポア夫妻、クリスティーネ・シュテッフェン、ガブリエーレ・ヴェルフェッリ、アンドレ・A・ヴィッキ、ジョドク・ヴィッキ、マーク・ウィラード、トラデュカス・ジアウディン、ブルーノ・ジアウディン、デイヴ・ゾリンガー、アラン・ズッカー。ハンス・イェーク・ブリュンには特段の謝意を表したい。彼のサポートと洞察力がなかったら、本書は存在していなかったにちがいない。

わが両親、マルグリットとヨーゼフ・アマン＝マーラーには心の奥底からの感謝を。二人はつねにわたしを信じてくれ、自分で判断を下すことを教えてくれた。そしてとりわけ大きな感謝を、わが最高の妻、イレーネ・シルドクネヒト・アマンと、わが最高の娘、エミーリエに。愛と、励ましと、（どうしても必要だった）忍耐を、ありがとう。

第1章　まぎれもないキング・オブ・オイル

石油。ブラック・ゴールド。この「世界一問題のある資源」がロックフェラー家やゲッティ家の強大な王国をつくりあげた（マウゲリ著『石油の時代［The Age of Oil］』二〇〇六）。石油はまた、サダム・フセインのような独裁者をそそのかして侵略させ、イランの国王であるシャーの権力を失墜させた。今日でも、この戦略的に重要な資源を確保するためには戦争をも辞さない国はある。石油がなければ、飛行機は飛ばないし車は走らない。石油がなければ、病院は機能を停止し、ショッピングセンターは空になる。石油抜きで現代の経済は考えられない。石油は世界で最も重要なエネルギー資源なのである。いや、忘れてはいけないもっと大事なことがある――石油が産業社会で最も重要なコモディティ（国際商品取引の商品）でもあるということだ。わたしたちは「石油の時代」に生きているのである。わたしたちはまさに「炭化水素人間」なのであり、石油なしでは絶対に生き延びられないのだ（ダニエル・ヤーギン著『石油の世紀』［日本放送出版協会］）。

石油スポット市場はまちがいなく、二〇世紀に生まれた最も儲かるアイディアのひとつだ。マーク・リッチが強大な国際石油資本からグローバル石油取引の一部をもぎとり始めた当時、原油価格は一バレル当たり二ドルだった。それが二〇〇八年の夏には一四〇ドル台の史上最高値を記録した。マーク・リッチの事業は革命的――かつ大成功――だった。一九七〇年代、リッチは信頼できる一握りのパートナーとともに自力で、油井からガソリンスタンドまで石油取引のすべてを支配する石油メジャーのカルテルをなんとか切り崩した。石油取引史上初の完全に機能する競争市場を創出したのだ。つまり石油スポット市場を創りあげたのである。そしてその石油取引によってリッチ――アメリカにわたった貧しいユダヤ人難民の息子――は、世界最高クラスの大富豪にして最強のコモディティ・トレーダーのひとりとなり、「まぎれもないキング・オブ・オイル」にまでなった（彼をそう呼んだのは長期間いっしょに仕事をした仲間のひとり）。

だがリッチの絶頂期はすぐに終わってしまう。彼は栄光の座から引きずりおろされ、億万長者としての評判と、妻と、会社を失う。マーク・リッチは、起業家としての驚嘆すべき業績（たくさんある）ゆえに、その名を世界中に知られているわけではない。彼はグローバリゼーションのユニークなパイオニアだったが、そういう者として人々の記憶に刻まれはしなかった。ホロコーストを逃れてヨーロッパからアメリカにわたった無一文の難民から身を起こし、自分の意志の力でアメリカの大富豪の仲間入りをしたにもかかわらず、アメリカン・ドリームの具現者として記憶されてもいない。

途方もない金持ちにもかかわらず、リッチは名声を維持できなかった。いまではマーク・リッチといえば、脱税およびアメリカ大使館人質事件中のイランとの不正な石油取引の容疑で捜査を受け、一九八三年にアメリカから逃亡した億万長者の商品トレーダー、ということになっている。マーク・リッチといえば、二〇〇一年一月に、任期終了数時間前のビル・クリントン大統領から問題のある特赦を受けた男（『フォーブス』誌は二〇〇八年七月にその特赦について「クリントン政権最大の汚点のひとつ」と書いている）。マーク・リッチといえば、一九九七年から二〇〇二年まで下院・政府改革委員会の委員長を務めたダン・バートン下院議員の言葉を借りれば「アメリカの敵のほぼすべて」とビジネスをした男である。

いったい何者なのか、大博打人生を送ってきたこの男は？　戦争や革命を災いではなくビジネスチャンスと見なしたこの男は？　世界最強国の捜査官の追跡をほぼ二〇年にもわたってかわしつづけた男、マーク・リッチとはいったい何者なのか？

彼は二〇世紀が生んだ最も重要かつ最も問題のあるコモディティ・トレーダーのひとりであるにもかかわらず、伝記はこれまでに一冊しか書かれていない（カピタス著『メタル・トレーダー』［新潮社］）。それも二五年ほど前の出版であり、内容はすでに古臭い。書かれることがここまで少ないというのはたぶん、リッチを〝好まらしからざる人物（ペルソナ・ノン・グラータ）〟にした一九八三年の刑事手続きと関係があるのだろう（彼はいまなおペルソナ・ノン・グラータのままだ）。いや、それよりも、リッチがこそこそすることで有名な商品取引界のなかでも極め付きの秘密主義者と見なされているせいかもしれない。だれも彼の写真を見たことがなく、メディアが報道に画家のスケッチを用いざるをえない、という時期が何年もあった。彼は徹底的に記者を避けていた。長いインタビューは二〇年以上も前に受けたきりで、その後は取材にいっさい応じていない。そのため、だれひとり、ほんとうのマーク・リッチを知ることができずにいる。だれも彼の秘密を知ることができない。

三年前、わたしはリッチの秘密を知ろうと思った。

そこでわたしは二〇〇六年一二月に手紙をしたため、取材を申し込んだ。「親愛なるリッチ様、わたしの目的はあなた――あなたの価値観、考えかた、モチベーション――を深く知ることです」。わたしは質問の長いリストも同封した。

わたしは微妙な問題を避けるつもりがないことを彼にあらかじめ知っておいてほしかった。アヤトラ・ホメイニのイラン、フィデル・カストロのキューバ、アパルトヘイトの南アフリカ――腐敗、暴力、人種差別の国々――とビジネスをすることをなぜ正しいと考えたのか、彼に直接聞いてみたかった。あのルドルフ・W・ジュリアーニに告発された脱税容疑についても、彼自身の口から聞きたかった。さらに、なぜアメリカにもどって法廷の場で身の潔白を証明しようとしなかったのか、なぜビル・クリントン大統領から特赦されることになったのか、という点も問いたかった。また、アメリカにいて病気になった娘に、見舞うこともできぬまま死なれたとき、その苦しみからどのようにして立ち直ったのか、とも尋ねてみたかった。むろんわたしは、コモディティ・トレーダーがあまたいるなか、リッチがなぜ、どのようにして、これほどの大成功を収めることができたのか、その秘密も知りたいと思っていた。

正直なところ、わたしは返事を期待していなかった。リッチがこうした質問に答えたことはかつて一度もなかったからだ。だから、彼から会って話してもよいという連絡が入ったとき、わたしの驚きは大きかった。ジャーナリストとして一〇年以上も彼の問題を追っていたことで、気に入られたのかもしれない。わたしはつねにバランスのとれたフェアな記事を書くよう心がけてきた。リッチについての記事を書くときは必ず、彼にコメントする機会を与えた。だがもっと驚いたのは、本書の内容は自分の思いどおりにさせてほしいというわたしの要求をリッチがあっさり呑んだことだ。わたしは〝ファイナル・カット権〟を強く主張した。〝検定本〟など書きたくなかったからだ。わたしはすべてを自分で調べて書きたかったし、当然、彼が読みたくないようなことを書く自由も欲しかった。リッチはわたしの要求を呑んだ。が、ひとつだけ条件をつけた。それは「間違いがあったらそれを指摘できるように、出版社へわたす原稿を事前に読ませてほしい」という条件だった。わたしはその条件を受け入れた。ただし「それでも自分が正しいと思ったら原稿を変えなくてもよい」という条件をわたしのほうからもつけて。原稿を読んだあとの彼のコメントは、これ以上短くできないほど短いものだった。彼は感謝の手紙を送ってよこし、「バランスのとれたリポート」とコメントし、いかなる変更をも求めなかった。

多数にわたるリッチとの長い会話が、本書の重要な情報源となった。先をお読みいただければ分かるように、彼はわたしが聞きたいと思っていた質問すべてに答えてくれ、ほかにもたくさんのことを話してくれた。こうした事柄についてリッチが話すのはまさに初めてのことであり、答えられない法的理由があると判断したときのみ、彼は質問に答えるのを拒否した。世界の紛争地域での取引についても包み隠さずに話してくれ、イラン、南アフリカ、アンゴラ、キューバと取引したことも認めた。そして自分が巻き込まれた訴訟事件について初めて口を開き――自分は脱税したことも法を犯したこともない、と主張した。

わたしは、この四〇年に何らかの形でリッチと仕事をしたアメリカ、アジア、ヨーロッパの石油トレーダーやコモディティ・トレーダー数十人にもインタビューした。彼らは、リッチの人生の大事件、彼の最も重要なビジネス・パートナー、天下分け目の大勝負などについて語ってくれた。商品取引の複雑な世界に案内してもくれた。彼らの大半が匿名を希望し、わたしはそれを受け入れざるを得なかった。コモディティ・トレーダーがスイスの銀行家よりも人目を避けようと苦心することをわたしは学んだ。商品取引という世界では、表向きはまったく関係ない客同士を結びつけることが多く、慎重さもまた成功に不可欠な最も重要なことのひとつなのである。わたしはリッチの訴訟事件と会社に関する無数の文書（秘密文書を含む）にも目を通した。

マーク・リッチの私生活について知るために、娘のダニエル、アイロナはもちろん、ヘッジファンドの伝説的パイオニアのマイケル・スタインハルトらリッチの親友たちにも話を聞いた。デニーズ・リッチはたいへん印象的な女性で、彼女との会話はとくに重要なものになった。彼女は、元夫との生活、苦い離婚、大統領特赦を得るための尽力などについて率直に話してくれた。リッチの最初の秘書になったスペインの侯爵夫人、ウルスラ・サント・ドミンゴは、初期のトレーダー時代のリッチについて教えてくれた。イスラエル情報機関モサドの元要員は、リッチのイスラエルとの非常に特殊な関係と、彼がユダヤ人国家に提供した重要なサービスを理解する手がかりを与えてくれた。そして、ジャック・クイン（クリントン政権のホワイトハウス法律顧問）、ロバート・F・フィンク、アンドレ・A・ヴィッキら、リッチに雇われたことのある弁護士たちは、クライアントに対する訴訟がいかに欠陥だらけだったかを、わたしに納得させようとした。

もちろんわたしは、リッチの敵となった人々にも話を聞いた。たとえば彼の〝強敵〟、モリス・〝サンディ〟・ワインバーグ・ジュニア（〝　〟内はニックネームを示す。以下同）。ワインバーグは、ニューヨーク州南部地区連邦地検の連邦検事補として、リッチの取引をめぐる捜査を担当し、起訴状まで書いた（当時、連邦検事としてマーク・リッチ訴訟を指揮したルドルフ・W・ジュリアーニは、インタビューの申し入れを拒否し、時間的余裕がたっぷりあったにもかかわらず質問に答えるのさえ拒んだ）。一四年にもわたってリッチを秘かに拘束――誘拐さえしようとしたケン・ヒル元連邦保安官にも話を聞けた。アメリカおよびスイスの司法当局者や外交官にも話を聞く機会があり、彼らは公式には話せないことをオフレコで語ってくれた。さらにわたしは、リッチの競争相手や、彼と喧嘩別れした元従業員からも話を聞いた。

そうした会話と調査のすべてから得られたものは、権力、道徳性、超道徳性、巧妙さがないまぜになって、見た目どおりではないことがたくさんひそむ壮大な叙事詩だった。これからお話する物語は、私生活とグローバル政治の衝突、マーク・リッチのサーガである。

第2章 最大の悪魔

それはサンモリッツの一年でもいちばん寒い時期のある朝のこと。わたしは自分の車へ歩いていった。足下で雪がサクサク音をたて、息が顔の前で白い霧と化しては消える。世界でも最古の最高級スキー・リゾート地は、零下二二度の酷寒のなかにあり、空気がピシピシ音をたてて凍るのが聞こえるようだった。車のなかに入るには、ウインドーに張りついた厚い氷の層を掻き払わねばならなかった。わたしは焦りを隠そうと、小声で呪いの言葉を吐いた。エンジンがこの寒さに負けずに始動するよう祈らずにいられなかった。「頼む！」と、わたしは懇願しながらキーを回した。この日、わたしがスイス・アルプスでいっしょにスキーをする約束をしていた男は、時間に遅れる人間が何よりも嫌いだった。それだけは、わたしもすでに知っていた。一度、離婚について尋ねたとき、彼は元妻について「つねに遅れた。つねに」と言った。ごくストレートな言いかたで、アイロニーなど微塵も感じられなかった。

遅れるという選択肢はなかった。遅れては絶対にいけない場面だった。なにしろわたしが半時間後に会う約束をしていたのは、重要さも悪名の高さもピカ一の二〇世紀最強の石油トレーダー、マーク・リッチなのだ。石油取引でリッチほど成功した人物は古今東西どこにもいないし、彼ほど世界中で物議をかもし、憎しみや称賛の的になった者もいない。友や同僚は、国際取引に革命をもたらした彼のユニークな天才ぶりを絶賛するが、敵は、儲かると見たら自分の祖母さえ売りかねない破廉恥な強欲者と彼を見なし、蛇蝎のごとく嫌う。今年（二〇〇八年）七四歳になるマーク・リッチは、どうやら白か黒かの見方しかされないようだ。二〇〇一年一月にビル・クリントンから大統領特赦を受けても、この状況は変わらなかった。いや、それどころか、それはアメリカ史上「最も悪名高き」大統領特赦のひとつにも数えられ、リッチの敵にとっては「彼が何でも——超大国の大統領から赦免さえ——買える」証拠となった。

わたしは単純化された月並みな通念の向こうにあるにちがいない、この男の真の姿を知りたいと思った。ベルギーからアメリカへわたった貧しいユダヤ人難民の息子マルセル・ライヒは、どのようにして「大富豪にまでのし上がった史上最強のコモディティ・トレーダーのひとり」（『フィナンシャル・タイムズ』一九八八年九月一日）マーク・リッチになったのか？　彼と一握りのビジネス・パートナーたちがどこからともなく湧いて出て、石油をはじめとする商品のグローバル取引を支配できるまでになったのは、いったいなぜなのか？　彼の特異なキャリアを決定づける決断、画期的な出来事とは何だったのか？　そこにまで到達するのに、リッチはどれほどのことをしなければならなかったのか？　彼の限界は？　最大の成功は？　そして最悪の敗北は何だったのか？　リッチは何に衝き動かされていたのか？　原動力は何だったのか？　彼の起業スキルから学べることがあるとすれば、それは何なのか？

わたしはラッキーだった。一発で黒のオペルのエンジンは始動した。この酷寒に難儀しているのはスピーカーだけのようだった。「どうか自己紹介させていただきたい、オレは大金持ちだし趣味もよい」と歌うミック・ジャガーの声が妙にどんよりとしていた。午前八時ちょっと前のことで、道は雪におおわれていた。どこにも人っ子ひとり見えない。わたしは凍りついたサンモリッツ湖のそばを慎重に走りぬけ、町いちばんの最高級ホテル《スヴレッタ・ハウス》へ向かった。あと数日もすれば、そのホテルはジェット機で飛びまわる金持ち連中やヨーロッパの貴族たちに占領されるはずだった。彼らがクリスマスや新年を祝うのにもってこいの場所なのだ。この朝も《スヴレッタ・ハウス》は雪をかぶったモミ林に抱かれ、安らかに落ち着き、高貴さをたたえていた。ホテルのエントランスの近くには、赤いニンジンを鼻にした雪だるまの一団が静かに立っている。

スピーカーから流れ出てくるのは、相変わらずミック・ジャガーの声。一九六八年というシンボリックな年に書かれたローリング・ストーンズの『悪魔へのシンパシー（悪魔を憐れむ歌）』は、四〇年たったいま、ほぼすべてのラジオ局でふたたび聴けるようになっている。わたしは右折し、スヴレッタ・スキーリフトの下駅へと向かった。そこで〝最大の悪魔〟（マーク・リッチ本人が使った言葉）と会うことになっているのだ。「わたしは最大の悪魔と言われていた」と、かすかな自己憐憫も見せずにリッチがわたしに明かしたのは、前回ツークの町にある彼のオフィスで話し合っているときだった。リッチの淡々としたスタイルに慣れ親しんできた人々は、彼に誇張癖がないことをよく知っている。

これまでリッチの唯一の伝記だった『メタル・トレーダー』（新潮社）を二五年ほど前に書いたA・クレイグ・カピタスは、彼を「真のプリンス・オブ・ダークネス（悪魔）」と呼んだ。リッチはまた、悪の権化、冷酷非道な悪党、「第三世界の血と汗と涙で手がべとべとに汚れた」資本主義の怪物（スイスの政治家ヨーゼフ・ラング）、といったレッテルを貼られたこともある。こうしてリッチの名前は、貪欲と悪徳ビジネスのシンボルとなり、「現実資本主義」の悪をすべて意味する恐るべき符合となった。

マーク・リッチの名前が独り歩きしはじめた日は、正確にわかっている。それは一九八三年九月一九日、ニューヨーク州南部地区連邦地検の野心に燃える若き連邦検事が、メディアの前に姿をさらした日だ。のちのニューヨーク市長、ルドルフ・W・〝ルディ〟・ジュリアーニ連邦検事は、湧き上がる歓びをなんとか押し殺そうとしながら、興奮を隠せずに「史上最大の脱税容疑で起訴」と発表した。当惑する記者やカメラ・チームに向かって、彼は起訴状を読みあげた。『ニューヨーク・タイムズ』紙は冷静に報道する必要を感じ、翌日の紙面に「きわめて異例の派手な公表劇」と書いた。

ジュリアーニは当時四八歳のリッチを総計五一の容疑で起訴した。リッチは少なくとも四八〇〇万ドルにのぼる莫大な脱税だけでなく、不正な金もうけ、共同謀議、敵国との取引――まっとうな市民が告発されうる最も重大な犯罪の数々――でも告発されたのである。リッチはイランの原油を取引し、多数のアメリカ人がテヘランで人質になっている最中に（大使館人質事件）、対イラン禁輸措置を無視した、と断じられたのだ。リッチと彼のビジネス・パートナーであるピンカス・グリーンは、残りの人生を刑務所で過ごすことになってもおかしくないほどの重罪を犯したのだ、とジュリアーニは連邦地検のロー・ライブラリー（法律図書館）で言い切った。ただ、そのときにはもう二人の被告は家族とともにスイスへ逃亡していた。当時スイスには一〇年前に設立されたマーク・リッチ社（Marc Rich + Co.AG）の本社があった。

以後、捜査当局者はこのマーク・リッチ事件をよく「アメリカ史上最大の脱税」と位置づけるようになり、政治家もたびたびリッチを「億万長者の逃亡犯」と呼び、ジャーナリストもこの「アメリカ史上・最重要指名手配ホワイトカラー犯罪者」（このように打ち込んでグーグルで検索するとマーク・リッチがトップにくる）についての記事を書いてきた。念のため説明しておくと、ホワイトカラー犯罪とは「殺人・窃盗など暴力的な犯罪とは対照的な脱税・横領・贈収賄など」の意だ。当然ながら、世論がいちばん問題にしたのは敵国との商取引である。共和党のクリス・シェイズ下院議員が、政府改革委員会で発した「売国奴」という言葉こそ、当時の国民の気持ちをひとことで言い表したものだろう。そしていまもなおマーク・リッチは、多くの者にとってまさに「アメリカの敵」のままだ。

「最大の悪魔」。この言葉をマーク・リッチ自身から聞こうとは思ってもいなかったので、わたしはびっくりしてしまった。リッチは強い男かもしれないが、多弁は彼がもつ強みのひとつではない。ふつう二つか三つのセンテンスで、慎重かつ簡潔に話す、というのがリッチのスタイルである。その点はわたしも彼と会話を重ねる前から知っていて、注意していた。だから「ノー」「イエス」「なぜ？」以上の言葉を彼から引き出せたら満足しなければならない、と思っていた。リッチの話す英語には、父親の母語であるドイツ語の訛りがかすかに残っている。話しかたは意外にもソフト。そして話すときは、相手の目をまっすぐ見つめ、反応をうかがう。握手は「記者はトラブルの元」という信念と同じくらい固い。

マーク・リッチに会う

わたしがマーク・リッチに初めて会ったのは、サンモリッツでいっしょにスキーをする数カ月前のことだった。そのときは、ツーク駅に隣接する鉄とガラスの平凡なビルの最上階にある彼のオフィスで会い、座って話をした。部屋の大窓からは、町の商業地区とそのまわりに広がるなだらかな起伏の丘がつくる景観を楽しむことができた。ただ、その部屋に到達するには、最新式の厳しい高性能セキュリティー・システムを通過しなければならない。まず、有名なスポーツクラブの隣にあるビルのロビーに入って、エレベーターに乗ろうとすると、早くもカメラが追ってくる。このビルには弁護士や資産管理運用会社の事務所もある。五階に達すると訪問者は、曇りガラスのドアに行く手をはばまれる。ドアについている銘板には〈マーク・リッチ・グループ〉とある。呼び鈴を鳴らす。と、またカメラにじろじろ観察されているのがわかる。自動ドアがひらく。なかに入ると、ガラスの小部屋に閉じ込められ、前方のガラスドアの向こうから受付係が鋭い視線を投げてよこす。防弾ガラスのドアとわかっても、そりゃそうだろうとしか思わない。背後の第一のドアが閉じて初めて、前方の第二のドアがひらく。これでようやく会社のオフィスに入ることができる。

ウェイティングルームには、スイスの芸術家・建築家ル・コルビュジエがデザインした小さなガラス・テーブルと黒革のＬＣ２チェアが二脚おかれていた。「マーク・リッチ・グループ、グッド・モーニング」――ツークではふつうドイツ語が話され、すでに午後も遅い時間だったのに、インターホンから飛び出した案内係の挨拶はグッド・モーニングという英語だった。そのときわたしは、リッチに最も忠実なトレーダーのひとりから聞いたことを思い出していた。「マーク・リッチ帝国では太陽は決して沈まない」と彼は言ったのだ。一四九二年のコロンブスによる新大陸発見のおかげで世界帝国を支配することになったスペイン国王カルロス一世（神聖ローマ帝国皇帝カール五世、一五〇〇～一五五八年）にリッチをなぞらえたのである。「マークはまぎれもないキング・オブ・オイル、石油帝国の王だよ」と彼は続けた。

わたしは係の者に案内されて、純白の装飾がほどこされた迷路さながらの廊下を歩いてリッチの部屋へ向かった。壁にはミケル・バルセロとアントニ・タピエスの絵画がかかっている。足音は砂色のカーペットに吸い込まれてしまう。ついにボスの部屋にたどり着こうとしたとき、わたしは二人の屈強そうな大柄の男たちに気づいた。二人は間仕切りのうしろのコンピューターの前に座っていて、なんだか退屈そうだった。「運転手です」と、わたしの問いに答えて案内の者が言った。「警護の者」と、あとでマーク・リッチは打ち明けた。この二人のボディーガードは、彼のそばを片時も離れない。リッチが通りを渡ったところにあるレストランに昼食をとりにいくときも付いていく。わたしはアメリカ政府がリッチの首に賞金を懸けていたときのことを思い出さずにはいられなかった。当時リッチは世界中どこにいても、アメリカ政府当局の捜査官や一獲千金をねらう者たちに追われ、車は装甲仕様のメルセデスにしか乗らなかった。

リッチの警護を担当していたのは、イスラエル諜報特務局モサドの元局員が率いる少数精鋭チームだ。彼らは当然のごとく職務を全うした。リッチをスイスで誘拐して国外へ連れ出そうとまでしたアメリカの捜査官たちは、結局、彼を拘束することができなかったのである。「彼は警護にそうとうな金を注ぎこんだ。必要なものを買う金があったんだ。われわれは国に立ち向かうようなものだったよ」とケン・ヒルはフロリダでわたしに言った。ヒルは連邦保安官として一四年間、リッチを逮捕しようとしつづけた男だ（彼の話は第12章で詳しく紹介する）。

「どういう非難がいちばん応えますか？」。わたしはリッチのオフィスでこう切り出した。

「どういう非難のことを言っているのかね?」と、リッチは問い返した。

質問が不明確と思ったときは必ず、リッチは問い返す。彼は長い木の机について、白革のデスクマットの上でメモをとりながらインタビューを受けた。いつものように、ダークスーツに白いシャツ、赤いネクタイ。風邪をひいているとのことでチキンスープを飲んでいた。リッチと会うときはほぼいつもそうなるように、このときも葉巻の煙がただよっていた。半分ほど煙になったキューバ産のコイーバが、クリスタルの灰皿に横たわっている。葉巻は、アメリカでは決して楽しめなかったリッチの数少ない嗜好品のひとつ。アメリカでは、一九六二年二月七日以来、キューバの葉巻——全産品——は輸入禁止のままだ。その日、ジョン・F・ケネディが対キューバ全面禁輸を命じる大統領令を出したのである(熱烈な葉巻愛好家だったケネディは、この大統領令を出す前に、ピエール・サリンジャー報道官に命じて、ワシントンDCで売られている好みのキューバ産葉巻を買い占めさせた。サリンジャーによると、銘柄はプチ・アップマン、買えた数は一二〇〇本)。

リッチの机には大きなコンピューター・スクリーンがでんと載っていて、そこにはリアルタイムの為替レート表が映し出されており、その画面を株価指数があわただしく横切っていく。スクリーンのそばにおかれていた二冊の本にわたしの注意は引きつけられた——『世界のメタル・トレーダー(Metal Traders of the World)』の最新版とビル・クリントンの自伝『マイライフ』(朝日新聞社)。そしてサイドボードの上にびっしり載っているのは、自分の人生を彩る写真の数々。そのほとんどは娘のアイロナとダニエル、それに孫たちの写真だ。いちばん前に、ビル・クリントン、アル・ゴアといっしょに写っている次女ガブリエルの写真が一枚ある。ガブリエルは白血病をわずらい、一九九六年に二七歳の若さで他界した。イスラエル前首相のエフード・オルメルトがリッチをハグしている写真もある。壁には、リッチが二〇〇七年にイスラエルの大学から授与された名誉博士号の証書が二つ、シンプルな木製の額に入れられて飾られている。

あとの章で詳しく見るように、ビル・クリントンが任期切れ直前にリッチに特赦を与えることに同意したのは、イスラエルの政治家たちの取りなしによるところが大きい。イスラエルはさまざまな理由でリッチに恩義を感じているのである。イスラエルがリッチからきわめて重要な極秘サービスを受けたというのも、そうした理由のひとつだ。これについても、あとの章で詳しく紹介する。

「あなたはアヤトラ・ホメイニからイランの石油を買いました。アメリカの大使館員が人質になっている最中に、です」と、わたしはリッチの問い返しに答えた。「あなたはアメリカの禁輸措置を無視してフィデル・カストロのキューバとビジネスをしました。あなたはアパルトヘイトで黒人を苦しめる人種差別国家・南アフリカへ石油を送りました。あなたはアメリカ史上最大の脱税者と見なされています」

彼はわたしをまっすぐ見つめ、穏やかな口調で言った。「そういうことなら、聞き飽きるくらい聞かされたので、もう免疫ができてしまっているよ」

「ご自分でいま言われた〝最大の悪魔〟というのはどうです？　そう呼ばれたらやはり傷つくでしょう？」。わたしは食い下がった。

「いや」と、マーク・リッチは言った。

最後の簡潔な返事の前には、それほど割り切れてはいない心の内を明かす長い沈黙があった。それは二人で話していて答えが確固としていないように思えた数少ないときのひとつだった。わたしはリッチの数人の友人から、彼がそうした非難に深く傷ついたことを聞いていた。

わたしの疑念を察知したかのように、リッチは謎めいた笑みを浮かべ、唐突に尋ねた。「スキーはするかね？」

わたしはびっくりして、うなずいた。「スイス人でスキーができない者なんていません。わたしは三歳でスキーをつけて立てました」。ちょっと自信過剰ぎみだったかもしれない。

「では腕前を見せてもらおうか」。彼はクリスマス直前にいっしょにスキーに行こうと言いだした。

チャーミングで狡猾

スキーリフトの下駅の駐車場は空っぽで、わたしが一番乗りだった。その一二月の凍てつく朝、そこでリッチを待った。まだ数カ月の付き合いだったが、わたしはリッチをかなり知ることができた。話し方は素っ気ないほど簡潔。だが、率直で、歯に衣着せぬ。チャーミングにして狡猾。七四歳になるのに、なお凄まじい集中力。だが最も驚くべきことは、世間に知られることやジャーナリストを、ベジタリアンがポークソーセージを嫌うように嫌い、あるていどの長さのインタビューを受けたのは、まだベルリンの壁が立っているころ、というこの男が、わたしがぶつけたほぼすべての質問に——最もデリケートな質問にさえ——答えてくれた、ということだ。

マーク・リッチの物語は、いかにもアメリカ的なものであり、また同時に典型的なユダヤ人のそれでもある。彼のサーガの一部は、アメリカン・ドリーム——昔ながらの「皿洗いが億万長者になるファンタジー」——の具現化と見なすことができる。また、アントウェルペン（アントワープ）を脱出したユダヤ人難民の息子、マルセル・ライヒは、ホロコーストでの確実な死を間一髪で逃れることができた。一九四〇年の春、ナチスがベルギーに侵攻したその日に、彼は家族とともに同国から脱出した。無一文で英語をひとことも話せなかったライヒ一家は、貨物船でモロッコに逃げ、とてつもない幸運に恵まれて最終的にアメリカに到達する。マルセル・ライヒはマーク・リッチと改名し、商品取引——ユダヤ人が何世紀ものあいだ従事することを許された数少ない業種のひとつ——の世界に入った。そしてすぐに〝ヴンダーキント（神童）〟との評判を獲得しはじめる。並外れた手腕、才能、決断力、忍耐力によって、リッチは当時の最も成功したコモディティ・トレーダーになってしまう。ところがその後、法律の網にからめとられて、ＦＢＩ（米連邦捜査局）の最重要指名手配犯リストに載せられる。そしてアメリカ政府は、リッチの拘束に貢献した者に多額の報奨金を支払うことを公表し、世界中で彼を追いかけまわすことに。

リッチの経歴は、二〇世紀のビジネス界でも最も驚異的なもののひとつである。なにしろ彼は、現代史のさまざまな重大事件に密接に係わりつつ仕事をしてきたのである。そうした重大事件を列挙すれば、一九五九年のフィデル・カストロのキューバ革命、一九六〇年代のアフリカの脱植民地化、一九七三年の第四次中東戦争（ヨム・キプール戦争）とオイルショック、一九七九年のイランの国王（シャー）の没落とアヤトラ・ホメイニの権力奪取、一九八〇年代のアパルトヘイト政策下の南アフリカ、一九九〇年代のソビエト連邦の崩壊……。

マーク・リッチと彼のビジネス・パートナーたちは、そうした重大事件の現場で仕事をしてきたのである。彼らは、持てるノウハウ、勤勉さ、そしてかなりの攻撃性のおかげで、そうした状況に競争相手よりもうまく反応でき、利益を上げることができた。だが、最も重要なことは、マーク・リッチがグローバリゼーションの画期的なパイオニアであり、現代の商品取引システムの設計者であるということだ。彼の名前は永遠にグローバリゼーションという経済革命と結び合わされて記憶されることになるだろう――彼こそ石油スポット市場の創出者なのである。現代の石油取引はスポット市場なしではもはや考えられない。わたしたちは車の燃料タンクをガソリンで満たすとき、「その場で」取引を完了する。ドライバーはガソリンを必要とし、提供価格を受け入れて、満タンにし、支払いをすませ、走り去る。取引はそれで完了し、ドライバーはそれ以上の義務を負わない。一九七〇年代の初めまでは、そのようなスポット取引は国際石油市場ではきわめて例外的な手法だった。当時は、需給の法則にしたがって自由に売買されるのは、世界の石油のわずか五％ほどでしかなく、残りの九五％は長期契約による固定価格にて取引されていたのだ。第二次世界大戦以降、世界石油市場は主要国際石油会社である〈セブン・シスターズ〉（ＰＢ、シェブロン、エッソ、ガルフ、モービル、シェル、テキサコ）に支配されていたのである。

この多国籍石油メジャーによるカルテルを打ちのめしたのが、一九七四年にスイスのツークという町に設立された小さな会社、マーク・リッチ社（ＭＲＡＧ）だった。それはあたかも、小さなソフトウェア会社が突然、マイクロソフトの市場での地位を力ずくで奪い取ってしまったようなものだ。マーク・リッチと四人のビジネス・パートナーはあっというまに、あらゆるコモディティ・トレーダーが夢見たことを成し遂げてしまった。彼らは、それまでほんのわずかか、まったく取引されていなかった商品のための、新たな市場を創り出してしまったのである。つまり、〈セブン・シスターズ〉を通さない独立した石油流通システムを創りあげてしまったのだ。その後、需要が高まりつづけて、石油の消費者価格はどんどん上昇していった。要するにリッチは、来るべき石油ブームが始まる気配がかすかに見えはじめたときに、石油取引への挑戦を開始したと言ってよいだろう。彼は一九六〇年代の末にチュニジア産の原油をつつましく取引することから始めた。当時、原油はバレル当たり二ドルで（その価格は二〇〇八年七月に一四七ドルの最高記録を達成したのち二〇〇九年二月には三五ドルまで下がった）、ローマクラブの『成長の限界』（ダイヤモンド社）はまだ書かれておらず、〈ピーク・オイル〉という言葉を耳にした者もほとんどいなかった（ピーク・オイルは世界石油産出量のピークのことで、それ以後、産出量は減少に転じるという）。

リッチはまた、産油国の解放を促した。彼のおかげで多国籍石油メジャーの競争が激化し、産油国は自国の自然資源に前よりも高い値をつけられるようになった、というわけである。リッチの長期にわたる同僚、腹心の友であるイサク・ケルブは、彼を〝共産主義の父〟になぞらえてもいる。「マーク・リッチは産油国のカール・マルクスとも言えるのではないか。マルクスがすべての労働者に自らの階級と利益に気づかせたように、マークはすべての産油国に自国の利益に気づかせたと言える。間違いなく革命だったんだ」

彼は神だった

設立から一〇年もしないうちにマーク・リッチ社は、国際石油資本から独立した世界最大にして最も収益の高い石油取引会社となった。同社の最も重要な共同経営者二人――マーク・リッチとピンカス・グリーン――が、世界最強の国家に追われる身になったにもかかわらず、である。マーク・リッチ社と取引しないですませられる者などひとりもいなかった。「一九八〇年代半ばには、われわれはすでに一日当たり一〇〇万バレルの原油を取引するようになっていた」とリッチは言う。マーク・リッチ社はたちまちのうちに、石油だけでなく、アルミから亜鉛にいたるまでのあらゆる金属・鉱物をも売買する、世界最大の商品取引会社になった。「メタルはいま、〝マーク・リッチと四〇人のこびと〟といった状況だね」と、ある競争相手は敬意とあきらめを込めて言う。長年リッチの下で働き、独立して成功をおさめたイングランドのある石油トレーダーが、皮肉の気配をいささかもただよわせずに、わたしにこう言ったことがある。「マークは巨人(タイタン)だった。いや、それ以上。彼はわれわれの神だったんだ。儲かる取引をまとめてマークからお祝いの電話をもらうと、神様から電話をいただいたような気分になったものさ」

〝最大の悪魔〟から〝神〟――人物評価でこれ以上の落差はない。コールタール・ピッチのように真っ黒？　それとも雪のように真っ白？　なぜリッチはこういう両極端の評価を受けるのか？　なぜ彼はこれほどの感情的反応を引き起こしてしまうのか？　こうした問いに答える心理学的説明がひとつある。それは「リッチにレッテルを貼るのは簡単で、そうすればそれなりの利益が得られる」ということだ。つまり、わたしたちは、リッチの両義性と複雑さ、ひいては石油取引一般につきまとうそれらを、簡単に無視することができ、そうやってリッチを〝悪魔〟にしてしまえば――生身の彼よりも大きな存在にしてしまえば――わたしたち自身の行動が内包する道徳的・政治的矛盾を忘れるのが容易になる、ということだ。

ほとんどのコモディティは、民主主義や人権を標榜しない国々からもたらされる。石油、天然ガス、金属に富む国々というのは、貧困や腐敗や失政に苦しんでいることが多く、経済学者や政治学者はそれを「資源の呪い」とか「豊富さの逆説」という用語で表現する。成功したいコモディティ・トレーダーは、友だちにはしたくないような人々と交渉せざるをえず、他の国々では眉をひそめられるか、完全に違法な方法にも訴えなければならないようだ。そういうところは、あらゆる情報源から情報を得る必要がある情報機関員やジャーナリストによく似ている。

「郷に入っては郷にしたがう」と、わたしの問いに答えた石油トレーダーもいた。彼は、世界で最も腐敗した国のひとつであるナイジェリアでかなりのときを過ごした。その国の地下にはたまたま巨大油田があるからだ。わたしは彼が言いたいことを正確に理解したかった。「妊娠したければバージンではいられないということ」と、その石油トレーダーは言った。もちろん彼は、契約をとるために賄賂を使ったことを認めた。「（マーク・リッチの）商品取引帝国は、現地の腐敗した役人への組織的な賄賂およびリベートに依存するものだった」と、リッチがクリントンから受けた特赦をめぐる状況を調査した下院・政府改革委員会も主張している。ナイジェリアに深く係わったその石油トレーダーは、この非難にこう反論する。「賄賂を渡しただけでは、成功もしないし、そもそもビジネスもできない。そんなことよりもっと重要なことがあった。それは、競争相手よりもよいサービスを客に提供するということだ」。リッチ自身、賄賂を許可したことを否定していない（第14章）。

最後のフロンティア

「わたしの原動力は、ほとんどの人のそれと同じ――大望（アンビション）」とリッチはわたしに言った。「人類は大望によって発展してきた。ある者はより高い山に登りたかった。より速く走りたい者も、空を飛びたい者も、海に潜りたい者もいた。わたしの場合はビジネスで成功したかった」。リッチが最後のフロンティアと期待したのは、地殻とそこに眠る宝物だった。彼は望みを遂げるために、取引をしてくれる者ならだれとでも取引をした。独裁者であろうが民主主義者であろうが、共産主義者であろうが資本主義者であろうが、関係ない。ユダヤ人に生まれた彼は、イスラエルを支援したが、そのユダヤ人国家を破壊したいイランのイスラム教徒たちとも取引した。アパルトヘイト政策をとる南アフリカ政府にも頼りにされた。こうして彼は世界の大富豪の仲間入りを果たす――と同時に、あらゆる政治陣営から悪鬼と見なされる。左翼は、彼をマルクスどころか第三世界の搾取者と見ているし、右翼は、イランやキューバとビジネスをした売国奴と考えている。そして左右両陣営とも、彼を史上最大の脱税者と見なす。リッチ自身は、自分は無実で、どんな法律も犯していないと断言しているし、彼の弁護士たちは、リッチがやってきた取引はすべてスイスの法律では完全に合法であると主張し、なぜそうなのかを詳細に説明した。が、世論はそんな説明に動かされることはなかった——むろん政治家たちも納得せず、真実はその逆であると確信しつづけた。下院・政府改革委員会は「リッチが、法的・倫理的制限にまったく縛られず、人の道を踏みはずしさえして、ビジネスを推し進め、蓄財したことは明らか」と結論づけた。

自分の会社はつねに政治とは無関係にビジネスを進めてきた、と断言していたリッチその人が、こともあろうに、すべてを粉砕する政治のミートグラインダーの中にどんどん沈み込んでいってしまったのだ。ホメイニが権力を掌握したのちのイランとの取引は、いまなお大罪と見なされているが、リッチは「アメリカの石油会社が完全に引き上げたのちも」ムアンマル・アル＝カダフィが支配するリビアとの取引を続けたという疑惑も消えず、それについてもアメリカの政治家たちは憤慨している。彼らはさらに、一九八〇年にはアフガニスタン侵攻後のソ連に、アメリカの禁輸措置を無視して穀物を売ったとして、リッチを非難しているし、ケネディの禁輸措置がまだ生きているのに彼がキューバと銅、砂糖、石油を取引したという事実にも怒りを覚えている。「この二〇年にアメリカが敵としたほぼすべての国とリッチ氏は取引をしてきたと報じられている。それらのなかにはアメリカが禁輸措置の対象としていた国々も多数含まれている」と、リッチに関する報告書が書かれた当時、政府改革委員会の委員長を務めていた有力政治家ダン・バートン下院議員が言っている。

紋切り型の反ユダヤ主義的非難

敵と取引をする祖国なき資本主義者。自分では何も創り出さず、仲介だけで他人から利益を得る相場師。「第三世界の血を吸う強欲者」（スイスの議会でもこう非難された）。税金を払うくらいなら祖国を離れて市民権を放棄する、暴利をむさぼる裏切り者。こうした非難に通底する紋切り型の反ユダヤ主義に気づかずにリッチを責める者たちも多いのではないか。リッチだけがこれほど迫害され、同じようなやり方をする他の石油会社がずっと大目に見られている理由の少なくともひとつは、この反ユダヤ主義であると考える人はかなりいる。わたしがインタビューした人々のなかにも、そう見なしている者たちが少なからずいた。

「わたしは『反ユダヤ主義的』という言葉を使うのはあまり好きではない。どんなタイプの非難にも、使おうと思えば使える言葉だからね。だいたい当たっていないことが多い。だが、このマークへの非難に関しては、まさにそれで、それが実に大きな問題だった」とアヴネル・アズレイは言う。モサドの元局員アズレイはリッチの親友のひとりで、彼が大統領特赦を獲得するさいにも大いに力を発揮した。「彼は成り上がり者だったんだ。アメリカのエスタブリッシュメントの出身ではないし——ユダヤ人でもある。アメリカのエスタブリッシュメントの一部、いわゆるWASPのエリートたちは、反ユダヤ主義さ、間違いない」と言うのは、マーク・リッチ起訴事件を最初からつぶさに見てきた、リッチの長年の仲間のひとりだ。

マーク・リッチ起訴事件全体に反ユダヤ主義的なところがあった？「かもしれない」とリッチ自身も言う。「わたしは格好のターゲットだった。何の後ろ盾もなく、大儲けしたユダヤ人だからね」。連邦検事補としてリッチへの刑事訴訟を開始し、主導したサンディ・ワインバーグは、ボトルに口をつけてペリエをひとくち飲み、初めて声を荒らげて、反ユダヤ主義的との非難をはねつけた。「わたしの父はブルックリン生まれのユダヤ人だったんだ。父はユダヤ人であるがゆえに差別されたんだ」とワインバーグは怒りをあらわにして言った。バンク・オブ・アメリカ・プラザの一二階にある彼のオフィスでインタビューしたときのことだ。そのオフィスからは、セント・ピータースバーグまで広がるタンパの素晴らしい街並みを楽しむことができた。

「サバイバルこそ、リッチが最も重視する商品だ」と、『フォーチュン』誌のある記者は看破している（一九九三年六月二八日号の同誌の記事『億万長者たち［The Billionaires］』は、リッチの個人財産を二三億ドルと推定）。たしかにサバイバルこそがリッチのモットーなのかもしれない。ベルギーの家から逃げなければならなかったという経験は、リッチに多大な影響を与えたはずである。彼はその逃避行については話したがらないが、「移民せざるをえなくなったことで、独立への強い欲求が生まれた」と言ったことがあり、やはりそうなのだとわたしは思った。「独立」はリッチがよく使う言葉で、わたしが「所有する想像を絶する富は、ご自分にとってどういう意味があるのでしょう？」と尋ねたときも、彼はその言葉を使って答えた。「富はつねに独立を意味する」と。

マーク・リッチは「すべてを自分でしなければならず、あらゆる人に自分の能力を認めてもらいたい」という典型的な移民のメンタリティーを持っている。だから成功に飢え、大望を抱き、懸命に働いて、ミズーリ州カンザスシティーはホーリー・ストリート４４０４の小さなアパートから脱出し、マンハッタンはパーク・アベニューの10ＬＤＫのマンションに住めるようになったのだ。「他人（ひと）よりも速く考え、より努力して、よりよい結果を出したい、というアスリートのモチベーションが、彼にもあります」と、リッチを昔からよく知るプライベート・バンカーのカール・ライヒムートは言う。

ともかく一番になること。リッチにとっては、それこそが認められ、高く評価され、敬意を表されるための方法だった――たとえそれで愛は得られないとしても。なにしろリッチは、英語をひとこともしゃべれない難民の子供、何もかも自力でやらなければならないディアスポラの――つまりパレスチナの外で離散して暮らす――ユダヤ人、敬愛する父親を喜ばせたい一人息子だったのだ。リッチの親友である伝説的なヘッジファンドのパイオニア、マイケル・スタインハルトは、マンハッタンのマディソン・アベニューのオフィスでインタビューに応じたとき、実にうまい言いかたをした。スタインハルトはシルバーの口髭を生やしたジャイアントパンダのような男で、とても低い声で穏やかに話す。一七階にある彼のオフィスは、セントラル・パークのアイススケート場が見わたせ、素晴らしい芸術作品が飾られている。たとえば、銀のメノーラー（七枝の大燭台）やトーラー・ボックスといった古代ユダヤ教の遺物。有名なドイツ人芸術家ジョン・ハートフィールド（本名ヘルムート・ヘルツフェルト）のフォトモンタージュもある。ハートフィールドはアドルフ・ヒトラーとナチを痛烈に皮肉った興味深い作品を残している。平和を象徴する白い鳩が、ジュネーブの国際連盟ビルの前で銃剣に串刺しにされているという、インパクトの極めて大きい写真を、スタインハルトは見せてくれた。「ビジネスで成功することがマークの使命になったんだ」というのがスタインハルトのマーク・リッチ観だ。長い年月のあいだに、成功そのものが目的となり、生きる真の意味となったのだ。

最大の力

「彼の最大の力？」と、ウルスラ・サント・ドミンゴはわたしの問いを鸚鵡返しに繰り返した。マドリード郊外の高級住宅地区にある彼女のマンションで話を聞いていたときのことだ。リッチの最初の秘書になったのは、このドイツ系のエレガントな侯爵夫人なのである。だから彼女は四〇年以上も前からリッチを知っていることになる。二人はそのうち家族ぐるみで付き合うようになり、ときどき休暇をいっしょに過ごしたりもした。「彼はスペイン語で言うスーペルドタド、天賦の才がたっぷりある人。彼の最大の力は、目的を達成するまで決してあきらめないということね。やると決めたら、それができるまで、昼も夜も働きつづけることができた。仕事のことしか考えていなかったわ。一日に八時間しか働かず、週末は休むというのでは、彼がやってきたことをやるのは無理ね」

マーク・リッチをはじめ、成功しているコモディティ・トレーダーはみな、ナイフの刃の上で暮らしているということに気づいている。富と破滅、正解と誤り、成功と孤独のあいだには、きわめて細い境界線しかないのだ。ある南米の石油トレーダーは、一九七〇年代にリッチに雇われていたときのことをこう話す。「マークは左手でナイフをとりあげると、右手の人差し指でその刃をなぞった。そして言った。『トレーダーは刃の上を歩かねばならないことが多い。足を踏み外さないように気をつけないといけない』とね」。ルディ・ジュリアーニと部下のサンディ・ワインバーグの言うことを信じるなら、リッチは一九八〇年代前半にまさに足を踏み外したことになる。「しっかりした訴訟だった。いや、絶対に勝てる訴訟だった」とワインバーグはわたしに言った。だが、ジュリアーニもワインバーグも法廷でそれを証明する必要はなかった。リッチがアメリカに戻らない道を選んだので、結局、裁判は行われず、彼は有罪を宣告されも、無罪を言い渡されもしなかった。

起訴事件中ほとんど忘れられていたマーク・リッチの業績がある。それはユニークな起業家としての成功だ。第一に、彼は「暴利をむさぼり禁輸破りをした悪徳商人」として片付けられる人間ではない。また、彼を二〇世紀最強のトレーダーにしたのは脱税疑惑ではない。どうしてこれほどの成果を勝ち取ることができたのかと、わたしが尋ねたとき、リッチは月並みなトレーダーのジョークで答えた。「それは安く買って高く売ったからさ」。そしてやや改まった口調でこう続けた。「肝心なのは勤勉さ。働いて、働いて、働きまくること。それによき協力者。もちろん多少の運もあったほうがいい」。たしかにこれらは成功の重要な要素にはちがいない。だが、それだけでリッチが達成した驚くべき規模の業績を説明することはできない。

ある酷寒の朝、わたしがサンモリッツのスヴレッタ・スキーリフト下駅の駐車場でリッチを待っていたのは、こうしたことすべてについてもっと聞きたかったからだ。約束の時間は八時三〇分。一分も遅れずに草色の車がやって来てとまり、マーク・リッチが降りた。その車は、金持ち連中に大人気のメルセデスでもＢＭＷでもジープ型ＳＵＶでもなく、もう数年は乗っているにちがいない目立たないルツェルン・ナンバーのスバル・レガシィだった。運転してきたのは、リッチのオフィスで会ったがっしりした体躯の男たちのひとり。そのボディーガードがいま執事のようなことをしている。スキーを降ろすのを手伝っているのだ。

この地味な光景をたまたま目撃したジャーナリストがいたとしても、そこに立っている者がだれだか想像もできなかっただろう。リッチはゴーグル付きの黒いヘルメット、鮮やかな赤いジャケット、ブルーのスキーズボンという出で立ちだった。足元を見て、本物のスキー好きだとわかった――スキー熱愛者は、自分の足にぴったりのスキー靴に出合ったら、それを一生手放さない。サンモリッツには今年も、娘のアイロナとダニエルが家族とともにやって来ていた。当然、娘たちがいれば楽しい。「もう少しいてくれ、まだ帰らなくていいだろう？　帰られたら淋しくてたまらん」とリッチが、翌日アメリカへ帰ることになっていたダニエルに言った。リフトでいっしょに登っていくときのことだった。「だめ、ニューヨークに帰らないといけないの。戻らないと、お母さんがとても悲しむから」とダニエルは答えた。「電話して、こっちに来るように言えばいいじゃないか」とリッチは食い下がる。ダニエルは首を振った。「だめよ、お母さんはサンモリッツに嫌な思い出があるんだから。ここでくつろげるはずないじゃない」。この短い会話がすべてを物語っていた。リッチは一九九二年にここで、ギーゼラ・ロッシという魅力的なドイツ人女性と出会った。そして結局、彼女が離婚の原因となる（第16章）。

一九九〇年代前半は、突然すべてが悪い方向へ滑り落ちはじめたように思えるときだった。マーク・リッチは自由な身のままだったが、アメリカ政府の追跡が大きな打撃をもたらしはじめていた。旅行が大好きで、よく旅してきたリッチにとって、スイスは黄金の檻のようなものだった。スイスから一歩外に出れば、それがどの国であろうと、リッチはアメリカ政府のエージェントに拉致されアメリカに連れ戻される危険にさらされるはずだった。彼は孤立していた。アメリカ政府に公然と盾突こうとする者などほとんどいなかったから、彼と――少なくとも表向きは――係わりになることを避けるようになった取引先もかなりあった。コモディティ価格は全面的に下落しつづけていた。そして南アフリカも、アパルトヘイトを廃止して制裁を徐々に解除され、もはやリッチの石油を得るのにプレミアムを払う必要もなくなった。

当時リッチは、我慢ならないほどの人間になることも多かった、と友人たちは明かす。深酒し、悪い助言者に取り囲まれ、いくつか誤った判断をして大金を失い、ひいては会社に大損させることもあった。そのうえさらに、最初の妻デニーズとの離婚争議が、メディアのスポットライトを浴びて、高くつく苦い体験となった。負った傷は深かった。離婚後何年ものあいだ、二人はひとことも口を利かなかった。事の詳細を知る者たちは、大統領に元夫の特赦を働きかけるのはデニーズにとって易しいことではなかったはずだと言う。マーク・リッチの結婚は、幸せな家族の休暇の地サンモリッツで崩壊しはじめたのである。デニーズがそこへ戻りたくないというのも無理はない。

サンモリッツでのスキー

サンモリッツの街のすぐ上にあるコルヴィリアは、世界屈指のスキー場であるばかりでなく、アルプスで最も魅力的なリゾート地のひとつでもある。リッチがスヴレッタ丘に所有する三階建てのシャレー風ヴィラは、その地域でも最高級・最高値の不動産だ――リッチが手に入れたのは最近のことで、買い取り価格は七〇〇〇万ドルと言われている。ヴィラには室内プールもあって、リッチは毎朝そこで泳ぐ。彼は七四歳にもかかわらず、どんな滑りでも優雅にこなす名スキーヤーで、冬場はほぼ毎週末そのヴィラで過ごす。いや、スキーだけではない。いまもなおテニスに打ち興じ、週に二回は専属トレーナーとトレーニングに汗を流す。相変わらずのスポーツ好きなのだ。

ヘリコプターで山頂まで飛んでしまうスーパーリッチもいるのだろうが、リッチは一般の人々とともにリフトの列にならぶ。鋭い観察眼の持ち主なら、スロープ上を滑るリッチには二人の連れがいることに気づくはずだ。ひとりはリッチの前を滑り、もうひとりは後ろを滑る。そしてその二人のボディーガードは無線機を携帯し、重いバックパックを背負っている――なかに何が入っているのかはだれにもわからない。風邪がまだ抜けきれていなかったにもかかわらず、リッチはその日も疲れを見せずにスロープを滑り下りた。そして、いつものようにリフトに乗った瞬間、仕事を始める――携帯で世界中のビジネス・パートナーと話しはじめるのだ。英語、スペイン語、フランス語、ドイツ語を自在に使い分けて。どの言葉で話すのがいちばん楽ですか、とわたしが聞いたとき、彼は首を振り、その質問を払いのけるように手を一振りしただけだった。リッチは父親とはドイツ語で、母親とはフランス語で話し、スペインで育った娘たちとはスペイン語でしゃべることが多く、ビジネスではほとんどの場合、英語を使った。

二〇〇七年当時、リッチは不動産ビジネスにも深く係わっていて、サブプライムローン危機のせいでゆっくりしていられなかった。金融危機の打撃をヨーロッパでいちばん受けたスペインにも、最上級とは言えないが土地を所有していた。不動産価格は急上昇しつづけるだろうという思惑のもとに、数年前に三〇〇〇万ドルで買った土地だ。その土地の価値がいまや春の日を浴びた雪のように融けはじめ、銀行も手を引こうとしていた。リフトのなかでリッチは携帯をにぎり、きびきびと簡潔な指示を与え、質問をいくつかした。「何%とれる？　主役はだれだ？　負けビジネスにさらに金をつぎ込むわけにはいかん。いいな」。電話を切ると、今度は娘のダニエルとその夫のリチャードと取引について大っぴらに話しはじめた。わたしがそばに座っていて、すべてを聞いているのに、リッチはまったく気にならないようだった。

午前中のスキーのあと、リッチはヴィラでの昼食に招待してくれた。ガレージからエレベーターに乗って三階へ。エレベーターから出たとたん、まるでお伽話の世界のような上エンガディン谷の雪山や湖の景色に息を呑んだ。室内装飾も実に趣味がよく、完璧だった。現代の家具とアート作品がうまく調和して、ヴィラの昔ながらの木の内装と絶妙なコントラストを醸しだしている。広々とした部屋の真ん中に鮮やかな色のソファが据えられ、そのあいだにおかれたテーブルの上には、ボリビアの動物のブロンズ像数点と、ディエゴ・ベラスケスからヨーゼフ・ボイス、フィリップ・ターフェまで芸術の全史をカバーする専門書の山がのっていた。そして壁には、ミケル・バルセロとキース・ヘリングの作品。ヴィラ全体が花屋のような匂いがするのは、リッチの誕生日に使われたゴージャスな花束の残りが緑色の花瓶に入れられて、いたるところに飾られているからだ。しかも、そのバラ、チューリップ、ユリ……はすべて、彼のお気に入りの白。

昼食にはリッチのガールフレンド、ドロレス・〝ローラ〟・ルイスも加わった。リッチは彼女をスペイン語でミ・マス・ベラ・フロール（わが最も美しい花）と呼んでいた。最初はいささか気取った感じで始まった昼食も、わたしがローラの素性を知るにおよんで、まったく別のものになった。彼女は大学で哲学を学んだスペイン系ロシア人のインテリで、祖母である有名なドロレス・イバルリ――あの伝説のスペイン共産党指導者――についての本を執筆中だというのである。スペイン内戦中（一九三六～三九）のマドリード攻防戦の最中にドロレス・イバルリが考え出したスローガン「ノ・パサラン！」（やつらを通すな！）は、たちまち世界中で反ファシズムの標語として用いられるようになった。彼女は「ラ・パッショナリア」（情熱の花）というペンネームでも有名。そしてその名は、スペイン内戦に材を得たアーネスト・ヘミングウェイの『誰がために鐘は鳴る』（ゲーリー・クーパー、イングリット・バーグマン主演で映画化）で不朽のものとなった。ラ・パッショナリアの最もよく引用される言葉に「ひざまずいて生きるより立って死ぬほうがいい」というのがある。これを「アメリカの刑務所で一日過ごすより自由の身で評判を落とすほうがいい」と書きなおせば、ラ・パッショナリアの孫ローラのパートナーにぴったりの言葉になる。

ポテトとグリーンビーンズが添えられたチキンの昼食のあと、わたしはリッチとパノラマ・ウインドーの前のソファに座った。わたしたちはリッチのお気に入りのワイン、CVNEのリオハ・インペリアル・レセルバ2000を飲んだ。「クリーンなワイン」と彼はひとことで評した。それはスペインのテンプラニーリョというブドウでつくったコクのあるフルボディーなワインで、ボルドーのステータスシンボル・ワインとはちがう。サンモリッツでも一瓶三〇ドルほどで買える。スピーカーからはヨハン・セバスチャン・バッハのフーガが流れ、パノラマ・

ウインドーの向こうでは、空気の凍る音が聞こえてきそうな寒さのなか、凍りついたシルバプラナ湖がきらきら輝き、青くかすかに光るピッツ・コルバッチが谷に影を落としていた。

「それは父」、とリッチはわたしの質問にためらうことなく答えた。「わたしがいちばん影響を受けた人物は、間違いなく父だね。わたしたちはベルギーから逃げだし、父はゼロから苦労して大きなビジネスをつくりあげたんだ」。そう言ってリッチは、ひとつの物語――貧困と富の、権力とモラルの、政治と天才の物語――を語りはじめた。それは彼自身の物語であるとともに、さまざまな意味で過去と未来の石油の物語でもあった。

第3章 ユダヤ人の運命

ダーフィット・ライヒが初めての車、中古の黒のシトロエンを買ったのは、一九四〇年五月八日のことだった。自分とささやかな家族に残された時間はもうほとんどないことに気づいたからだ。当時、車を持てるのは金持ちだけで、ダーフィット・ライヒは金持ちとはほど遠い存在だった。三八歳になる靴屋は、有り金をはたいて中古車を手に入れたのに、誇らしい気持ちになることもなかった。そんな悠長なことが許される時ではなかった。ベルギーに住む正統派ユダヤ教徒にとっては。

不吉な前兆は、それに気づこうとする者にははっきり見えていた。なにしろドイツ国防軍(ヴェーアマハト)は、一カ月前にデンマークとノルウェーにも侵入したのだ。その八カ月前の一九三九年九月には、ナチス・ドイツはポーランドに侵入し、同国を占領してしまった。第二次世界大戦はすでに始まっていて、すぐにも人類史上最大・最悪の戦争になろうとしていた。ドイツ軍がベルギー経由でフランスに侵攻するのは目に見えていた。それはもう数日のうちに起こると思われた。一九四〇年の春までには、ユダヤ人の家庭にどういう運命が降りかかるかは簡単に予想がついた。ドイツでは、ユダヤ人を組織的に差別し公民権を剥奪するニュルンベルグ法が、すでに一九三五年から施行されていたし、クルト・トゥホルスキー、アプトン・シンクレア、ジークムント・フロイト、アンナ・ゼーガース、リオン・フォイヒトヴァンガーといった人々の著作が公の場で燃やされるようになっていた。ユダヤ人はドイツ国家（ライヒ）の経済、政治、社会から事実上排除されてしまった。ユダヤ人の法的差別や財産没収に続いて、一九三八年一一月には水晶の夜（クリスタルナハト）事件（ドイツ各地で発生したユダヤ人の住宅・商店・シナゴーグへの襲撃）が起こって、ユダヤ人が物理的な迫害を受ける恐れが現実のものになりはじめた。

一九三九年一月三〇日、アドルフ・ヒトラーは政権獲得六周年記念に悪名高い演説を行い、それはラジオの電波に乗せられ、映画館の週替わりのニュース映画にもなって、国民のもとに届けられた。国会議事堂（ライヒスターク）で歯切れよく絶叫する独裁者の口から飛び出してきたのは、次のような言葉だった。「ヨーロッパ内外で国際金融を操るユダヤ民族が、いま一度、人々を世界戦争へと投げ込むようなことがあったとしても、その結果は世界のボルシェビキ化、ひいてはユダヤ民族の勝利ではなく、そのまったく逆のヨーロッパにおけるユダヤ民族の絶滅である」

ダーフィット・ライヒは、五歳になる利口な息子をもつ、素朴な気品をただよわせるエネルギッシュな男で、一九四〇年五月八日までに楽観的になることをやめ、現実を冷徹に見つめるようになっていた。もともと、両親や祖父母と同じように、みずから反ユダヤ主義的迫害を体験し、すでに充分すぎるほどのことを目撃してきたのだ。彼は一九〇二年に、カルパティア山脈のふもとの丘に位置するプシェミシルのシュテットル（イディッシュ語で小都市を意味するユダヤ人コミューニティー）で生まれた。正統派ユダヤ教徒の家庭だった。プシェミシルは、当時オーストリア＝ハンガリー帝国領ガリツィアに属していたが、現在はウクライナ国境に近い南東ポーランドに位置している。第一次大戦後にオーストリア＝ハンガリー帝国が崩壊したとき、ふたたびガリツィアのユダヤ人に対する恐ろしい大虐殺（ポグロム）があり、ダーフィット・ライヒは両親、親戚とともに西ヨーロッパへ逃げた。

ダーフィットは生まれ故郷から一二〇〇キロ離れたドイツのフランクフルトで、人生を一からやりなおし、新生活を始めた。それはヨーロッパの多くのユダヤ人が共有した体験であり、ユダヤ人の集合記憶に深く刻みこまれた。「また始まったら」わずか一日で逃げ出せるように、手放せない重要なものを詰めたスーツケースをひとつ常備しておく、というユダヤ人家庭はたくさんある。一九三三年一月三〇日にアドルフ・ヒトラーがドイツの首相に任命され、ナチスが権力を掌握すると、ダーフィット・ライヒはすぐに、そのスーツケースを引っぱり出すときだと判断した。こうして彼は、プシェミシルを去ったときのように、もう一度、家をあとにし、戻らぬ旅に出なければならなかった。

ドイツを奈落の底へと突き落とすことになる、この一九三三年という運命の年に、彼はポーラ・〝ペピ〟・ワンという小柄の魅力的な女性と出会った。フランス国境に近い都市（まち）ザールブルッケンに一九一〇年に生まれたこの女性に、ダーフィットは魅せられた。彼女の尽きることのないエネルギーにとくに惹きつけられた。ポーラは自分が望むことを知っていて、それを口に出すことを恐れない女だった。二人は結婚し、ベルギーのアントウェルペン（アントワープ）に住むことに決めた。アントウェルペンはユダヤ人にとって特別な意味がある都市で、当時はヨーロッパ・ユダヤ人の一大センターだった（今またそうなっている）。スヘルデ川沿いにできたこの都市は、栄光の過去をもつ商業中心地であり、世界有数の港を擁してもいる。フランスの歴史家フェルナン・ブローデルは、アントウェルペンは一六世紀には「世界経済の中心であった」と記している。当時ポルトガルの船が、インドのコショウやザンジバルのチョウジといった貴重な荷をそこで降ろしたのである。要するにアントウェルペンは、主要取引国のトレーダーやビジネスマンが、利益をあげるという共通の目的のために、こぞって集まってきた国際コスモポリタン都市だったのだ。また、大きなユダヤ人コミューニティーの発展を許した、きわめて寛容な都市でもあった。歴史家・経済学者のデイヴィッド・S・ランデスは、経済的・知的・精神的多様性を生む産業・商業・文化の進歩の中心だったと、アントウェルペンを位置づけている。

ダーフィットとポーラのライヒ夫妻が一九三三年に移り住んだ都市はまた、国際ダイヤモンド取引の最も重要な中心地でもあった。当時、世界のダイヤモンドの八〇％がそこで研磨され、取引されていた。そしてダイヤモンド・ビジネスのなんと九〇％が、ユダヤ人の手によるものだった。だがダーフィットには、その儲かるビジネスに潜りこむのに必要な幸運もコネもなかった。そこで彼は、何世紀も前からヨーロッパ・ユダヤ人がやらせてもらえた数少ない仕事のひとつをやることになった。商品売買である。彼はだれよりもよく働き、売れるものは何でも扱った。最初はスクラップ金属、次いで布地、そして最後にもっぱら靴を扱った。「ダーフィットはいつも動いていた。とても活動的で、アイディアにあふれていた」と、家族ぐるみで付き合ってきたある人物は言う。アントウェルペンは当時も、住民に商人魂を吹きこむ都市だった。

夫妻の収入はつつましい生活――市内のアパートに住み、日に三度の食事をし、たまに映画を観にでかける――を維持するには充分だった。今日なら中流下層といったところだろう。一九三四年一二月一八日（火曜日）の午後にポーラ・ライヒが男の子を産んで、二人の幸せは完璧なものになった。男の子は、ローマの戦と農耕の神マルスにまでさかのぼれるマルセルという名を与えられた。ミドルネームは父親の名ダーフィットをもらった。

のちにマーク・リッチと改名するマルセル・ダーフィット・ライヒは、コーシャ・ルールを厳格に守ってヘブライ語でお祈りをする敬虔な正統派ユダヤ教徒の家に生まれた。父は教養のある人で、自分にも家族にも厳しく、しつけ、仕事、宗教では決して妥協しなかった。マークはそういう厳しい父親を敬愛した。父は不正を嫌う誠実な人間でもあり、絶対的に信頼できた。母のポーラは、明敏な女性で、フランス系のせいか絶妙なアイロニーをあやつれ、生まれつき毅然としたところもあった。彼女には生涯のヒーローが二人いた。夫と息子のマークだ。マークの友だちは彼女を典型的な「ユダヤの母親」——世話をやき、はげまし、過保護——と記憶している。子供時代マークは、両親とはそれぞれの母語で——つまり父親とはドイツ語で、母親とはフランス語で——話し、バイリンガルに育った。彼が当時通ったユダヤ人学校のタケモニ校はいまも、世界的に有名なアントウェルペンのダイヤモンド・ビジネスの中心であるペリカン通り(ストラート)の近くにある。彼はまた、ドイツ人子守のセルマを心の底から愛した。

ホロコーストを逃れて

何もなければ、そうやって、まずまずの生活を送っていけたのだろうが、「また始まって」しまったのだ。またしてもあのスーツケースを引っぱり出さなければならなくなってしまったのである。一九四〇年五月八日までに、ナチスが全ヨーロッパを屈服させるつもりだと信じざるをえない状況になり、ダーフィット・ライヒはほぼ全財産をはたいて黒のシトロエンの中古車を買った。賢明な選択だった。ナチス・ドイツはその二日後に西への進攻を開始したからである。一九四〇年五月一〇日、午前五時三五分、ドイツ国防軍(ヴェーアマハト)はベルギー、オランダ、ルクセンブルクに侵攻し、ドイツ空軍(ルフトヴァッフェ)はアントウェルペン港を爆撃した。

「父はわたしたち全員を車に乗せた。母と、子守のセルマと、わたしをね。そうやって車で逃げだしたんだ。ドイツの飛行機が見えたよ。爆撃の音が聞こえた」とマーク・リッチは言った。

ツークの町にある彼のオフィスで、コーヒーを飲みながら話しているときのことだ。話題は彼の子供時代、両親との関係、影響を受けたことなど。ドイツの攻撃とあわただしい逃避行――そのときの恐怖、困惑、不安――こそが、マーク・リッチの最初の鮮明な記憶だった。家を捨てて逃げたさいのトラウマが、五歳の少年の心に深い傷跡を残した。

その日、何千人というベルギー人が、生き延びようとフランスに向かった。ダーフィット、ポーラ、マルセル、セルマを乗せた車もまた、全速力で南へ向かった。アントウェルペンからフランス国境までは一〇〇マイルもない。国境に着いて、彼らは恐ろしいことを知らされた。子守のセルマはユダヤ人ではないドイツ国民だから、フランスに入れるわけにはいかない、と国境警備官に言われたのだ。たしかに一九三九年九月以来フランスはドイツと戦争状態にあり、どんな主張をしても当局の姿勢を変えることは不可能だった。ライヒ夫妻はセルマを国境のベルギー側に置き去りにせざるをえなかった。彼女はなんとか独りで生きていくしかなかった。

フランスに逃げて、ライヒ家の三人はホロコーストの犠牲にならずにすんだ。八日後の一九四〇年五月一八日にナチスはアントウェルペンを占領し、それとほぼ同時に、六〇〇〇人から一万人のユダヤ人が拘束された。ユダヤ人は財産を没収され、会社も協会も解散させられ、経済活動も団体活動も禁止された。すべてが、ヨーロッパ・ユダヤ人を組織的かつ完全に絶滅させるというヒトラーの計画どおりに進められた。一九四〇年になってもベルギーに住みつづけていた五万二〇〇〇人から五万五〇〇〇人のユダヤ人のうち、二万五〇〇〇人が終戦までに東ヨーロッパに強制移送され、死の収容所——おもにアウシュビッツ——で殺された。

ナチス・ドイツは一九四〇年の春には無敵のように見え、ブリッツクリーク（電撃戦）という ドイツ語がたちまち、どこの国でも用いられ理解されるようになった。ドイツは数日のうちにベルギー、オランダ、ルクセンブルクを制圧してしまったのだ。そして六月初旬にフランスを攻撃し、六月一四日にはパリの凱旋門の前でポーズをとって写真におさまるドイツ兵がいた。

カサブランカ

ダーフィット・ライヒは黒のシトロエンを運転して、まだ占領されていない南フランスのマルセイユまで家族を連れていった。そのフランス最大の港湾都市で、ヨーロッパから脱出させてくれる船を見つけようと思ったのだ。ただ、一九四〇年の夏の時点では、ユダヤ人難民を受け入れる国はまだほんのわずかしかなかった。オーストラリアはそういう国のひとつだったが、客船で地球の裏側まで航海するのは問題外だった。ダーフィットにはそんなお金はなかったからだ。だが、何週間か待ってダーフィットはついに、ユダヤ人難民を数フランでオーストラリアまで連れていってくれるという貨物船〈モンヴィーゾ〉を見つけた。

〈モンヴィーゾ〉は土曜日にマルセイユを出航した。あるたった一つの理由のため、命を救ってくれるはずの旅に出るのを差し控える難民が何人かいた。「安息日（サバト）の土曜日に出るということで、行くのを拒否し、とどまった者たちがいたんだ」とマーク・リッチはそのときのことを思い出して言う。敬虔なユダヤ教徒は安息日に輸送機関を利用してはいけないのだ。だがダーフィット・ライヒは知っていた、命がかかっているときは安息日の掟を破ってもよいということを。そしてこのときがまさにそういうケースだった。

三人は船倉のパイプのあいだに臨時に吊られたハンモックで眠った。食べたのは甲板の囲いのなかで飼われていた山羊の肉だった。貨物船は狭苦しく、不潔で、油洩れもあり、快適とはとても言えなかったが、ライヒ家の人々はこの船のおかげでナチスのガス室をまぬがれることができたのである。船上で撮影した一枚の写真がある。写っているのは、半ズボンにサンダルという格好の五歳のマルセル。両親のそばに立って、とっても幸せそうだ。真ん中に立つ母親はヘッドスカーフをかぶり、カメラに向かって恥ずかしそうに微笑んでいる。そしてその左に、眼鏡をかけ、白シャツに白半ズボンという姿の父親。背景には、泣く子供を抱く男も写っている。乗客のほぼ全員が貧しいユダヤ人だった。

だが〈モンヴィーゾ〉はあまり遠くまで行けなかった。ジブラルタル海峡を抜けて、モロッコの海岸線にそって南下しはじめたとき、カサブランカの近くで停船を命じられてしまったのだ。モロッコ当局は〈モンヴィーゾ〉の続航を認めず、難民を抑留した。マーク・リッチと両親は数日間、貨物船に留めおかれたのち、カサブランカの南のアゼンムールにあった難民キャンプに収容された。ナチスから遠く離れた安全なオーストラリアで新生活を始めるという彼らの夢は、突然ついえてしまった。

三カ月が過ぎ、四カ月が過ぎた。キャンプ生活が長引けば長引くほど、自由の身になるチャンスは薄くなっていく。抑留され、怖い警官に監視されるという体験は、マークの心にトラウマとして残った。彼は父親の無力を感じとることができた。

だが三人は結局、父親のもつ語学力に救われることになる。ドイツ語、イディッシュ語、フランス語をしゃべれた父親は、キャンプにどうしても必要な通訳となった。決然たる態度で地に足のついた通訳のしかたをするダーフィットは、仲間の信頼を勝ちとり、収容者の代表に選ばれた。重要なのは、これでモロッコの当局者と接触できるようになったということだ。当局者から仲介人と認められるようになったのである。こうして彼は、ふつうの収容者にはとてもむりな移動の自由を獲得することができた。当局者と交渉するために定期的にカサブランカまで行くことを許されたのである。そしてついに、数年前にアメリカへ渡った妹に連絡することを許可された。彼女はキリスト教の団体で仕事をしていて、そのコネで当時のコーデル・ハル国務長官に接触できた。

これでライヒ家の三人は自由への切符を手にすることに。妹が、兄とその家族のアメリカ入国を許可するビザを入手することに成功したのだ。オーストラリアへ行く計画は頓挫したものの、三人は思いがけずも、一九二四年に成立した移民割当法によって移民を厳しく制限していたアメリカへの入国を許可されたのである。そして今度は、貨物船の油洩れのする船倉に詰め込まれての旅ではなく、正規の客船による通常の船旅だった。マーク・リッチはそのときのことを覚えていて、汽船〈セルパ・ピント〉は「快適」だったと言う。

すべてを失ったが、生き延びられた

一九四一年の春のある日――日本軍による真珠湾奇襲、アメリカの参戦、ナチスによるバビ・ヤール大虐殺はまだ何カ月も先のこと――アントウェルペン生まれの小さなユダヤ人少年は、外洋汽船の手すりのそばに立っていた。彼は自由の女神像とニューヨークのスカイラインを興奮して見つめた。摩天楼を見るのは生まれて初めてだったし、英語はひとこともしゃべれなかった。運命のいたずらで、マルセル・ダーフィット・ライヒはアメリカに入ることを許された。彼が生き延びられた理由は二つある。ひとつは、不幸な出来事が積み重なったため。もうひとつは、父親に先見の明と技量があったため。「わたしたちはすべてを失った」とマーク・リッチは言う。「だが、生き延びられたのだ」。それはダーフィット・ライヒの生涯で最大の成功――まぎれもなく最も重要な成功――だった。当時のヨーロッパのユダヤ人にとっての成功の定義は、まさに「サバイバル」だったのだ。ライヒ家の人々がかつて住んでいたガリツィアでの大虐殺を生き延びたユダヤ人は、一〇人にひとり。もしダーフィット・ライヒが、プシェミシルからフランクフルトへ、フランクフルトからアントウェルペンへ移り住み、マルセイユへと逃げなければ、家族が生き延びるチャンスはきわめて薄いものとなっていたであろう。ともかくそうやって、ライヒ親子は幸運にも天国のようなアメリカに渡ることができ、生き延びられたのだ。

マーク・リッチことマルセル・ライヒは、以後もずっと〝サバイバルを目指す難民〟のメンタリティーを保持することになり、周囲の人々とは〝違う人間〟になることを運命づけられる。彼の成功へのこだわりは、このメンタリティーに、ひいては住み慣れた土地からたえず追い立てられる者の感覚に根ざしている。さらに、この絶対に成功しようという意気込みは、祖国ではない場所に離散して生きるユダヤ人ゆえの体験と、一人っ子であるという事実によっても強化された。これまでに行われた調査研究によれば、一人っ子はそうでない者よりも達成動機と個人的順応という点でずいぶん優れている。

連邦保安官局が集めたマーク・リッチ関連情報のなかには、「ライヒ親子は汽船〈セルパ・ピント〉からまっすぐマンハッタンの高級地区・五番街に向かった」という奇妙なものもある。実際には、リッチは初め、両親とともに叔母の家で暮らした。叔母というのは、ビザをとってくれた父親の妹のことで、彼女はニューヨーク市のすぐ北にあるヨンカーズのクレストウッドに住んでいた（当時ヨンカーズにはかなり大きなユダヤ人コミューニティーがあった）。ライヒ親子はそこから長い冒険旅行の旅にでる。まずフィラデルフィアへ赴き、次いでカンザスシティーへ移り住み、それからニューヨークへ戻ってクイーンズで暮らし、最終的にマンハッタンに落ち着く。

小柄で、訛りがあり、ユダヤ人だった

一二年のあいだに一二の学校に通ったことをマーク・リッチは覚えている。難民で一人っ子だった彼は、そのためさらに友だちをつくるのが難しくなった。独りでいることが多くなり、それが習慣になって、ついには孤独癖という個性になった。リッチは以後ずっとアウトサイダー――エスタブリッシュメントに属さず、属したいとも思わない人間――でありつづける。彼はたえず自分の力を証明して見せて〝何ものにも潰されないぞ〟という態度をとりつづけた。敗北にはどう対処するのかとわたしが聞いたとき、リッチは「少し泣いてから先へ進む」と答えた。

一九四三年二月、ライヒ親子は姓をアメリカ風のリッチに替え、マルセルは以後マークと呼ばれるようになった。それでも三人は、家庭ではなおヨーロッパ人のままで、おもにドイツ語とフランス語で話した。ミズーリ州カンザスシティーのホーリー・ストリート４４０４に引っ越したのは、それから一年後のこと。新居は、カンザスシティー南部の魅力的とはとても言えない地区に建つ煉瓦造りの建物の二階にある狭苦しいアパートだった。彼らは一九四七年二月一四日にアメリカ国民となり、ガリツィアを逃げ出して以来初めて、国籍をもつ市民となった。

カンザスシティーでのマーク・リッチを覚えている数少ない同級生によれば、彼は集団的活

動にはほとんど参加しない控えめなおとなしい少年だった。両親も決して付き合いがよいほうではなかった。マークが通ったのは、Ｅ・Ｐ・スウィニー小学校、ウェストポート中学校、そしてサウスウェスト高校。夜と週末にはヘブライ語を勉強しにいった。一九四九〜五〇年のサウスウェスト高校卒業記念アルバムのクラス写真にはマークも写っているが、所属していたクラブ――文化部、スポーツ・チーム――の記載はいっさいない。同級生のひとり、イレイン・フォックスはこう言う。「小柄で、おとなしくて、ウェーブのかかった豊かな黒髪だったのを覚えているわ。おとなしかったのは、みんなと違っていたせいもあるんじゃないかしら。訛りがあってユダヤ人だったの」

「キャンプ・オセオラでいちばんおとなしい子供だった」との記憶を披露してくれたのは、一九四九年にミズーリ州オザーク高原でマーク・リッチと同じテントで眠ったことがある、著名な著述家カルヴィン・トリリン。リッチはのちに、この控えめに振る舞って目立たないようにするという戦略に磨きをかけ、それを完璧なものにする。リッチとはちがって高校の〝名誉殿堂〟入りを果たしたトリリンは、彼がキャンプのどのボーイスカウトよりも多くの言葉をしゃべれると知って感心した。ちなみに、そのとき二人はキャンプファイアのそばで原油価格についてもアービトラージ（裁定取引）についても議論はしなかった。「マーク・リッチが買い占めたオセオラの商品はなかったのかと聞かれても……キャンプ・オセオラの商品で取引の対象となるようなものは、ツツガムシに刺された痒みをたまに止めてくれることもあるチガー・リッドと呼ばれていたものだけだったからね」とトリリンは書いている（『ありったけの無礼［With All Disrespect］』一九八六）。

デイヴィッド・リッチ（ダーフィット・ライヒ）は、一九四六年にひらいた宝石店《ペティ・ジェム・ショップ》を経営しつづけていた。一一歳のときマークは、ほかの子供たちと遊ばずに、店によくいて、父親の仕事を手伝った。「わたしは何でもした。宝石に値札をつけ、商品をきれいにして売る手伝いをした」とマーク・リッチは言う。商品を取引して運び、値段の交渉をして売るというのが、彼には面白くてしかたなかった。彼がビジネスに興味をもちはじめたのは、カンザスシティーの東一一番ストリートにあった、この父親の小さな店で、である。

商売は繁盛した。そこでデイヴィッド・リッチは卸売りにまで手を広げ、リッチ・マーチャンダイジング社を設立した。彼は典型的なトレーダーで、つねにアイディアにあふれ、たえず新しいビジネス・チャンスを探していた。アントウェルペンに住むマーク・リッチのいとこルネ・トゥローは、戦後まもなくして伯父のデイヴィッドが訪ねてきたときのことを覚えていて、こう言う。「伯父はビジネス・アイディアのかたまりだった。おもちゃの車を輸入し、化粧品を輸出して、ボリビアに銀行をひらこうとしていた」。デイヴィッドは宝石だけでなく、車の部品、麻袋、タバコも売った。そして麻袋の取引を通じて、南米、とくにボリビアにコネをつくった。ボリビアでは麻袋が、スズ濃縮物、ジャガイモ、砂糖に使われていたのだ。ボリビアは国内紛争、内戦、革命で混乱しっぱなしの国だったが、デイヴィッド・リッチはその首都ラパスへたびたび飛んだ。そしてパートナーとともにサイデック・オーバーシーズ社（アメリカへの農産物輸出）を立ち上げ、旅行会社を設立し、一九五〇年代後半にはアメリカン・ボリビアン銀行（同国有数のプライベート・バンク）をつくりあげた。

最大の影響

「父は成功のコツを心得ていて、断固たる勤労意欲をもっていた」とマーク・リッチは言う。その声の調子に父への称賛の念をいまだに感じ取ることができる。父親の収入が増えたおかげで、リッチ家は一九四〇年代の後半に東七二番ストリート429の赤煉瓦の家を買うことができ、狭いアパートから脱出できた。新居の値段は一万八〇〇〇ドルだった（いまの一六万ドルに匹敵）。それからしばらくしてデイヴィッド・リッチは、ニューヨークのブロンクスに住む遠戚のエリック・〝マキシー〟・コーンゴールドから電話をもらう。コーンゴールドはデイヴィッドが麻袋を扱っていた経験があるのを知って、メルローズ・バッグ＆バーラップ社で働くべきだと誘ったのである。これを受けてリッチ親子は、ニューヨークはクイーンズのフォレスト・ヒルズに移り住んだ。そこは昔からユダヤ人が多く住む街区だった。

二、三年のうちにメルローズ・バッグ＆バーラップ社は商事会社に変身し、マンハッタンの高級住宅街サットン・プレイスに本社を構えた。そのおもな業務は、麻袋の原料となるベンガル産黄麻の輸入だった。デイヴィッド・リッチはまたしても好機をとらえる完璧なセンスを証明して見せた。一九五〇年代の初めは黄麻に投資する最良のときだったのだ。一九五〇年六月二五日、北朝鮮軍が三八度線を越えて韓国に侵攻し、朝鮮戦争が始まった。アメリカをはじめとする一六カ国が、国連の決議に基づき、侵略軍を撃退すべく戦争に介入した。この三年にわたる戦争が、デイヴィッド・リッチに思いがけない幸運をもたらした。軍隊が砂嚢（さのう）をつくるための黄麻を大量に必要とし、需要が供給を上回ったのである。メルローズ・バッグ＆バーラップ社は最も重要な軍需請負会社のひとつとなって、まさに一山当てた。

マーク・リッチは登校前と放課後、父のオフィスで働いた。この黄麻ビジネスのにわか景気は、ティーンエージャーのマークに二つのことを教えた。ひとつは「ものが足りないときには高い値で売れる」ということ。もうひとつは「危機や戦争もビジネスチャンスを生む」ということ。父は安全を与えてくれた、とリッチは言う。自分がそれをいちばん必要としているときに、つまりヨーロッパからの脱出時に、モロッコの難民キャンプで、そしてアメリカという右も左もわからない新世界でも。こうして父親がマークの生涯の手本となった。以後マークは父親を熱心に見習いつづける。何億ドル稼いでも、さらに儲けたい、そうやって本当に成功したのだということを証明したい、という思いは、いつまでも消えない。父が誇れるような息子になりたいという願望が、生涯にわたってリッチの原動力のひとつとなる。

リッチはまた、父親がどのようにして成功を勝ち得たかを決して忘れなかった。父はコネをつくり、人脈を培い、信頼関係を築き、猛烈に働いて、信用され、状況の変化に素早く対応し、ビジネスチャンスを見つけたら躊躇することなくそれを掴みとってきたのだ。

家庭が裕福になったおかげでマーク・リッチは、フォレスト・ヒルズ高校からマンハッタンの私立学校に転校できた。西五四番ストリート11にあるその私立ローズ高校（のちにロン・ブラウン、ジェームズ・カーン、ロバート・デ・ニーロらも在籍）で、彼はフランス語クラブを主宰した。卒業は、一年飛び進級して一九五二年。一八歳になった彼は、卒業記念アルバムに理想の仕事として「ビジネス」と書く。一九五二年の通知表には「意志堅固」「創造力に富む」「我慢強い」「ものごとを深く広く考える」「責任感が強い」「しっかりしている」といった評価がならぶ。

リッチは一九五二年の秋にニューヨーク大学に入ってマーケティングを学びはじめるが、すぐに自分が理論的な学習より実務を経験したがっていることに気づく。父の知り合いのドイツ系ユダヤ人が、当時、世界最大の資源取引商社だったフィリップ・ブラザーズの面接を受けられるように取り計らってくれた。そのときはまだマーク・リッチも、フィリップ・ブラザーズがほんのわずかな人間しか見つけることのできない天職というものを与えてくれることになろうとは思ってもいなかっただろう。

第4章 アメリカン・ドリーム

一九五四年の春にフィリップ・ブラザーズの本社に初めて足を踏み入れたとき、マーク・リッチは複雑な心境だった。その本社ビルは、金融街ウォール・ストリートの北隣のパイン・ストリートにあった。五四年といえば、フランスが第一次インドシナ戦争の大きな転機となるディエンビエンフーの戦いに負け、ドワイト・D・アイゼンハワー大統領がドミノ理論を提唱して、東南アジアの共産主義化を警告した年である。朝鮮戦争はすでに前年の七月に終わっていて、朝鮮は二つに分断されたままになる。

リッチは名実ともに世界随一の商品取引商社で見習い修業をするのをためらったが、結局フィリップ・ブラザーズのメールルームで働きはじめる。一九歳になったばかりのときで、週給四〇ドルだった。テレックスのメッセージを仕分けるという退屈な仕事をおおせつかったとき「メッセンジャーボーイなんて、プライドが傷つく」とリッチは思った。「おれは高校を卒業したし、大学にも行ったんだ」。だがどうにもならなかった。フィリップ・ブラザーズで働きたいと思う者はみな、メールルームの仕事から始めなければならないのだ。小卒も、大卒も、分けへだてなく。この春の朝にはまだ、マーク・リッチがすぐに史上最も成功した大学中退者のひとりになることを暗示するものはほとんどなかった。

ドイツの徒弟制度は、長い年月のうちに完成されたもので、中世以来ほとんど変わっていない。レーアリング（徒弟）は経験豊かなマイスター（親方）から仕事を一から教えてもらい、その代わり見習い期間中は少ない給金に甘んじる。かつて徒弟は親方の家族も同然で、親方は徒弟の保護者・父親の役割を引き受けた。

「要するにファミリー・ビジネス、同族会社というわけだ」。あるベテラン・トレーダーはこう言って、伝統的な徒弟制度の利点を説明した。「卒業証書なんて関係ない。お互いよく知っている仲だったからね。トップのボスはいちばん若い見習いも知っていた。だから、だれだれにはこういう強みや弱みがあって、だれだれにはこの方面の才能があるということは、すぐにわかる。父親や家族の友人のコネで入っても、有能だということを、いや、ほかの者たちよりも有能だということを、証明して見せなければならなかった。能なしを出世させるような〝贔屓（ひいき）システム〟はなかった。すべて実績次第だった」

フィリップ・ブラザーズはこの原則にしたがって運営され、うまく機能していた。同社を設立したのは、一九〇一年にハンブルクで金属売買を始めたドイツ人のフィリップ兄弟、オスカーとユーリウスだった。オスカー・フィリップは一九〇九年にロンドンに事務所を開設し、一九一四年には彼のいとこが思い切って太平洋を渡ってアメリカに進出した。そして第二次世界大戦後すぐ、ニューヨークへ本社が移され、まもなくフィリップ・ブラザーズは世界最大の商品取引商社となる。

ユダヤ人の伝統

ヨーロッパのユダヤ人――とくにフィリップ兄弟のようなドイツ系――は、一九世紀以来、金属取引を支配してきた。その背景には何世紀にもわたるユダヤ人差別がある。ユダヤ人は土地所有を禁じられていたので農民にはなれなかった。手工業ギルドからも締め出されていたので手工業者になることもできなかった。カトリック教会による一二一五年の第四ラテラン公会議で、ユダヤ人は公職につくことも禁じられた。要するに、ユダヤ人は当時の最も重要な経済活動に参加することを許されなかった。だが、中世のキリスト教徒には禁止されたある職業につくことは許された。その職業とは金貸しである。

だからユダヤ人は、他の選択肢がなかったため、金貸しや商人になった。「反ユダヤ主義の陰謀だよ」と、ある敬虔な正統派ユダヤ教徒のコモディティ・トレーダーは説明する。「わたしたちは商品を売買するしかなかったんだ。そしていま、金儲けのことしか考えない貪欲なユダヤ人と非難される」。商品売買はユダヤ人にとってもうひとつ悲しい利点があると、そのトレーダーは言う。「土地や農地を持たず、その地でないとできない職業にもついていなければ、素早く荷造りして出ていける。だれかさんに明日追い払われることになっても、激しい憎悪の対象になっても、大丈夫」。また始まってもなんとかしのげる。

なかでも成功した人々が、次第に貴金属や宝石の輸出入を始めた。長距離輸送も頻繁に行われるようになる。遠い国の金属やコモディティへの需要が、一八世紀、一九世紀に急速に進行した産業化にともなって増大し続けた。そのため金属売買ビジネスはユダヤ人がほぼ独占することになる。ユダヤ人には必要なノウハウだけでなく国際的コネクションもあったからだ。さらに彼らは、昔からの重要な鉱山地帯――たとえば中央ヨーロッパのドイツ語圏、ドイツ東部、ボヘミア、ポーランド、オーストリア、ハンガリー――にしっかり食い込んでもいた。

ユダヤ人迫害・排斥がこれほど効率的な商品取引コミューニティーをつくりあげたというのは、やはり歴史の皮肉と言わねばならない。ユダヤ人は一二九〇年にイングランド王エドワード一世によって国外に追放され、一四世紀にはフランス王のフィリップ四世とシャルル六世に迫害された。そして一三四七年から五三年のあいだにユダヤ人殺戮が最高潮に達し、ドイツや中央ヨーロッパで大虐殺がいくつも起こった。ちょうど黒死病（ペスト）がヨーロッパ大陸で猛威をふるった時期である。一四九二年にはセファルディム（イベリア半島のユダヤ人）がスペインを追われた。近代になるまでに、世界に離散するユダヤ人の数は、同じ境遇にある他のいかなる民族よりも多くなった。そしてこの離散したユダヤ人が、長距離・長時間にわたる取引をも可能にする信頼に基づく最強の取引ネットワークをつくりあげた。その独特な取引コミュニティーは、たえず内部からよみがえりつづけられる社会でもあった。その社会に属する人々はみな、大昔から互いによく知っていて、家族的・宗教的きずなで強く結ばれ、同じ価値観・勤労観を共有してきたのである。ここまで統制のとれた社会になると、メンバー同士に忠実・信頼の感覚が生まれ、取引も誠実かつ確実に行われるようになる。

うまく機能する経済ネットワークというのは、必ず信頼にしっかりと支えられている。経済学者たちが言うように、揺ぎない信頼があれば、取引にかかるコストは低くなるし、情報が不足していても問題ない。アメリカの哲学者・政治学者フランシス・フクヤマによれば、繁栄には信頼がどうしても必要になる（『「信」無くば立たず』〔三笠書房〕）。信頼はリッチの成功の秘密のひとつでもある。それについては第7章で詳しく説明したい。

リッチが入社した一九五四年の時点では、フィリップ・ブラザーズはまだドイツ系ユダヤ人移民からなる結束の固い集団と言ってよいものだった。ルートヴィッヒ・イェッセルソン（英語読みはラドウィッグ・ジェッセルサン）、アドルフォ・ブルーム、ヘンリー・ロスチャイルドといった当時の幹部の名前を挙げるだけでも、そうした伝統がまだ生きていたことを物語っている。彼らはみな、商品取引の歴史をつくるのに参加した経済的グローバリゼーションのパイオニアだった。そうした人々がリッチの師となったのである。リッチ家は商品取引の世界ではすでに知られていたし、父親は——彼ら同様——悲劇の舞台となったドイツからの移民だった。

リッチは業界一の先生たちに恵まれたことになる。だが最も重要なのは、リッチに耳をかたむけ、観察し、学ぼうとする強靭な意志と辛抱強さがあったということだ。

最初の取引

メールルームは最初こそ退屈な場所のように思えたかもしれないが、実は野心的で賢い見習いにとっては多くを学べるところなのである。なにしろ魅惑的な情報を伝えるテレックスが世界中から入ってくるのだ。だれが買おうとしているか？　だれが売ろうとしているか？　どこからどこへ？　いくらで？　マージンは？　リッチが入社したころにフィリップ・ブラザーズで取引をしていた金属トレーダーは、こう回想する。「（リッチは）驚くほど呑み込みの早い生徒だった。教えれば一発で理解し、学んだ――聞き返すことは一切なかった」。長時間勤務、週末出勤、たっぷりの残業に慣れっこになっていたトレーダーたちが、若いリッチの才能とやる気に感心した。すぐにリッチは働き者だと評判になった。激務があたりまえの世界でそう簡単に得られる評判ではない。「よく働いた、長時間ね」と、リッチも当時を思い出す。そのころ彼の頭のなかには、早くメールルームから出て取引を始めたい、というただひとつの願望しかなかった。「上司たちが気づいてくれ、もっとやりがいのある仕事をくれた。ほんとうの勉強が始まったのはメールルームのあと、輸送部門に配属されてから」

フィリップ・ブラザーズの実地訓練システムでは、見習いがメールルームで数カ月過ごしたあとに送られるところは輸送部門だった。リッチはそこで輸送管理者（トラフィック・マネジャー）に密着して仕事を習いはじめたときのことをいまだに覚えている。まもなく彼は独りで埠頭に行って、荷降ろしを監督し、荷の重量と質を検査し、積荷目録をチェックするようになる。そして最後に取引処理を担当した。「わたしは商品や金属の発送の手配をし、保険をかけ、信用状による支払い手続きをした」とリッチは記憶をよみがえらせる。

つまりリッチは叩き上げのコモディティ・トレーダーと言ってよい。二年後、彼はジュニア・トレーダーとなり、すぐにヘンリー・ロスチャイルドの下で働くようになった。ロスチャイルドといってもヘンリーは有名な金融財閥の一員ではない。ドイツのボーフムに生まれた彼は、一六歳のときに商品取引の世界に入り、マーク・リッチの父親とビジネスをした経験もあった。シャイで寡黙だが、頭の回転が速く、鋭い分析力の持ち主。この親方と徒弟は考えかたが似ていて気心が合った。

ロスチャイルドは当時、フィリップ・ブラザーズの南米市場の責任者であったうえ、ヨーロッパのネットワーク拡大も担当していて、要求の厳しいボスだった。彼は日常業務をどんどんリッチに任せるようになり、リッチはロスチャイルドのアシスタントのような存在になった。「市場の大きさにワクワクした」とリッチは当時を振り返る。「たとえば石油やアルミ。その二つはきみが手にふれるほぼどんなものにも使われている。全世界が、まさに東西南北どの国も、それらを必要としている」。そのワクワク感は以後もずっとリッチのなかにとどまりつづける。彼が自分で取引した最初の商品はボリビアのスズだった。

市場の創出

リッチはすぐにフィリップ・ブラザーズで〝ヴィンダーキント（神童）〟と呼ばれるようになる。「彼は最初から目先の利く、たいへん洞察力のあるトレーダーだった」と、当時のリッチを知る者は言う。彼の成功には大きな理由がひとつあった。それは彼が、一九五〇年代半ばにはほんのわずかな量しか取引されていなかった〝隙間商品〟の専門家だったということだ。そしてその商品とは水銀。

コモディティ・トレーダーと話していると、そのうちどうしても畏敬の念をもって話される表現を聞かされることになる。それは「市場の創出」という表現だ。市場の創出とは、生産者と使用者（産業消費者）を結びつけ、それまでほんのわずかしか売買されていなかった商品の買い手を見つけることで、それこそトレーダーたる者が生涯をかけて目指すゴールである。優秀なコモディティ・トレーダーが新市場を創出するのにどうしても必要となる能力がひとつある。それは、状況を徹底的に分析し、トレンドを競争相手よりも早く察知する能力である。その可能性に充分に気づかずに商品の上に座っているのはだれか？　技術的発展や戦争といった政治的出来事が商品の需要にどのような影響を与えるか？　たとえば原油は、何世紀ものあいだランプ・オイルとタールに加工されるだけだったが、一九世紀後半にガソリン・エンジンが発明されるにおよんで、その貨幣価値と戦略的価値は激変した。

優秀なコモディティ・トレーダーでも、市場の創出に一度も成功しない者がたくさんいるというのに、リッチはまだジュニア・トレーダーのときにそれに成功してしまった。いや、それどころか、彼はその後も繰り返し成功する。そして、なかでも最大の成功を収めたのが原油市場だ。ほかの者たちには見えないものを見ることができるというのも、彼の傑出した才能のひとつである。「彼は先見の明があるんだ」と、リッチの友人で元部下のイサク・ケルブは言う。「マーク・リッチは天才よ。あの人には、ほかの人たちがまだ考えはじめもしないことが見えてしまうの」というのは、アフリカでリッチの仕事を手伝ったウルスラ・サント・ドミンゴの意見だ。「トレーダーとしていちばん重要なのは、チャンスを見逃さないということ」とリッチはわたしに言った。コネの――「鍵を握る男」（アフリカでは政策決定者は奇妙にもそう呼ばれる）に接触することの――重要性を話し合っているときのことだった。リッチはこう答えて、わたしを驚かせた。「コネよりも分析のほうが重要だ」

リッチが初めて新市場を創出したのは一九五〇年代半ばのことである。彼が水銀に関心を持ちはじめたのは、まだ二一歳のときだった。当時、水銀が用いられていたのは体温計、電池、雷管（起爆剤）くらいのもので、取引量は限られており、価格は低かった。ところがリッチは、同僚が感心するほど決然と、手に入れられるかぎりの水銀を探し求めていた。世界の政治状況を分析して、近いうちに水銀の需要が激増する――ということはビジネスチャンスが生まれる――という結論に達したからだ。

一九五〇年代半ばには、冷戦がいまにもエスカレートしようとしていた。一九四九年には、毛沢東に率いられた共産主義勢力が中国の実権を掌握した。一九五〇年に勃発した朝鮮戦争は、一九五三年の夏まで続いた。一九五三年六月には、ソ連軍が東ドイツの反政府デモを鎮圧した。一九五六年には、エジプトのガマル・アブドゥン・ナセル大統領がスエズ運河の国有化を宣言し、これにイギリス、フランス、イスラエルが反対してスエズ動乱が起こった。同年、ソ連軍がハンガリーに侵攻し、ソ連傀儡政権への民衆蜂起を鎮圧した。

リッチが水銀の取引を始めたとき、いたるところに戦争の気配がただよっていた。「彼は水銀に少しでも関係する生産者にかたっぱしから電話して、水銀を買おうとしていた」と、ある同僚は思い出す。彼が最初に見つけた供給源は、スペインの鉱業会社コンセホ・デ・アドミニストラシオン・デ・ラス・ミナス・デ・アルマデン・イ・アラヤネス（現在のマヤサ）だった。彼はすぐに生産者と使用者（産業消費者）との関係をしっかりと打ち立て、水銀取引の専門家と目されるようになった。

案の定、水銀の需要は激増した。共和党のドワイト・D・アイゼンハワーを大統領にいただくアメリカ政府は、再軍備計画を開始し、空軍と陸軍が水銀のストックを五〇％増やすことになった。アメリカはコモディティを大量に買いだした。一九四〇年代半ばから電池にしか使用されていなかった水銀の市場も、にわかに景気づいた。水銀電池は長持ちするため、おもにトランシーバー、金属探知機など軍隊用の電子機器に使われていた。

デリケートな職務

水銀ならリッチに任せろ、と言われるほどになった。水銀取引は彼の最初の大成功で、フィリップ・ブラザーズもそれでかなりの利益を得た。リッチはまだ入社して二、三年という若いトレーダーだったが、この成功で社内でのポジションはずいぶんよくなった。商機を見つけられ、それを掴みとる勇気があり、取引をまとめる辛抱強さもあって、度を超えたリスクを避ける常識も持ち合わせていることを、彼は上司たちに証明して見せたのである。

フィリップ・ブラザーズのボリビア事務所長が、母親の手術のためにイギリスに戻らなければならなくなったとき、代理としてボリビア入りさせるべき人物は即座に明らかになった。ヘンリー・ロスチャイルドはリッチをボリビアに六カ月間送りこんだ。ボリビアといえば、リッチの父親もビジネスをしたことがある南米の国だ。だがそこは政情も経済も不安定なことで知られる危険な場所だった。一九五二年に民族革命運動が起こり、大きな鉱山が次々に国有化された。ただボリビアは一六世紀から銀、スズ、タングステンの重要な供給源だった。リッチはボリビアのラパスで、完璧なスペイン語を身につけただけでなく、政情不安な国でビジネスをするのに必要な基本的技術をも習得した。彼はボリビアでも巧妙な取引をしていたようだ。リッチはいつもリスクを巧みにコントロールし、穏やかで控えめな物腰で有力なコネをつくっていたと、当時のパートナーが証言している。

一九五八年、フィリップ・ブラザーズは、ボリビアでも成功をおさめたこの期待の星を南アフリカへ送りこんだ。リッチにとっては初めての南アフリカ行きだった。当時、南アフリカはまだ英連邦の一員で、アパルトヘイト政策への制裁である禁輸はまだ始まっていなかった。リッチはそこで初めての敗北を味わうことになる。彼は六カ月間ぶっつづけでマンガン鉱山の売買について細かなところまで徹底的に話し合った。交渉は「うんざりするほど退屈で、とても長かった」とリッチは言う。六カ月交渉して結局、「わたしは買う決断を下せなかった。手ぶらで帰らざるをえなかった」。だが、師であるロスチャイルドやジェッセルサンから非難めいたことをひとことも言われなかった。二人とも、リッチがその失敗から学ぶことを知っていたのだ。

南アフリカでの取引は失敗に終わったが、リッチはデリケートな職務を遂行する能力があることを証明して見せはした。混沌とした状況でも冷静さをたもてることを証明して見せたのだ。彼は無鉄砲になることなく、粘り強く、創造的なままでいられたのである。いや何よりもまず、彼は進取の気性に富み、臨機の才があった。そうした資質こそ、一九五九年初めにフィリップ・ブラザーズが必要としていたものだった。ある髭面の革命家がキューバの歴史を書き換えている最中だったからだ。バチスタ政権と緊密なビジネス関係を結んでいたフィリップ・ブラザーズにとって、それは楽しいことではなかった。だからこの問題を解決できる人間が必要だった。

フィデル・カストロのキューバ革命

エルネスト・〝チェ〟・ゲバラが反乱軍を率いてサンタクララに入ったのは、一九五八年の大晦日のことだった。サンタクララが陥落して、政府軍が支配する都市がハバナのみとなったことを知らされたキューバの独裁者、フルヘンシオ・バチスタは、その夜のうちに少数の取り巻きとともにドミニカ共和国へ逃げ出し、亡命した。フィデル・カストロの革命軍は、二年以上におよぶゲリラ戦ののち、一九五九年一月八日にハバナに入城した。

キューバ国民とくにカンペシーノ（貧しい農民）は、革命軍を熱烈に歓迎した。軍隊と警察は数時間のうちに投降した。二四時間でハバナは平静をとりもどした。カストロとその戦友たちは歓呼する群衆に迎えられた。バチスタの支配下では、彼を中心とした特権集団が国とその自然資源を食いものにして富をかき集め、民衆はいっそう貧しくなってしまったのである。その間に独裁者は数千億ドルの蓄財をしたと言われている。バチスタはアメリカの支援を受けて一九三三年に権力をにぎった。以後もアメリカは彼の軍事独裁を相互援助協定によって支援しつづける。アメリカ政府が支援を打ち切ったのは、バチスタ体制が断末魔の叫びをあげ、経済的安定を保障できなくなってからのことだ。

フィデル・カストロと、のちに工業相となったチェ・ゲバラは、鉱山と産業の国有化に乗り出した――これにはフィリップ・ブラザーズも大きな衝撃を受けた。フィリップ・ブラザーズは基本的には商社で、産業インフラを所有しているわけでも、投資を行うわけでもない。だが、キューバを含む数カ国で、生産に必要な資金を供給するということをやっていたのだ。その見返りとして、独占的長期契約を結べたからである。これはのちにマーク・リッチが磨きをかけて完璧なものにした手法だ（第14章参照）。

ところが革命の指導者たちは、フィリップ・ブラザーズがキューバにしたその種の融資――ある黄鉄鉱鉱山への一二〇〇万ドルもの融資――を反故にしてしまったのだ。ちなみにフィリップ・ブラザーズの一九五九年度の税引前利益は六〇〇〇万ドル。では、どうすべきか？　ロスチャイルドは即座に、自分の若き補佐マーク・リッチをハバナに送ることを提案した。フィリップ・ブラザーズには、若い社員に大幅な信頼を寄せて、彼らに非常に難しい職務を任せる、という伝統がある。リッチはラテンアメリカのメンタリティーに通じていたし、そのころにはもうスペイン語を流暢に話せた。

こうして二四歳のマーク・リッチが、新体制と交渉するため、革命直後のハバナに飛んだ。交渉は長引き、六カ月にもおよんだ。彼の交渉スタイルは、断固たるものだったが礼儀正しいものでもあった。彼は狡猾なトレーダーが利用するあらゆる策略を用いた。ともかく、双方に満足のいく解決方法を見いだす必要があった。「双方が笑って署名できるような取引でないといけない。でないと、そのうちいっしょにやっていけなくなる。まあ、現実にはそういう取引しかできない」とリッチは説明する。

リッチは状況を分析した。カストロとキューバの新政府がいちばん必要としているものは何か？　彼らが必要としているのは、外貨（ハード・カレンシー）、国際的なコネクション、そして雇用。ということは、カストロは黄鉄鉱の採掘を続けたいにちがいない。それで雇用が確保できるうえに、外貨も流れこむからだ。そこでリッチは、一見無謀と思えるような巧妙きわまりない独創的な解決法をひねり出した。「新たに資金を投入する提案をした」と彼は、サンモリッツでの滑降のあいだのリフトのなかで打ち明けた。「キューバはその提案が気に入った。それで彼らは黄鉄鉱の採掘を続けることができた。わたしのほうは最初の融資をそっくり取り戻すほどの利益をあげられた」

カストロは革命の初期には多大の共感をもって迎えられた。アメリカでも人気があった。「エネルギッシュで生き生きしていた」とリッチが記憶するチェ・ゲバラとは対照的に、カストロは正統派マルキストやソ連の友のようには振る舞わなかった。だが体制はすぐに教条主義的硬直性を露呈する。キューバ政治の変化を自分の目で確かめられたリッチは、次第に懐疑的になっていく。「なぜ彼らが共産主義者になったのか理解できない」と彼はリフトのなかで言った。「なるほど、彼らは腐敗したバチスタ政権がしてきたことを変えたかった。だが共産主義者はすべてを鉄拳で横取りしただけだ。わたしはそれを自分の目で見た。反対なんて事実上まったくなかった。人々はそれをただ受け入れた」。リッチは信じられないというふうに首を振り、繰り返した。「なぜ彼らが共産主義にだまされたのか理解できない。人々にとってあんなに悪いものはない」

「キューバはマーク・リッチにとって試練の場だった」と、ある知人はわたしに語った。「彼はそこでしっかり試された。何ができて、何ができないのか？　アイディアはあるのか？　創造的か？　プレッシャーに対処できるか？……」。リッチを批判する者たちは別の点を強調する。たとえば伝記作家のA・クレイグ・カピタスは、匿名の「元輸送管理者（トラフィック・マネジャー）」が次のように言ったと書いている。「マークはハバナで初めての経験をした。それで彼のキャラクターが決まってしまった。法律に背いてもよい状況もあるということを彼はハバナで学んだのだ」（『メタル・トレーダー』［新潮社］）。

アメリカが対キューバ禁輸措置に踏み切っても、リッチはキューバとの取引をやめようとしなかった。彼が法に背いて取引を続けたのは、大のお気に入りのコイーバ葉巻だけではない。リッチは頻繁にハバナに飛んでいたが、それも一九六二年二月にケネディ大統領が禁輸を発令するまで。以後、キューバ・ビジネスはマドリード事務所経由で行われるようになる。リッチが一九九〇年代半ばまでキューバと取引をしていた最も重要な資源は、おもに黄鉄鉱と銅。そしてそのあと、マンガン鉱（製鉄に不可欠）とニッケル。黄鉄鉱をキューバからイタリアへ輸送するのに、両親とともにフランスからモロッコへ逃げたときに乗ったあの貨物船〈モンヴィーゾ〉をチャーターしたこともあった。リッチの会社がキューバから砂糖を買い、ベネズエラやロシアの石油をキューバに送っていたこともある。一九九一年には、あるキューバ人亡命者が、リッチの会社はキューバでのウラン採掘についてカストロの息子と交渉していた、と主張した。リッチはこれを否定し、鉛と亜鉛の鉱床について話し合ったにすぎないと反論した。

キューバでの職務をこなしたリッチは、フィリップ・ブラザーズ社内でも一目おかれる存在になった。まさに輝く新星だった。続く数年のあいだ、彼は世界中を飛びまわった。インドに六カ月、アムステルダムに六カ月、たえず取引を求めてコンゴのブラザビルからセネガルまで、旅に旅を重ねた（当時「アフリカには仕事はあまりなかった」と彼は指摘する）。団体観光旅行がブームになる前の時代で、飛行機による移動はまだ恐ろしく高価で、ごく一部の人にしかできない贅沢だった。リッチは旅を、自主独立を、冒険を愛した。ビジネスチャンスを探り出すことが大好きだった。それこそリッチがまだ学生のころに憧れたライフスタイルだった。彼には挑戦が必要だった。一九六四年、当時フィリップ・ブラザーズの社長だったラドウィッグ・ジェッセルサンは、三〇歳のリッチをマドリード事務所長にすることにした。意向を打診されたリッチは、一秒たりともためらわなかった。

ファシズム・スペインの友人たち

マーク・リッチは冷静で控えめな男である。優秀なトレーダーの例に漏れず、彼もまた感情をしっかりとコントロールできる。感情をあらわにせず、過度の熱狂にさらわれて我を忘れるということはない。それでもスペインについて語るときは、初恋の人を思い出すティーンエージャーのようになる。リッチはスペインに一目惚れし、まるで水を得た魚のような気持ちになった。そんな経験は初めてのことだった。たちまちスペイン式生活の虜になり、それはいまもなお彼の生きかたに影響をおよぼしている。午後に昼食をとり、夜遅くディナーをとるのが好きなのは、スペインのせいなのだ。「スペインが大好きだったので、結局、国籍をとってしまった」と彼はサンモリッツのヴィラで言った。「素晴らしい国だよ。砂漠も、山も、緑の平原もあり、海に囲まれていて、音楽も、芸術も、それこそすべてがある」

冬はサンモリッツのゲレンデで過ごすことが多いが、夏はいまでもマルベーリャの豪華な邸宅によく赴く。それはフランク・ロイド・ライトの弟子が設計したムーア風別荘で、九五〇万ドルの価値がある。清らかに晴れた日にはそこから対岸のモロッコが見える。彼が最初の妻デニーズと恋に落ちたのもスペインだったし、三人の娘のうち二人が生まれたのもスペイン。デニーズ・リッチは、マドリードでの生活がいちばん幸せなときだったと、わたしに明かしてくれた。スペイン語はいまもなお家族のあいだで用いられる言葉のひとつだ。「スペインを去っても、娘たちにはスペイン語を忘れてほしくなかった。だからスペイン語を話しつづけた」とリッチは言う。彼はいまだにスペイン語を話す家事スタッフを雇っている。

スイスのオフィスにかかっているスペインの画家アントニオ・キロス（一九一二～八四）の絵は、リッチが一九六四年にマドリードで最初に借りたマンションで見て、大いに気に入り、買い取ったものだ。そのマンションは、当時ヨーロッパ一の高層ビル、トッレ・デ・マドリードのなかにあり、フィリップ・ブラザーズのオフィスも同じビルのなかにあった。リッチは住む場所を慎重に選んだのである。つまり、通勤時間をなくし、必要なときにはいつでもオフィスに行ける住居を選んだのだ。

「わたしたち、働いて、働いて、働きまくったわ。マークの働きぶりときたら、もう嘘みたいにすごかった」とウルスラ・サント・ドミンゴは当時を思い出す。彼女がリッチに出会ったのは四五年前。リッチが新聞に出した秘書募集の広告を見て、応募したのだ。「彼は土曜日に面接をしに来てくれと言ったの。行くと、オフィスは空っぽだった。マーク・リッチしかいなかったの。あとで知ったのだけど、彼は土曜日も、そして日曜日も、一日も休まずに働いていた。それこそ一日二四時間、ビジネスのことばかり考えていた」。オフィスでの仕事は一日一五時間、朝の七時に始めて夜の一〇時に終える、というのが例外ではなく通例だった。八時半に出勤してきた同僚に、リッチは冗談半分にさりげなく「グッド・アフタヌーン」と挨拶した。

一九六四年のスペインはワクワクするような場所だった。スペインは一九三九年の内戦の終結以来、フランシスコ・フランコ総帥の独裁下にあり、一九五五年までは政治的にも経済的にも孤立を余儀なくされ、国際連合加盟も拒否された。だが、地中海の出入り口であるジブラルタル海峡を擁しているおかげで、冷戦時代には戦略的に重要な国となった。そして一九六〇年代に思いがけない好景気にみまわれ、スペインはあっというまに農業国から開かれた現代工業国に変身する。「スペインの奇跡」と呼ばれたその目覚ましい経済成長は、過激なほどリベラルな経済改革によって燃え上がったもので、インフラへの莫大な公共投資にも支えられた。その間、政府内でも、テクノクラートが旧ファランヘ党のファシストたちに取って代わった。

工業省に雇われた四〇歳になる経済学教授アルフレード・サントス・ブランコも、そうしたテクノクラートのひとりだった。彼はリッチの最も重要なコネ、強力な窓口となった。「アルフレードとの友情のおかげで、わたしはたくさんのコネをつくることができた」とリッチは述懐する。二人が初めて会ったときサントス・ブランコは、リッチが以前取引したことがある国営の辰砂（しんしゃ）（硫化水銀＝水銀鉱）鉱山ミナス・デ・アルマデン・イ・アラヤネスの最高責任者だった。そのアルマデン近郊の水銀鉱山は世界最大の埋蔵量を誇り、古代から採掘されてきた。一六、一七世紀には、その採掘権は有名なドイツの大商業資本家一族フッガー家が所有していた。だが、現在はその埋蔵量も事実上枯渇してしまっている。サントス・ブランコは、次章をお読みいただければわかるように、リッチのキャリアにとって途轍もなく重要な人物となる。彼がいなければ、リッチはこれほど早い時期にこれほど成功することはできなかっただろう。

ユダヤ人ビジネスマンのリッチが、よりによってウルトラ・カトリックのサントス・ブランコ教授と友情を育んだということは、マーク・リッチの人生のパラドックスのひとつである。そもそもリッチがファシズムのスペインに惚れこんだという事実そのものが、驚きに値する。フランシスコ・フランコ将軍がスペイン内戦に勝てたのは、おもにナチス・ドイツの支援のおかげなのである。スペインは第二次世界大戦中、表向きは中立を保ったが、アドルフ・ヒトラーの国家社会主義への共感をあからさまにし、ドイツの潜水艦と軍用機にスペインでの補給を許した。さらにフランコは、アラブ諸国の友であると宣言し、イスラエルを承認せず、外交関係を結ぼうともしなかった。一九七四年にはＰＬＯ（パレスチナ解放機構）にマドリード事務所を開設することを許した。スペインがイスラエルを承認したのは一九八六年になってからである。

リッチはイスラエルと緊密な関係にあったにもかかわらず、フランコの政策を問題視しなかったようだ。「マークは気にしていなかった」と、当時リッチと仕事をしていたスペインのある友人は言う。「政治には関心がなかった。関心があったのはビジネスと金儲けだけ。それがマークの強みなんだ」。この種の〝不偏不党〟はビジネスには有利に働き、成功に寄与したが、「道徳観念なし」とのレッテルを貼られるもとにもなった。

そのスペインの友人が言うように、一九六〇年代のリッチは「スペインで特大の成功をおさめた」。フィリップ・ブラザーズのマドリード事務所は当時、現在わたしたちが新興成長市場と呼ぶものを動かしていた。アメリカから禁輸という制裁を受けていたキューバをも含む南米も、そうした市場のひとつであり、一九五〇年代後半から六〇年代前半にかけて脱植民地化の波に呑みこまれたアフリカもそうだった。自然資源に富むコンゴ、アルジェリア、ナイジェリアといったアフリカの新興成長市場は、リッチのビジネスのなかで特別な役割を演じることになる。フィリップ・ブラザーズにとってはまだたいして意味のなかった中東さえ、マドリードの監視対象に入っていた。「中東という難しい地域はマドリードの担当だった」と、ある関係者はわたしに明かした。当時の中東には、紛争地もたくさんあったし、まだしっかりした骨組みさえできていない新生国も、商業のやり方をまったく知らない経験不足の国もあった。ところがそうした国々はみな、地中にあらゆる自然資源を有してもいたのだ。しかもそれらの国々は、自分たちが抱える自然資源の価値に気づきはじめてもいた。

アメリカン・ヒーロー

一九六〇年代は二〇世紀最大の商品取引発展期のひとつである。その一〇年間、ヨーロッパもアメリカもアジアも好景気にわき、テクノロジーの発展も急速に進んで一九六九年の人類初の月面着陸で頂点に達した。世界中に楽観主義があふれかえっていた。

リッチは浮き上がってきたチャンスを掴みとる重要性を認識していた。彼はマドリード事務所をフィリップ・ブラザーズでいちばん強力なオフィスのひとつに変貌させた。それが可能になったのはとくに、彼が雇い入れたハングリーな若者たちのおかげだった。「マークは生まれも学歴も気にしなかった」と、彼に雇われて順境も逆境も行動をともにしたスペイン人は言う。「彼が求めていたのは、やる気があって、旅をいとわず、会社に忠実で、金を稼ぎたいと思っている人間だ」。そして彼らが行かされるのは、なんとかコモディティを売って外貨を獲得したいと思っている、活気にあふれた前途有望な第三世界の国々。「とてもいい経験になった。スペインではアルミからスズまで、あらゆるものを取引していたからね」とリッチは言う。「それでどんなコモディティでも扱えるようになった。楽しかったよ」

一九六〇年代の終わりまでに、マーク・リッチは押しも押されもしない成功者になった。ナチスから逃れた難民の子供が、勤勉さによって身を立てたのである。世界有数の商品取引商社の最強の事務所のひとつを指揮するまでになったのだ。こうしてスペインのファシズム政権の閣僚にもキューバの革命家にも信頼されるビジネスマンになった。

このようなキャリアは、アメリカでしか可能にならなかったはずだ。マーク・リッチはまさにアメリカン・ドリームを生きたのである。彼は、勇気、粘り強さ、リスクをいとわぬ冒険心、チーム精神、そしてもちろん勤勉といった、アメリカが称賛する価値の具現者となったのだ。アメリカはそういう成功した息子を誇りに思う。商品取引をヨーロッパから奪いとったアメリカ人は、まさに絶賛に値した。

ヨーロッパ諸国は中世末期から世界の資源貿易を支配してきた。世界貿易はまず、ヴェネチア、ジェノヴァなど、イタリア北部の都市国家に支配され、一五世紀からはポルトガルとスペインがその覇権を手に入れた。一七世紀になると、オランダの貿易船が海を支配し、次いでイギリスの商船がそれに取って代わった。第一次世界大戦までは、世界貿易の六〇％以上がヨーロッパ人の手になるものだった。だがその後、アメリカ人が次第に貿易に食い込んでいく。そしてそれはとくに、フィリップ・ブラザーズのような商社と、マーク・リッチのようなトレーダーのおかげだった。リッチはすぐに歴史的に重要な人物と見なされるようになり、「ヨーロッパ人に支配されていた金属市場を奪いとった天才」とまで言われた（『現代アメリカ・ビジネスリーダー事典［Contemporary American Bussiness Leaders］』一九九〇）。

金属取引は単なるプロローグにすぎなかった。真の革命は原油によって始まる。

第5章　目覚めた原油

この革命も、通常の革命のように始まった。つまり、静かに、地味に、始まった。一九六九年の夏、フィリップ・ブラザーズの小規模なミラノ事務所を指揮していたアラン・フラックスがチュニスに飛んだ。チュニジアが独立系トレーダーに石油を売りたいと思っている、という情報を偶然耳にしたからだ。そんなことは初めてのことだった。チュニジアはアフリカで独立を最初に勝ち取った国のひとつで、油田発見からまだ五年しかたっていなかった。そのチュニジアがいま、二万五〇〇〇トンの原油を直渡しという条件で競売にかけようとしているのだった。フラックスはこの原油を買い、イタリアの製油所に売り渡した。原油を買ったときにはすでに買い手を見つけていて、リスクなし、即収益の取引になった。トレーダーはこうした取引を「バック・ツー・バック・トレード（連続取引）」と呼ぶ。つまり、あるコモディティを買って、それをあらかじめ見つけておいた買い手に即座に売り渡すということ。

マーク・リッチはこの取引のことをマドリードで聞いて胸を高鳴らせたが、同時に、その取引を成功させたのが自分ではなくフラックスだったことにがっかりしてしまった。しばらく前からリッチは、フィリップ・ブラザーズが世界に構築したネットワークを利用して石油を取引する方法を見つけようとしていたのだ。当時、石油はまだ自由市場で一度も売買されたことがなかった。ということはつまり、石油はまだ厳密な意味でのコモディティではなかった、ということ。リッチが石油を自由に取引することを考えだしたのは、一九六七年六月の第三次中東戦争（六日戦争）中だった。一九六七年五月、エジプトのナセル大統領がアカバ湾封鎖を命じ、イスラエルの船舶輸送ルートを断ち切った。これでイスラエルのエイラート港は世界と完全に切り離されてしまった。イスラエルにとって紅海の通商航路を利用できる港はエイラートしかなく、石油の大部分はそこを通して輸入されていた。エジプト、ヨルダン、シリアが軍部隊をイスラエルとの国境へと集結させはじめると、イスラエルは大胆な先制攻撃に踏み切った。六月五日、イスラエル空軍機が敵の空軍基地を奇襲攻撃し、航空機をほぼすべて破壊してしまった。こうしてイスラエルは制空権をにぎり、わずか数日のうちに、シナイ半島、ゴラン高原、ガザ地区、ヨルダン川西岸、東エルサレムを占領することができた。

世界初の原油禁輸措置

第三次中東戦争は世界初の石油禁輸措置を生むことになった。「石油は武器になる」と分析する者たちがいて、何年も前からそれについて議論されるようになっていた。そしてついにその武器が使用される状況が整ってしまった。最重要アラブ産油国（アルジェリア、イラク、クウェート、リビア、サウジアラビア）は、イスラエルの友好国への石油供給をストップさせると宣言した（禁輸措置の対象となったのはアメリカ、イギリス、ドイツだが、一九六五年五月に外交関係を樹立したばかりのドイツに対しては部分的措置）。西ヨーロッパ諸国は石油の四分の三を中東と北アフリカに頼っていたので、この禁輸措置は効果があるはずだった。

ところがこれが奏功しなかった。アメリカ、イギリス、ドイツが、石油の不足分を非アラブ諸国からの輸入でまかなったからである。ベネズエラが石油を増産し、イラン、インドネシアも増産を開始した。結局、敗者は禁輸措置をとった国々になった。何の効果も得られずに、ただ収入を失っただけだったからだ。彼らは二カ月もたたないうちに対象国への輸出を再開した。だがエジプトは、ペルシャ湾からヨーロッパへ向かう石油タンカーの大半が利用していたスエズ運河を一九七五年まで閉鎖しつづける。この約二カ月の禁輸措置は思わぬ状況をつくりだした。増産の結果、石油の供給が需要を大幅に上回ることになったのである。

この状況は、臨機の才のあるマーク・リッチのようなトレーダーには、願ってもないチャンスのように見えたはずである。当時スペインにいたリッチは、石油取引で金儲けできることに気づいた。そのアイディアについてはすでに、スペインの労働省で働いていたエコノミストの友人、アルフレード・サントス・ブランコとも話し合っていた。スペインのファシズム政権は、まだイスラエルを承認しておらず、石油に富むアラブ諸国ときわめて良好な関係を保っていた。リッチはこの特殊な状況をうまく利用しようと心に決めていた。ところが、一九六九年、アラン・フラックスに出し抜かれ、その新市場を自分のつい鼻先で盗まれそうになったのだ。それでもリッチは幸運だった。フィリップ・ブラザーズは厳格なルール――たとえば「先着順」ルール――によって統制されている組織ではなかったからだ。さらによいアイディアやコネや人脈があれば、いや単に運がもっとよいだけでも、取引ができたのである。他のトレーダーには真似のできない、あの粘り強さと決然たる姿勢で、リッチはオイル・ビジネスに乗り出した。

「石油は大量に動かされる大きな価値のある産物なのに、それまで透明な競争市場で取引されてこなかった。わたしはただ〈セブン・シスターズ〉を通さない石油取引も可能なはずだと考えただけだ」とリッチは言う。「わたしの場合、新しい市場状況が見えてきて、やる意味があると思えたら、それについて何かをする」

セブン・シスターズ

〈セブン・シスターズ〉とは、二〇世紀半ばに世界の国際石油取引を支配していた七つの会社（石油メジャー）を意味するニックネームだ。具体的には、アメリカのシェブロン、エッソ（スタンダード・オイル・オブ・ニュージャージー）、ガルフ、モービル、テキサコ、イギリスのブリティッシュ・ペトローリアム、イギリス・オランダのシェル。石油は自由市場の原則にしたがって売買されていたわけではないので、さまざまな要因によって価格が変動するということはまったくと言っていいほどなかった。産油国はほぼすべての石油を、かなり前（最長で二年前）に同意した固定価格で〈セブン・シスターズ〉に売り、需給の法則にしたがって自由に売買される原油は全体の五％ほどにすぎなかった。石油を買いたい者はみな、石油メジャーと直接取引せざるをえなかった。ただ、ごくたまに、石油メジャーが急いでオープン・マーケットで売るということはあった――たとえば余剰分の売却や、思いがけない供給不足の解消のため。

第二次世界大戦後の〈セブン・シスターズ〉によるグローバル石油取引の支配は、縦だけでなく横にも拡大した。彼らは、油井での汲み上げから、精製、ガソリンスタンドへの輸送まで、石油の生産・流通のあらゆる面を支配したのである。〈セブン・シスターズ〉は経済学者が〈売り手寡占〉――ある市場で供給者が少数で寡占状態になっている状態――と呼ぶものをつくりあげたのだ。だから彼らは、価格を需給の法則に関係なく好き勝手に決めることができた。〈セブン・シスターズ〉の最大の関心事は、固定価格での長期契約の確保だった。そうした契約によって〈セブン・シスターズ〉は、〈売り手寡占〉を享受でき、石油の価格と流通を容易にコントロールすることができたのである。

この〈セブン・シスターズ〉による支配は、世界の石油産業はかなりのていどアメリカとヨーロッパの石油会社の管理下にあるということを意味してもいた。七つの石油メジャーが、アメリカおよび共産諸国以外で採掘される石油の四分の三を自由に動かしていたのである。その利益幅は他の産業のそれにくらべて途轍もなく大きかった。石油を汲み上げてアメリカへ輸送するのに必要となるコストは、一バレル（四二ガロン＝約一六〇リットル）当たり四〇セントにすぎないのに、それを〈セブン・シスターズ〉は買い手に二ドル五〇セント以上で売りつけることができたのである。

バレル当たりの原油価格は、一九四八年から七〇年まではほぼ一定していた（二ドル五〇セントから三ドル）。ただ、朝鮮戦争（一九五〇〜五三）、第三次中東戦争（一九六七）といった危機の期間は、やや上昇する傾向があった。そういう時期は、実は産油国にとってはたいへん困ったときなのだ。同時期、工業製品の価格もかなり上がるからである。つまり、もともと低価格で石油を買われてしまっているうえに、石油輸出で得られたマネーの実質的価値が、高くなった輸入品への支払いのさいに下がってしまうことになる。第二次世界大戦以来、石油の需要は着実に増加しつづけたが、産油国の購買力という点から見た場合、実質的な原油価格は一九四八年から七〇年までのあいだに四〇％近くも下がってしまったことになるのである。ということは、先進国は石油・エネルギーの低価格（実質的には価格低下）によってかなりの利益を得ていたことになる。

石油国有化の波

産油国はこの状況をなんとか打開し、同時に石油メジャーへの影響力を強めようとした。イラン、イラク、クウェート、サウジアラビア、ベネズエラは、すでに一九六〇年にＯＰＥＣ（石油輸出国機構）を結成していた。原油価格と採掘権をできるかぎり低く抑えようとする石油メジャーの圧力に対抗するために、産油国同士が団結したのである。ＯＰＥＣが初期に目指したのは、石油メジャーと交渉して、利益の分け前を大きくしてもらい、産出割当量についても決定権をもてるようになることだった。そして一九六〇年代には、油田の広範囲な国有化を呼びかけたが、それから一〇年ほどは加盟国がそれに向けて努力をするということはほとんどなかった。だが、一九七〇年代になって突如、状況に爆発的な変化が生じ、短期間のうちに石油取引全体が根底から揺すぶられる事態となった。

この過去との劇的決別は、二つの重要な出来事・進展に端を発する。一九七一年八月、リチャード・ニクソン大統領が金とドルの交換を停止すると、ドルの他の通貨に対する価値がたちまち二〇％から四〇％も下がってしまった。国際原油取引はドル決済だったので、このドル安によって、産油国の実質収入（購買力）はさらに落ちてしまった。つまり、原油を売って得たドルの価値が下がってしまったため、産油国は国際市場でものを買うのにより多くのドルを費やさなければならなくなったというわけである。これで主要産油国数カ国が国内石油産業の国有化を開始した。北アフリカのアルジェリアが一九七一年に先陣を切り、すぐに隣国のリビアがそれに続いた。一九七二年六月一日に、世界最大の産油国のひとつであるイラクが、ブリティッシュ・ペトローリアム、ロイヤル・ダッチ・シェル、コンパニー・フランセーズ・デ・ペトロール（フランス）、モービル、スタンダード・オイル・オブ・ニュージャージー（のちのエクソン）が所有していた石油利権を国有化するにおよんで、水門は一気にひらかれた。その六カ月後OPECは、石油メジャーが所有するクウェート、カタール、アブダビ、サウジアラビアの石油利権を漸次国有化していく案の実行を強引に決定した。そして一九七三年の春、イランの国王（シャー）がすべての石油資産・施設を国有化した。

こうしてわずか数年のうちに、石油産業の権力構造は完全にひっくり返ってしまった（もとに戻ることはもはやあるまい）。二〇〇九年現在、〈セブン・シスターズ〉を構成していた石油会社はもはや国際石油取引を支配していない。現在、世界の石油埋蔵量の四分の三をコントロールしているのは、一〇の国営石油会社だ。そして、なかでも最も重要な国営石油会社は、政治的に脆弱な国々のものだ。たとえば、サウジアラビアのサウジアラムコ、ロシアのガズプロム、イランのNIOC（イラン国営石油会社）。

適時適所にいた適任者

一九六九年には、世界の石油取引がこんな激震にみまわれようとはだれも予想できなかったが、予兆がなかったわけではなく、先見の明がある者にはそれが読み取れた。この石油市場の変質は、それに最初に気づいてリスクを承知で勝負してみようと思った者にはチャンスを提供した。歴史が示すように、大変動が起こって不安定になった時期はふつう、コモディティ・トレーダーにとっては稼ぎ時なのである。商品市場が不安定になって変動幅が大きくなればなるほど、ドルで確実に支払える独立系トレーダーの出番は増す。こうしたトレーダーがいるおかげで、買い手は市場変動にも耐えられるのだ。

フィリップ・ブラザーズで石油取引に初めて割り込んだのはアラン・フラックスだったが、彼はそうした取引を次のステップへと進めることをしなかった。石油取引に特有な問題を扱った経験がなかったからだ。そもそもリスクを負うという観念が彼にはなかった。それはフィリップ・ブラザーズという会社にもない観念だった。「ベッサー・グート・シュラーフェン、アルス・グート・エッセン（よく食べるよりよく眠るほうがよい）」というフィリップ・ブラザーズのドイツ語の社訓に、それははっきりと見てとれる。社員はこの原則をたたき込まれていた。だから、会社全体を危険にさらしかねないほどリスクが高い場合は、たとえ儲かる取引でも避けたほうがよい、ということになった。

その点、マーク・リッチはボスたちより攻める意欲が強く、挑戦的だった。のちにリッチがフィリップ・ブラザーズを去って自分の会社を興すことになるのは、このリスクを恐れる社風のせいであるところが大きい。「わたしはちょうどいいときに、ちょうどいい場所にいた、ちょうどいい人間だった」とリッチは言った。それだけのこと、という口ぶりだった。「わたしは商品取引商社で働いていた。そして〈セブン・シスターズ〉の〈売り手寡占〉が終わろうとしていた。石油を生産国から消費国へ運ぶ新たなシステムが突然、必要になった。わたしがやったのはまさにそのシステムの構築なのだ」

石油メジャーの支配から脱したい産油国は、自分のような独立系トレーダーを必要とする、ということにリッチは気づいていた。産油国にはまさに石油を売る手段――マーケティングのノウハウ、確かな流通チャンネル、製油所とのコネクション――がなかった。全世界に張りめぐらされたフィリップ・ブラザーズの組織網を利用すれば、これらすべてを提供できることを、リッチは知っていた。彼は水銀取引での成功を繰り返したかった。もう一度市場を創出したかったのだ。

だがリッチには解決しなければならない三つの重要な問題があった。まず石油の入手。そして買い手の確保。だが最も難しい問題は配送だった。石油を買い手にどうやって届ければいいのか？　石油の取り扱いと輸送は、金属のそれよりもずっと複雑で高くつく。そもそも石油は、さまざまな粘度をもつ液体で、蒸発や漏れで失われやすい。物理的特性が輸送中に、また気温によって、変わってしまうということもある。石油はまた、大量取引されるので、多大な信用がないと取引できない。さらに輸送には特別な船舶が必要になる。そのうえ他の商品よりも迅速に取引しなければならない。ボーキサイト、マンガン、銅といったものの場合は、配送時間はそれほど重大ではないが、石油となると時間がきわめて重要になる。

どんなトレーダーでも、取引の最も重要な部分は「実行」であることを知っている。わたしは世界でもトップクラスの輸送管理者（トラフィック・マネジャー）にこの取引実行について説明してもらった。彼もまた、わたしがインタビューした人々の多くと同じように、匿名を希望した。会った場所も書かないでくれと、念を押した。なぜそんなに秘密にしなければならないのか、その理由をわたしは知りたくなった。「わたしが何者だかだれにも知られないほうが、わたし自身楽だし、仕事もやりやすいんだ」と彼は正直に答えてくれた。

「トレーダーなら、すごい取引をまとめることもできるが」と彼は言った。「取引の実行がうまくいかなければ、その価値も吹き飛んでしまう。いや、もっと悪い事態にもなりうる。どんなミスも大惨事を引き起こしかねない。わたしはあらゆることを見てきた。たとえば信用状に不備があれば、荷の配送が大幅に遅れたり、まったく輸送できなくなったりする。チャーターした船が目的地の港に突然入れなくなる、なんてこともある。そんなことになったら、取引は頓挫し、何百万ドルもの損失を出したり、莫大な滞船料や保管料を支払わなければならなくなったりする。それもこれもみな、きちんと下調べをしなかったせいでね」

ピンカス・グリーン

オイル・ビジネスに参入して、自由市場を創出したいというのなら、取引実行のエキスパートが必要になる。リッチは独自の物流管理システムが必要であることを知っていたし、そうしたシステムをつくる最適任者がだれであるかも即座にわかった。それはピンカス・〝ピンキー〟・グリーン。グリーンはすぐに、リッチの生涯でも最重要人物のひとり――いわば分身――になる。彼は一九六五年以来、スイスのツークにあるフィリップ・ブラザーズ欧州本部で働いていた。写真のような記憶力をもつ物流管理の天才。多くの者からそう思われていた。なにしろ、いついかなるときも、いちばん有利な輸送料を提示しているのはどこであるか知っていたし、輸送中の荷の現在地点も正確に把握していたのである。

グリーンはリッチよりも数カ月だけ早く生まれた。生い立ちも二人は驚くほどよく似ている。グリーンは一九三四年五月、ニューヨークのブルックリンで生まれた。大恐慌の真っただ中のことで、八人の子供の七番目だった。両親のサディーとイズラエルは、一九二〇年代の初めにソ連の一部だったウクライナからアメリカへ逃げてきた移民である。一九一七年の一〇月革命によって始まった血なまぐさい内乱は、一九二〇～二一年の冬まで続いた。戦闘にはいくつもの武装組織が参加した――ウクライナ軍、農民軍、赤軍、反革命の白軍が入り乱れて戦った。ウクライナのユダヤ人は恐ろしい虐殺の対象となった。大虐殺（ポグロム）は一二〇〇もあり、五三〇のユダヤ人コミューニティーが襲撃され、六〇〇〇人のユダヤ人が殺された。逃げられるユダヤ人は出国した。

イズラエル・グリーンはブルックリンで食料品店をひらいて成功し、家族に快適な生活を送らせることができていた。だが、その成功も長くは続かなかった。ブラック・チューズデー（暗黒の火曜日）で取引銀行がつぶれ、グリーン家は一九二九年の経済恐慌ですべてを失ってしまった。大量失業・大量貧困の時代に新たな仕事を見つけることだけでも難しかったのに、グリーンの場合は、土曜日には絶対に働かない正統派ユダヤ教徒であり、働き口を見つけるのは事実上不可能だった。四人の息子たちが生計を立てる手伝いをしなければならなかった。日曜日と放課後、ピンカスは小さなワゴンを押して、一軒一軒キャンディーを売ってまわった。彼はブルックリンのユダヤ人学校に通い、一六歳のときに高校をやめ、マンハッタンのガーメント（衣料品）地区にある店の陳列係として働きはじめた。次いでフィリップ・ブラザーズのメールルームに職を得て、すべてのトレーダーが歩む道を歩みだし、ほどなくしてマーク・リッチも彼のあとを追った。一九五五年から五七年まで兵役に服したあと、五七年に生涯の伴侶リビーと結婚。二人はいまもいっしょに暮らしている。四人いる子供はみな、すでに成人した。

リッチから計画を聞かされた瞬間グリーンは、石油を他のコモディティと同じように取引するというアイディアの虜となった。こうして二人は〝異種コンビ〟を組むことになった。二人は性格が正反対と言ってもよいくらい違っていた。リッチは神を信じず（そうわたしに打ち明けた）、おいしいワインを好み、あつらえの高級服を身につける。一方、グリーンは敬虔なユダヤ教徒で、億万長者になっても、ユダヤ人がおもな住民であるブルックリン・フラットブッシュ地区の質素な漆喰の家に住んでいる。

二人はまさに「対極の者同士が引かれ合う」という古い格言そのままだった。この二人の協同によってグローバル商品取引に革命がもたらされることになった。

第6章 イスラエルとシャー

すぐに世界石油市場を根底から揺さぶることになる二人のトレーダーも、スタートはつつましいものだった。「一、二回、チュニスと取引した」とリッチは記憶をよみがえらせる。利益は六万ドルだった。たいした額ではなかったが、原油取引でも儲けられることをボスたちに示すことはできた。ジェッセルサンもロスチャイルドも建前上はリッチのアイディアに反対はしなかったが、どうしても慎重になってしまい、潜在的な危険をリッチに警告した。フィリップ・ブラザーズの最高幹部たちは、資本集約的な（莫大な資金を必要とする）石油取引に内在するリスクに気づいていた。ひとつの取引に失敗しただけで、会社が破綻しかねないのである。

リッチには考えがあった。それはのちに天才的なひらめきであることが証明される。その考えこそ、フィリップ・ブラザーズをたちまちのうちに国際石油取引の最強チームに変身させたものであり、マーク・リッチの成功物語の核心をなすものである。彼は、互いにまったく関係ない（表向きは結びつきようのない）二つの集団を結びつける取引をすることを提案したのだ。

それはなんとしても秘密にしておく必要がある政治的に最も危険な取引だった。実際に行われたその取引は、今日まで秘密にされていた。

その取引のことをわたしが初めて知ったのは、マドリードでリッチに雇われて重要な仕事を任されていたトレーダーにインタビューしたときのことだ。わたしが彼から聞き出したかったのは、リッチはどのようにしてあれほど迅速に石油取引ビジネスのなかに割り込んでいけたのか、ということだった。わたしも相手もアフリカへの熱い愛情があったので、二人は馬が合い、インタビューは順調に進んだ。わたしたちは、アフリカが貧困と悲惨から抜け出せる日は来るのだろうか、ということについても議論し、外国の援助に頼らずに自力で未来を切り拓いていくときのみそれは可能だ、という結論に達した。不意に彼は、人差し指でテーブルをたたく仕種をして、テープレコーダーのスイッチを切るよう求めた。

秘密にするという条件のもと、彼は信じられない話を語りはじめた。それは、イランとイスラエルの取引によって、イスラエルの紅海への出入り口であるエイラートから地中海沿岸のアシュケロンまで敷設された石油パイプラインの物語だった。このパイプラインのおかげで――つまりイランとイスラエルに協力したおかげで――リッチはグローバル石油取引のドアをひらくところまで漕ぎ着けることができたのである。

トップシークレットのパイプライン

この石油パイプラインとイランとの係わりは、イスラエルが今日までしっかりと守りとおしてきた国家機密のひとつである（これまでにこの極秘パイプラインにふれた論文・書籍は、機密文書に基づくヘブライ大学教授ウリ・ビアラーの『中東に架けられた燃料の橋――イスラエル、イランとエイラート－アシュケロン石油パイプライン［Fuel Bridge Across the Middle East］』〈《イスラエル研究》二〇〇七〉と、サムエル・セゲブの『ジ・イラニアン・トライアングル［The Iranian Triangle］』〈フリー・プレス一九八八〉）。このパイプラインは、ユダヤ人国家の存亡を左右するイスラエル最大の戦略的難問のひとつを解決する――つまり石油の安定供給を確保する――ためのものだった。古いイスラエルのジョークにこういうものがある――「モーセは中東を四〇年間さまよったのち、ついに石油が一滴も出ない唯一の場所に定住した」。イスラエルをとりかこむ石油に富む敵国は、ユダヤ人国家にこの重要な資源を入手させまいと躍起になった。イスラエルがイランから輸入してきた石油は、全体の九〇％にものぼる。アラブ系ではないペルシャ人の国家が、一九五〇年代半ば以来、秘かに〝ブラック・ゴールド〟をイスラエルに供給しつづけてきたのである。

一九六五年の夏、当時イスラエルの外相だったゴルダ・メイアが、テヘランを訪れて国王(シャー)に謁見した。そして彼女は、二国によるパイプラインの共同建設・管理を提案した。この会見は極秘にされた。イランは公式にはイスラエルを承認していなかったからである。シャーには地政学的な利害関係があり、アラブ世界との関係を損ないたくはなかった。アラブ諸国はイスラエルをのけ者にし、一致団結してユダヤ人国家への石油禁輸網をつくっていた。にもかかわらず、シャー（イスラエルは「地主」というコードネームを使用）は、極秘交渉に入る用意があることをメイアに伝える。イラン側の代表はＮＩＯＣ（イラン国営石油会社）で、イスラエルは交渉に政府高官に加えてモサド局員をも送り込んだ。モサドの参加は、このプロジェクトの途方もない戦略的重要さを物語るものだ。

二年後、この交渉はついに大きな転換点を迎えた。エジプトのナセル大統領が第三次中東戦争後にスエズ運河を閉鎖したため、シャーはパイプラインがイランの戦略的利益にかなうと確信できたのである。モハンマド・レザー・シャー・パーレビは、スエズ運河閉鎖でイランの主要輸送路が断たれることに気づいたのだ。イランが輸出する石油の実に四分の三が、スエズ運河経由で輸送されていたのである。スエズ運河閉鎖で、イランを中東の有力産油国にするというパーレビ国王の計画は危うくなった。シャーはまた、ＯＰＥＣ（石油輸出国機構）加盟国中、唯一の非アラブ国の国王として、エジプトと同盟関係を結ぶアラブ諸国の影響力増大を好ましく思っていなかった。ナセル大統領に対抗する力を持ちたいのに、このままではその実現は不可能になる。一方、パイプラインを敷けば、エジプトとスエズ運河に全面的に頼らざるをえないという状況を変化させることができる。

イスラエルとイランは折半出資で合弁事業をすることで合意し、スイスにトランスアジアティック・オイル社を設立した。シャーはイランの参加が秘密にされることを強く要求した。聞かれた場合のイランの公式の回答はつねに「わが国はイスラエルに石油を売っていない」というものだった。トランスアジアティック・オイル社はパイプライン、石油ターミナル、エイラートとアシュケロンの石油タンクを管理・運営し、輸送用の石油タンカー船団さえ運用することになった。

二五四キロにわたる直径一〇六センチのパイプラインは一九六九年に完成し、同年一二月に初めてイランの石油がそのなかを流れはじめた。最初の一年にパイプラインを通過した石油は、一〇〇〇万トンにのぼる。そのうちイスラエルが自国用に買ったのは三〇〇万トン。積み出し港からホルムズ海峡まではイラン海軍の艦船がタンカーに付き添い、ティラン海峡からアカバ湾に入るタンカーを今度はイスラエル海軍が護衛した。

このパイプラインはゲーム理論家が「ウィン・ウィン」と呼ぶもの――つまり双方が同様に利益を得られる解決法――だった。「このパイプラインのおかげでシャーは、次第に多国籍石油会社に勝てるようになり、国際石油取引の有力者となった」と、この取引に参加した者は言う。NIOCは史上初めてオープン・マーケットで自由に石油を売ることができるようになった。シャーは大金を稼ぎ、贅沢な生活を続けることができた。それにパイプラインはシャーにとって、NIOCへの支配力を強めるのに利用できるツールにもなった。一方、イスラエルは、パイプライン通行料でかなり稼げたうえに、石油の安定供給を確保できた。

シャーとの取引

リッチはシャーとのビジネスを始めたかった。イスラエルを通過するイランの石油の買い手を見つけたかった。それこそ、のちに彼を大成功させることになる大胆な考えだった。このシャーとの取引がなかったら、リッチの彗星のような急上昇は起こりえなかっただろう。ある事情通によれば、それがリッチの以後の事業の土台となった。さらに事情通によれば、ピンカス・グリーンの助けがなければ、リッチは世界最大の独立系石油トレーダーには決してなれなかった。「リッチが未来を見通してアイディアをひらめかせ、ピンキーがそれを実現する。どちらが欠けても駄目なんだ」と、二人を昔からよく知る友人は言う。グリーンの貢献はおもに優れた技をもつ輸送管理者（トラフィック・マネジャー）としてのものだったが、それだけではなかった。イランとの決定的なコネクションをつくれたのは、ピンキー（知り合いはみな彼をそう呼ぶ）のおかげだった。そうしたコネがマーク・リッチ社（Marc Rich + Co. AG）の基盤をつくったのだ。自分のキャリアのなかでイランがあまりにも重要な役回りになったので、グリーンは退職後につくった家族事務所（家族財産管理会社）を、イェシル・マネジメントＡＧと名づけたほどだ。イェシルはグリーンを意味するペルシャ語である。

ピンキー・グリーンは一九八三年に、マーク・リッチとまったく同じ容疑で起訴され、二〇〇一年にビル・クリントン大統領から、やはりリッチと同時に特赦を受けた。にもかかわらず、彼の場合は、かなりのていどメディアに騒がれるのを免れている。グーグルで彼の名前を検索しても、六七一〇のヒットしかない。一方、マーク・リッチのほうは二三万ものヒットがある。敵だってグリーンについてはいいことしか言えないようだ。たとえばケン・ヒル元連邦保安官は「ピンカス・グリーンなら、非の打ちどころのない完璧な隣人になるだろうな」と言う。

一九六〇年代、グリーンはフィリップ・ブラザーズでおもにクロム鉱石（ステンレス鋼をつくるのに用いる）と銅の取引をしていた。どちらの金属もペルシャ産だった（当時イランはペルシャと呼ばれることのほうが多かった）。そこでグリーンはニューヨークとイランを行ったり来たりした。そしてイランでアリ・レザイと親交を深めた。レザイ家はクロムと銅の鉱山を所有・運営する有力なオーナー経営者で、アリは鉄鋼産業との強いつながりから「ミスター・スチール」として知られ、のちにマジリス（イラン国会）の議員になった。いや、それよりも重要なのは、彼がモハンマド・レザー・パーレビの友人だったということだ。「ピンキーはアリ・レザイと親しかった、とってもね」と、イランの専門家は言う。

レザイとの関係がイランの経済・政治の有力者へのドアをひらいた。それがいかに重要なことであったかはすぐに明らかになる。そのコネのおかげで、グリーンはイランの権力中枢、すなわちシャーその人にも見（まみ）えることができるようになった。「それでピンキーはイラン国営石油会社との関係を築くことができた」とリッチは言う。リッチ自身は、かなりあとになってサンモリッツの隣人としてシャーに会った。

リッチの石油取引で最も重要なプレーヤーとなったのは、パービズ・ミナ。リッチが初めて会ったとき、彼はＮＩＯＣの国際渉外担当理事だった。ミナはとてつもなく聡明で専門的問題を巧みに処理できると評判の男で、当時イギリスのエネルギー相だったトニー・ベンも「切れる」と評した。ミナはイギリスのバーミンガム大学で石油工学の博士号を取得し、民族主義を標榜するモハンマド・モサデグ首相の失脚（一九五三年）後、イランの石油産業で働きはじめた。他の産油国とのコネクションも強力で、ＯＰＥＣ長期戦略委員会の委員を二年間務めた。

原油仲買人

このパイプライン・ビジネスについて尋ねたとき、リッチはしばらく何も言わずにわたしを見つめていた。秘密を打ち明けるべきかどうか考えているようだった。結局リッチは、このパイプラインがキャリアを築くうえでの画期的出来事――彼自身の言葉を借りれば「とても、とても重要なビジネス」――であったことを認めた。石油担当の高官パービズ・ミナと、ミスター・スチールことアリ・レザイとのコネのおかげで、彼は一九七三年にこのビジネスを開始することができた。最初に取引した石油の正確な量はもはや記憶にないが、イランとの取引量が数年のうちに年間八〇〇万～一〇〇〇万トン（約六〇〇〇万～七五〇〇万バレル）にまで増大したことはいまだに覚えている。

「なにしろイスラエルを通過するのでね、みんなそのパイプラインを使うのをためらった」とリッチは言う。イスラエルと公然と取引する者はみな、アラブ諸国のブラックリストに載せられる危険があったのだ。「でも、パイプラインは存在していた。だから利用しない手はないと考え、徐々にその石油をさばくようになった」。リッチは政治的に問題のある石油をひそかに――ときにはイスラエルのタンカーに地中海を横断させ――第二の祖国であるスペインまで輸送した。積み出し港を隠すために、タンカーをルーマニアにいったん停泊させることもあった。一九六五年以来、ニコラエ・チャウシェスクの独裁下にあったルーマニアは、第三次中東戦争後もイスラエルと外交関係を保った唯一の東欧・共産国だった。

こうした秘密取引の裏には、もちろんそれなりの理由がある。すでに述べたように、スペイン・ファシズム政権を率いるフランシスコ・フランコ総帥は、イスラエルを公式に承認することをかたくなに拒否してきたが、石油獲得にはたいへん興味があった。スペインは当時、「スペインの奇跡」と呼ばれた一九六〇年代の好景気の真っただ中にあり、工業化がどんどん進んで、喉から手が出るほど石油がほしかった。そのような状況下ではふつう、イデオロギーよりも現実主義が優先される。「スペインはイスラエルのパイプラインを通ってきた石油を買った――イスラエルと外交関係がなかったにもかかわらずね」と、ある事情通は説明する。「それが政治というものさ」と、彼は笑いながら首を振った。

その石油は比較的安かったのでリッチは、競争相手よりも安い値で提供できた。イスラエル・コネクションの石油であることを心配する者には、安いということが購入を促すインセンティブになった。「たいへん有利な価格だった」とリッチは説明する。「輸送コストがずっと低かったので安く提供できた。パイプライン経由のイラン原油の輸送費は、アフリカ回りで運ばれるものよりもずっと安かった」。イラン原油はエイラートでは一トン二一ドル。だが、喜望峰を回ってヨーロッパへ運ばれると、同じ原油が二八ドルになってしまう。当時、スエズ運河経由の通常の輸送路は、一九六七年から一九七五年までのエジプトによる運河閉鎖によって断たれていた。

フランコ政権にはエコノミストの友人アルフレード・サントス・ブランコのコネで接触できた。「彼にはとても助けられた」とリッチは言う。「彼はだれでも知っていた。そしてだれもが彼を知っていた。スペイン政府に接触でき、最終的にスペインの製油所に石油を買ってもらえたのは、まさに彼のおかげだ」。サントス・ブランコは一九七四年にスペインの工業相に就任し、退任後はリッチの会社に入って広報を担当したりもしている。リッチが石油を供給する特権をスペインから得られたのは、実は彼がスペイン・エジプト間の問題を解決できたからである。エジプトは返済できないほど莫大な資金をスペインから借りていた。リッチはエジプトの石油をスペインのために買って、その支払いに貸付金の一部を用いるという取引を成立させたのだ。

「これへの報酬として、スペインは石油供給権の一部をわたしにくれた」とリッチは説明する。多くの国がそうしているように、スペインもまた、各石油供給業者が扱える輸入割当量を決めていた。リッチは、スペインが輸入する三〇％に相当する石油を、長い年月にわたって〝パイプライン経由で〟スペイン政府に売ることができたのである。

「そう、あのパイプラインはわたしにとってたいへん重要なものだった」とリッチは繰り返し、この話題に終止符を打った。このパイプラインの物語は、リッチとイラン、イスラエル、スペインの緊密な協力関係を明かすものである。それは参加者全員にとって極めて大きな価値がある協力関係だった。その重要性については、あとの章でまた詳しく説明する。さらにそれは、リッチとイスラエル情報機関モサドとの関係を浮かび上がらせる。このパイプライン・ビジネスほどリッチに多大な影響をおよぼした取引はほかにない。これでリッチは自分の直感を信じてもいいのだと思えるようになった。ふたたびリッチは、ちょうどいいときに、ちょうどいい場所にいて、正しい決定を下すことができたのだ。イスラエルをめぐる政治的問題を考えるとリスクは決して小さくはなかったが、結局そのリスクは操作できるものだとわかった。だが、もっと重要なのは、取引が期待どおりの利益を生むことができたということだ。こうして一九七〇年代の前半にフィリップ・ブラザーズは、ほぼ一夜にして世界最大の石油取引商社のひとつになれたというわけである。リッチはこのとき、のちに彼が自分の会社で完成させることになる石油スポット市場を誕生させた、と言ってよいだろう。リッチはほとんどの石油をスペインに売ったが、実はイタリアにも、またアメリカの中規模の石油会社にも石油を売ったのである。それは新しい動きだった。それまでは長期契約の締結など、石油メジャーや産油国の王族に都合のよい条件でしか買えなかった石油が、その場で（オン・ザ・スポット）すぐさま買えるようになった。

取引しそうもない者同士を結びつけるリッチの能力は、すぐに彼のトレードマークになる。彼は目立たない控えめな仲介者――いわば〝原油仲買人〟――としてのサービスを顧客に繰り返し提供する。そしてそのつど、それが最も利益の上がる取引であることが証明される。危機の時期には、どの国も、石油のように戦略的に重要な商品には割増金を払うのもいたしかたないと考える。リッチは巧みに適所を探しだし、うまいことコネをつくり、大規模な石油取引の経験を積んだのである。そして彼は、つくったコネや人脈のおかげですぐに、フィリップ・ブラザーズを退社して自分の会社を設立できるまでになる。イスラエルとスペイン――そしてもちろんイラン――のおかげで、たちまち王位にのぼり、まぎれもないキング・オブ・オイルになってしまうのである。

第四次中東戦争（ヨム・キプール戦争）

知識は力なり。この格言がいちばんよく当てはまるのは――軍事をのぞけば――商品取引の世界だろう。富を得るか、それとも破滅するかは、ふつう、相手よりも上質な情報を得られるかどうかにかかっている。リッチとグリーンがイランでつくったコネや人脈は、（黒い）金（ブラック ゴールド）に等しい値打ちがあるものだった。リッチは一九七〇年代の初めにはすでに、産油国が激怒しているることを知っていた。大幅なドル安に高インフレ率が加わって、産油国の実質的収入は激減していたのだ。一九七三年の春にはリッチとグリーンは、ＯＰＥＣが価格を上げたがっているという情報はもちろん、石油産業に「新たな構造」ができつつあるという情報をも得ていた。競争相手がまだそうしたことを知らないうちに、である。「わたしはそれを内部情報ではなく直接情報と呼ぶね」と、イランとの取引に係わったある石油トレーダーは言う。「他の会社とは違い、うちらは現場にいたんだ。だから石油市場で得られる情報はすべて入手できた。他の会社にはできないことだった」

他の者たちには見えない商機がリッチには見えていたのだ。「わたしたちは市場が変わりつつあるのを――世界が変わりつつあるのを――感じとっていた」とリッチは当時を思い出す。「わたしたちは競争相手よりも事情に通じていた。言うまでもないが、わたしは顧客との関係をつねに発展させていた」。グリーンは一九七三年の春に、ＮＩＯＣが自由市場で石油を売りたがっているという情報を得て、ふたたびイランへ向かった。「原油に対してはロング・ポジションをとったほうがいい、というのがわたしたちの考えだった」。ロング・ポジションをとるというのは、今後も原油は値上がりしつづけるとの見通しのもとに取引するということ。彼らは〝値上がり〟に賭けて、ニューヨークのフィリップ・ブラザーズの幹部たちに相談もせずにイランとの長期契約を結んでしまった。それはリッチによれば、総計一〇〇万トン（約七五〇万バレル）を長期にわたって固定価格――バレル当たり五ドル――で買う、という契約だった。総額三七五〇万ドルの取引ということになる。

フィリップ・ブラザーズのラドウィッグ・ジェッセルサン社長は、この取引内容を知って頭に血をのぼらせた。「なんて馬鹿なことをするんだ！」と彼はリッチを怒鳴りつけた。バレル当たり五ドルは、当時の市場価格よりも二ドルは高かった。さらに悪いことに、それはバック・ツー・バック・トレード（連続取引）ではなかった。つまりリッチとグリーンはそれだけ莫大な石油を手に入れる契約を結びながら、まだ買い手を見つけていなかった。フィリップ・ブラザーズは市価よりも一五〇〇万ドルも高い価格で石油を買うリスクを抱えたことになる。このリスクは、当時なおも「よく食べるよりよく眠るほうがよい」というフィリップ・ブラザーズの社訓にしたがって仕事をしていたジェッセルサンには耐えがたいものだった。

こうして、延々と続く電話による協議が何度も繰り返された。話し合いは熱い激論になることも、険悪きわまりないものになることもあったが、結局はジェッセルサンが命令を下し、リッチとグリーンはできるだけ早く石油を売らざるをえなくなった。「腹が立ったよ、ほんとうに」とリッチは言う。だがどうしようもなかった。彼らはしぶしぶ命令にしたがった。「ピンキーはケンタッキー州のアシュランド・オイルに石油を売って、わずかばかりの利益を得た。アシュランド・オイルが契約を引き継いだ。まったく残念なことをした」。リッチはジェッセルサンの行動を不信、排斥と見た。それが、すぐに訪れることになるフィリップ・ブラザーズとの決別の前兆となった。

一方、アシュランド・オイルにとっては、社史に残る最良の取引のひとつになったにちがいない。数カ月後にはリッチとグリーンの読みが正しかったことがわかったからだ。一九七三年一〇月六日のヨム・キプール（贖罪（しょくざい）の日）に、エジプトとシリアがイスラエルを奇襲攻撃した。アラブ諸国は史上初めてイスラエルを軍事的敗北の瀬戸際まで追いつめた。ソ連はエジプトとシリアを支援し、アメリカはイスラエルを援助した。ユダヤ人国家は、占領された広大な地域をなんとか取り戻すことに成功したが、三週間にわたるこの第四次中東戦争に勝者はいなかった（イスラエルとアラブ諸国のあいだの戦争である中東戦争の第一次は一九四八〜四九年のイスラエル独立戦争、第二次は一九五六〜五七年のスエズ戦争、第三次は一九六七年の六日戦争）。

産油国はふたたび石油を武器にしようとした。この戦術は第三次中東戦争（六日戦争）のさいには惨めな失敗に終わったが、今回はそのときとは政治・経済的状況がちがっていた。まずリビアとサウジアラビアがアメリカと西欧諸国への石油禁輸に踏み切った。そして一九七三年末までに、他の主要産油国六カ国（アラブ首長国連邦、イラン、イラク、クウェート、アルジェリア、カタール）もその禁輸措置に加わった。さらにＯＰＥＣが、石油の減産と値上げを決定した。六カ月前にはまるで効かなかった「石油を武器とする」戦略が、今度は爆弾さながらの大効果を発揮した。また、ちょうどそのころ、ニクソン大統領が緊急石油配分法に署名した。

それはアメリカの国産原油価格の規制を行うもので、リッチはこの法律のせいで一〇年後に巨大なトラブルに巻き込まれることになる（第9章参照）。

退社

一九七三年の年末までに、マーク・リッチの直感が的中したことにだれもが気づいた。イランとの長期契約は、めったに見られない天才のなせる技だったのだ。戦争前には三ドル弱だったバレル当たりの原油価格が、一一ドル六〇セント（公式販売価格）にまで跳ね上がったのである。自由市場ではさらに値が上がって、原油は当時の記録的レベルである一三ドル――マーク・リッチがイランと合意した価格よりも八ドルも高い値――でも売れた。最高幹部たちがリッチを信頼してさえいれば、フィリップ・ブラザーズは一度の取引だけで楽に六〇〇〇万ドルを稼ぐことができたはずなのだ。それでもなおフィリップ・ブラザーズは、リッチのイスラエル、スペイン、イランとの取引からかなりの利益を得た。当時エンゲルハード・ミネラルズ&ケミカルズの一部門になっていたフィリップ・ブラザーズは、一九七三年にかつてない最高利益を計上したが、それはおもに原油取引のおかげだった。マーク・リッチとピンキー・グリーンの活躍によって、フィリップ・ブラザーズはたちまちのうちに世界屈指の石油取引商社になってしまう。

たった二人の男がそれほど稼いだというのは、フィリップ・ブラザーズの歴史のなかでも初めてのことだった。一九七三年には、リッチとグリーンの石油取引だけで、同社は四〇〇万ドルから五〇〇万ドルの利益を上げた。ところがマーク・リッチの当時の年俸は七万ドルほど。賞与を入れても高々一〇万ドル。これほど目覚ましい成功をおさめたのに、一〇万ドルというのはどうみても少なすぎる、とリッチは思わずにはいられなかった。

一九七四年二月、リッチはマドリードからスイスへ飛んだ。スイス・アルプスでスキー休暇を楽しんでいたジェッセルサンと交渉するためだった。リッチは自分とグリーンにそれぞれ五〇万ドルのボーナスを要求した。「会社がどれだけ儲けているのかわかっていたので、その額になった」とリッチは言う。すでに六三歳になっていたジェッセルサンは、リッチに一五万ドルを提示した。そして、ニューヨークに戻って、自分のあとを継いで社長になってくれ、とも言って、リッチを説き伏せようとした。「『いいですよ』とわたしは言い、『ただ、俸給額で合意できたときの話ですが』と言い添えた」とリッチは言う。ジェッセルサンは主義を曲げることができず、一五万ドル以上出すのを拒否した。「そこで辞めざるをえなくなった」とリッチは言う。「ほんとうは辞めたくなかった。二〇年もいたので、会社に愛着があった。ジェッセルサンも好きだったし、彼もわたしが好きだったと思う。この会社に骨を埋めるのだと、わたしはずっと思っていた。ところがジェッセルサンは主義にしがみついて、それを放そうとしなかった」

交渉が決裂するや即、リッチはニューヨークにいたグリーンに電話した。「ジェッセルサンと合意できなかった、とわたしはピンキーに言った」。ピンキーは一秒たりともためらわなかった。「じゃあ辞めよう」と彼は言った。この一本の電話が、世界史上最も成功した商品取引会社の始まりだった。

第7章 マーク・リッチ社

もはやぐずぐずしてはいられなかった。ジェッセルサンとの不快な交渉が終わると、リッチは急いでスイスからマドリードへ舞い戻った。そして空港からまっすぐオフィスへ向かい、戦力として最も重要な部下二人に事の次第を告げた。リッチは二人に、フィリップ・ブラザーズを退社して、ただちにピンキー・グリーンと自分の会社を立ち上げるつもりだ、と打ち明けた。そして、あと二、三人、パートナーが必要だ、いっしょにやらないか、と誘った。リッチのアシスタントを務めていたジョン・トラフォードと、アフリカと南米の石油を専門とするジャック・アチュエルは、一瞬のためらいも見せずに、この誘いに乗った。「やりましょう」と二人は言った。そのあとすぐ、グリーンから電話がかかってきた。アレグザンダー・〝アレック〟・ハッケルを口説き落としたというのである。ハッケルは、フィリップ・ブラザーズのスイス・オフィスでグリーンといっしょに働いていたことがあるアルミナと東欧の専門家だ。

ジェッセルサンと決別して二四時間もしないうちにリッチは、新会社の中核チーム――わたしが本書のためにインタビューしたマーク・リッチ社の元社員たちの多くが、ほとんど畏敬の念を込めて「創立者」または「パートナー」と呼ぶ人々――を集めてしまったことになる。「わたしたちはみな、お互いに好きでね、これで儲ける機会が大きくなったと思っていた」とリッチは言う。「儲ける」というのは、自分や他人（ひと）のモチベーションについて語るリッチから何度も繰り返し聞かされた言葉である。マネーこそ、リッチの最大の原動力だった。フィリップ・ブラザーズの幹部社員たちは、一九七四年度の年次報告書に載せる恒例の集合写真を撮影するために集まったとき、ようやく何が起こったのか知った。リッチとグリーンが姿を見せなかったからだ。「噂が広がる前に、諸君に知らせておきたい事実がある」とジェッセルサンは切り出した。「リッチとグリーンはわが社のしきたりを破る高額ボーナスを要求した。二人は社から出ていった。われわれは結束を固めなければならない」（『フォーチュン』誌一九八四年一月二三日号「マーク・リッチの秘密［Secrets of Marc Rich］」）。多くの者が二人の退社を裏切り行為と見なした。フィリップ・ブラザーズは、若くして働きはじめる社員がリタイアするまでとどまる、いわゆる終身雇用の会社だった。リッチとジェッセルサンの決別もまた、ふつうの決別と同様、苦いものだった。二人は互いにひとこともしゃべらなくなった。「わが人生の悲しい一章だね」とジェッセルサンは言う。「リッチとグリーンは息子のようなものだった。わたしは何も知らない二人を育ててあげたんだ。それなのに、あの二人はわたしに背を向けた」（『ビジネス・ウィーク』誌一九七九年九月三日号「インサイド・フィリップ・ブラザーズ［Inside Philipp

Brothers］］）。一方、リッチは、この決別についてわたしが尋ねたとき「彼は遺言で財産を何も残してくれなかった父親のようなもの」と皮肉っぽく言い、「ジェッセルサンの妻がわたしの母に電話して、文句を言った」と言い添えた。

一九七四年四月三日、スイスの町ツークは、空に少し雲がかかってはいたが暖かかった。その日の朝、商業地区にある弁護士事務所で、マーク・リッチ社（Marc Rich + Co. AG）は設立された。五人のパートナーが種子資本として総額二〇〇万スイスフランを持ち寄った。リッチは、実父からはもちろん、義父のエミール・アイゼンバーグからも金を借りた。ジョン・トラフォードはビンテージカーを売って出資金を調達した。アレック・ハッケルは出せる金がまったくなかったので、リッチが貸した。各人が普通株を買うという形で集められた出資金、総額一〇五万五〇〇〇スイスフランがクレディ・スイスに預けられた。初代社長はリッチで、グリーンは三人のスイス人弁護士とともに監査役になった。アレック・ハッケルは取締役に選ばれた。

秘密保全と税金

言うまでもないが、リッチがスイスに本社をおいたのは偶然ではない。フィリップ・ブラザーズの欧州本部も、一九五七年以来ツークにおかれていた。スイス中央部のアルプスの麓にある小さな湖畔の町ツークは、なだらかに起伏する丘に抱かれて、のどかな雰囲気をただよわせている。美しい自然のほかに、ツークには三つの大きな利点がある。第一の利点は、スイスは政治的中立を保ち、一九七〇年代半ばにはまだ国連に加盟してもいなかったということ。第二の利点は、ツークはチューリヒに近いということ。チューリヒといえば、厳しい銀行機密法のおかげで世界一ひそかに金を動かせる世界有数の金融センターで、国際空港も一流のインターナショナル・スクールもある。そして最後の第三の利点は、一九七〇年代半ばには、ツークが国際的水準よりも低率の所得税と法人税を課す税金天国であるということ。一九七〇年代半ばには、アメリカでは中規模の企業は利益のほぼ半分をＩＲＳ（米内国歳入庁）に納めなければならなかったが、ツークでは一〇％ほど払えばよかった。「ツークの悪いところはひとつだけ、霧だよ」とリッチは言う。

税金を低く抑え、手続きを簡単にするという政策（二つとも第二次世界大戦後に始めたもの）によってツークは、なんとか国際的な会社を惹きつけ、商業・サービスの国際センターになることができた。最初に、つまり一九五〇年代、六〇年代にやって来たのは、フィリップ・ブラザーズなどアメリカの会社だった。次いで七〇年代、八〇年代には、ドイツとイギリスの会社がやって来た。そして九〇年代からは、ロシアの会社がツークに引き寄せられ、その数はどんどん増えつづけている。ツークは〈サプライサイド経済学〉の完璧な成功例のようにも思える。ツーク州の住民は何世紀にもわたって酪農と畜産でなんとか生計を立ててきたが、いまやツーク州はスイスでも最も裕福な州の仲間に入っている。二〇〇九年三月現在、失業率はわずか二・

五%である。

マーク・リッチ社の設立は、二つの大戦を生き延びた商品取引の巨人フィリップ・ブラザーズにとっても大きな打撃となった。「リッチの退社ほど会社に広範囲な影響をおよぼした出来事は、ほかにはほとんど見当たらない」と、半生をフィリップ・ブラザーズで過ごして同社の社史の権威となったヘルムート・ワズキスは書いている(メタル・ブルタン誌「フィリップ・ブラザーズ[Philipp Brothers]」一九九二)。商品取引というのは、ブランドやトレードマークでやるビジネスではない。何よりもまず、個人的な関係や信頼に基づくビジネスなのだ。「退社する者は、多数の顧客と会社のちょっとした秘密もいっしょに持っていってしまう」と、あるトレーダーは言う。リッチはコネのネットワークを維持する名人と考えられていた。彼の黒いアドレス帳──名前、番号、日付などが細かい字で丹念に書きこまれている──は社員のあいだでは有名だ。リッチはネットワークをつくる人々の誕生日を決して忘れない。休暇には必ず花を贈る。こまめに連絡をとる。「彼は忠実さをとても重視している。一度つくった関係をとっても大事にするの」とウルスラ・サント・ドミンゴは言う。「いまでも、マドリードに来たら、必ず電話をくれるわ」

遺恨の争い

初めは地味なものだった。少数のトレーダーが、魅力的とは決して言えないリートマット地区にある4LDKのマンションで働いた。家具も質素なものだった。「最初は近所の郵便局へ行ってテレックスを送らなければならなかった」とリッチは当時を思い出す。テレックスはすぐに手に入れたが、草創期を知る社員によると、スペースがなくてトイレにしか置けなかった。ノウハウとコネだけで、リッチとそのパートナーたちは、ついこのあいだまでいた会社から取引を奪い取りはじめた。フィリップ・ブラザーズのシェアを食いはじめたのである——それこそフィリップ・ブラザーズが彼らに教えこんだ仕事だった。

だれもがマーク・リッチ社とフィリップ・ブラザーズ（フィブロ）との「遺恨の争い」を話題にした。なかにはスパイ映画から飛び出してきたような話もあった（『ウォール・ストリート・ジャーナル』一九八三年八月五日付け「かくれんぼ［Hide and Seek］」）。たとえばこんな話。ブエノスアイレスで、フィブロの社員が自社のテレックス内容を大金で買っているリッチ社の社員を捕まえた。「やつらはあらゆる取引で、われわれの付け値をわずかに上回る値をつけて金属を奪い取っていた」と、あるフィブロの代表は文句を言った。「やつらは初めからわれわれの付け値を知っていたんだ」。マーク・リッチ社に潜入していたフィブロのスパイの活躍で、フィブロの東京事務所に潜りこんでいたリッチ社のスパイが見つかった、という話もある。リッチはフィリップ・ブラザーズを締め出すために、わざと損をする取引をしたことがある、と信じる者たちもいる。「ありえない」とリッチは言う。リッチによると、そうした話は、自分の退社への感情的反発から生じたものだという。「優秀な者が退社して競争相手になるのは、どんな会社にとっても楽しいことではない」

そうした産業スパイ話は、たとえ眉唾ものだとしても、商品取引が過酷なゲームであることを明かすものではある。そしてマーク・リッチ対フィリップ・ブラザーズの場合、そのゲームはさらに一段と過酷なものになっていった。どちらも互いに相手をてこずらせ、フィリップ・ブラザーズもやられたくらいの仕返しをした。さらにフィブロは、リッチの取引銀行に圧力をかけて彼への与信枠（融資枠）の拡大を阻止しようとさえしたと、その件の当事者だったある金融エキスパートは言う。実際にその画策が成功していれば、マーク・リッチ社は早い時期に破綻していただろう。

充分な与信がなければ商品取引を迅速かつグローバルに展開することはできない。与信は商品取引ビジネスの生命線なのである。設立されたばかりのマーク・リッチ社にとってはとくにそうだった。なにしろ現金も財産も事実上皆無なのである。したがって同社のさしあたっての最重要目標は、石油取引を遂行できるほどの与信枠を得るということだった。銀行に（手数料を支払って）与信枠を拡大してもらい、合意した限度額内の融資を必要なときに繰り返し受けられるようにしておくことが必要だったのだ。そうすれば、商品そのものを担保として、信用状による貿易決済が可能になる。信用状というのは、銀行が発行する支払い確約書のことで、買い主にとっても売り主にとっても、これが一種の保険となる。信用状決済では、買い主は代金を前払いする必要がなく、契約した量と質の商品が出荷されたのちに代金を支払えばよい。売り主は、出荷後に必要な書類を所定の銀行に提出すれば、その時点で——つまり買い主が荷を受け取る前に——支払いを受けられ、代金を回収できる。

イランの石油のおかげ

リッチは突然思い立って自分の会社を設立したわけではない。一年前、ジェッセルサンにイランとの長期契約を破棄させられたとき、すでにリッチはフィリップ・ブラザーズとの別れのときが近づきつつあることに気づいた。彼は会社との決別はたぶん避けられないと思いはじめ、優秀なトレーダーならみなそうするように、そのときが到来したときに慌てずにすむように、準備しておきたいと思った。

リッチの切り札は、途切れずに続いていたイラン-イスラエル・パイプライン・コネクションだった。彼は、ミスター・スチールことアリ・レザイと、ドクター・ミナ（リッチはそう呼ぶのを好んだ）ことパービズ・ミナＮＩＯＣ（イラン国営石油会社）理事とのコネのおかげで、パイプライン関連ビジネスを自分の会社にそっくり持ち出すことに成功した。「この契約があったので新会社の設立も可能になった」とリッチは言う。パイプライン経由・イラン石油の長期の買い手はすでにいた。スペイン政府だ。ただ、スペインへの石油供給は隠密にやらなければならなかった。その後、アトランティック・リッチフィールド（ＡＲＣＯ）もイラン石油の買い手となり、同社はのちにリッチの大事な得意先のひとつとなる。このＡＲＣＯとの契約はたいへん重要なものだった。ＡＲＣＯへの石油供給は、スペインへのそれとはちがって秘密にする必要はなく、リッチはその契約を担保に使って、きわめて重要な与信枠を初めて獲得することができたのだ。

新規の取引を生まれたての会社のために最初にとりまとめたのは、ジョン・トラフォードだった。フィリップ・ブラザーズのマドリード事務所でリッチのアシスタントを務めていたトラフォードは、西アフリカのナイジェリアで原油を生産していたフランスの石油会社エルフに有力なコネがあった。一方、リッチは、スタンダード・オイル・オブ・オハイオ（ソハイオ＝ジョン・Ｄ・ロックフェラーが一八七〇年に設立）といい関係にあった。「そこでわれわれはエルフとソハイオを結びつけ、利益を得た。バレル当たり一五セントの利益をね。当時それはとてもいい儲けになった」とリッチは思い出す。ナイジェリアのボニーライト原油一五万トン（約一一〇万バレル）の取引で、新会社に一六万五〇〇〇ドルの利益が入ったことになる。だが、もっと重要なのは、ソハイオもまた、信用状で支払うことに同意したということだ。リッチはその信用状でさらに原油を買うことができた。「最初ソハイオは信用状での支払いをためらった。

だが、価格も供給量も魅力的だったので、結局は受け入れた。その得られた信用状は、原油の供給者へ回された」とリッチは説明する。

このようにしてマーク・リッチ社は、ごく短期間のうちに、供給者と使用者（産業消費者）を結びつける長期にわたる安定したネットワークをつくりあげた。そしてこうした初期の取引の資金を提供してくれたのは、バンカーズ・トラストやフランスのパリバ銀行（パリバが最も重要）だ。「彼らはこのビジネスが気に入った。われわれが必要とすれば、いつでも、どこでも、信用状を開設してくれた」とリッチは言う。元社員が明かしてくれたように、「他人のお金――つまり銀行のお金――で稼ぐ」というのがマーク・リッチ社の金融哲学だった。この種の商品取引では、リスクはもっぱら、与信枠を拡大した銀行が負うことになる。そしてこの信用取引の担保は、取引される商品、この場合は原油だ。

一九七四年のオイルショック

独立したいコモディティ・トレーダーにとっては願ってもないときだった。アラブの産油国が第四次中東戦争後に実施した禁輸措置によって世界は完全に変わってしまい、石油価格は急騰した。こうして世界初のオイルショックが起こり、全世界の経済が深刻な打撃を受けることになった。ガソリン一ガロンの価格は、一九七三年五月には三八・五セントだったのに、七四年六月には五五・一セントにまで跳ね上がった。第二次世界大戦後初めてアメリカはガソリン不足に悩まされた。全国のガソリンスタンドに長蛇の列ができた。そんな光景はアフリカや南米の貧しい国々でしか見られなかったものだ。激しい石油価格の高騰で、先進諸国は経済危機におちいった。

リッチとそのパートナーたちにとっては絶好の好機となった。アメリカの石油会社とドライバーが岸に乗り上げて四苦八苦しているあいだ、マーク・リッチ社はまさに原油のなかで泳ぎまわっていた――アメリカとヨーロッパの石油会社が高値でも喜んで買い取る原油をたっぷり持っていたのである。「われわれにはいい状況だった」とリッチは笑いながら記憶をよみがえらせる。「石油不足のときに、わが社は石油を持っていた」。マーク・リッチ社はイランとの契約量を徐々に拡大していき、年間八〇〇万～一〇〇〇万トン（約六〇〇〇万～七五〇〇万バレル）の原油を買えるようになった。

「そうこうしているうちに、エクアドルが原油を売りたがっているということを聞きつけ、わたしはジャック・アチュエルを現地に送りこみ、それを買わせた」とリッチは説明する。この南米の国では一九七二年に軍事クーデターが起こって、慈悲深い独裁制とも言うべきものが敷かれていた。大統領となったギジェルモ・ロドリゲス・ララ（ニックネーム「風船将軍（ヘネラル・ボンビータ）」）は、学校、病院、インフラへの大規模な投資を実行したが、その資金はオロ・ネグロ（黒い金＝石油）を大増産して得られる外貨でまかなうしかなかった。これがマーク・リッチに幸運をもたらすことに。アルゼンチン生まれのアチュエルは、石油を満載したタンカー以上のもの――すなわちコルポラシオン・エスタタル・ペトロレラ・エクアトリアーナ（ＣＥＰＥ＝エクアドル国営石油会社）との長期契約――を持ち帰った。そしてそのエクアドル石油の最大の買い手はＡＲＣＯだった。

マーク・リッチ社は設立当初から、尋常ではない財務的成功をおさめた。最初の営業年度である一九七四年には、一〇億ドル以上を売り上げ、二八〇〇万ドルの純益を得た。そしてその純益は、七五年には五〇〇〇万ドル、七六年には二億ドルにまで膨れあがった。二億ドルというのは当時としては信じられないほどの額である。

より速く、より長く、よりアグレッシブに

リッチが成功した理由はおもに三つある（リッチの成功に業界はびっくり仰天した）。第一に、マーク・リッチ社は競争相手なら尻込みするような高いリスクでも敢然と背負いこんだ。第二に、業界最高の人材が同社で働いていた。第三に、マーク・リッチ社は石油取引を単独で行う高度なシステムをつくりあげた最初の会社だった。マーク・リッチとピンカス・グリーンが原油スポット市場を創出したと言っても、誇張でもなんでもない。

マーク・リッチ社はフィリップ・ブラザーズとはまったくちがう哲学にしたがって動いていた。よりアグレッシブに、より速く、より長期契約を結ぶ方向で、というのが彼らの基本方針だった。パートナーたちは商機に気づいたら、競争相手よりも迅速にそれを掴みにいった。彼らは自分たちを新しい領域へと進まざるをえない開拓者と見なし、できるだけ長期にわたる契約を獲得しようと努力した。エクアドルが原油を売りたがっている？　よし、ただちに現地へ飛べ！　向こうが売りに出す原油を買うだけではだめだ！　説得して長期契約を結ばせるんだ！　トルコが石油を買いたがっている？　よし、ただちに現地へ飛んで、売るんだ！「ピンキーとわたしがある石油取引の交渉をしにヒューストンへ飛行機で向かっているときのことだった」とリッチは思い出す。「途中でトルコが石油を欲しがっているのがわかった。そこで、トルコに住んでいたこともあるピンキーが、ヒューストンへ向かうのをやめて、ただちにイスタンブールへ飛んだ。そしてとても儲かる取引をまとめた。うちはよそよりも速かった」

リスクを積極的に抱えこんで勝負するというやり方は、オイルショック後、何年ものあいだ大きな強みとなった。リッチがたくさんの取引を勝ち取ることができたのは、競争相手よりも高値で石油を買い取ってもよいという姿勢でのぞんだからだ。そうやってリッチは産油国を巧みに誘いこんで、何年にもわたって安定した石油供給を受けられるような契約を結ぼうとした。彼は状況を分析し、中東情勢は今後も不安定のままだと判断していた。石油価格は上がり続ける、というのがリッチの持論だった。「世界石油市場は変わりつつあった。世界そのものが変わりつつあった。石油価格は上がりつづけるはずだった」とリッチは説明する。競争相手よりも高値で石油を買っても、価格は上がりつづけるのだから、元をとれるどころか、それ以上の利益を獲得できる、と彼は確信していた。「トレーダーとしていちばん大事なのは、ビジネスチャンスを見つける力。ほかの者たちには、わたしに見えていたことが見えなかった」とリッチは言う。

だがリッチといえども、自分のプランを実行するには、力のある適任者を必要とする。彼は自分が必要とするものをはっきり認識して、四人のパートナーを選んだのである。四人はそれぞれ、世界のちがう地域を担当した。リッチはおもにイランの石油を取引し、社員の選考を受け持った。ジャック・アチュエルはアフリカと南米の新市場を、ジョン・トラフォードは北アフリカとフランスを、担当した。アレック・ハッケルは、東欧をよく知る金属と鉱物の専門家で、リッチが無条件で信頼する数少ない人間のひとりだった。「賢人だよ」とリッチは言う。「つねに正しい答えを出す——正しい問いを発する」

スポット市場の創出

もうひとり、忘れてはいけない男がいる。彼がいなかったらリッチは成功できなかっただろう、と言ってもよいほどの男——ピンキー・グリーン、ニックネームは「提督(アドミラル)」。彼の担当はおもに輸送と資金調達。「チャーター船は一隻一隻いちいち契約しないといけない」とリッチは説明する。「ピンキーはつねにすべてを把握していた――価格だけでなく、専門的な問題、船の状態、大丈夫なこと、大丈夫ではないこと、最良の輸送ルート……それこそすべてを知っていた」。「昔はチャーター係というとこの分野で最も名の知られたエキスパートのひとりはこう言う。「昔はチャーター係というとトレーダーから見下されたものだ。だが、ピンカス・グリーンの登場で、輸送を担当する者たちの株ははるかに上がり、惜しみなく敬意を表されるようになった」。マーク・リッチ社へ取引用の資金をよく提供したスイスの銀行家はこう評した。「グリーンは物流管理の天才だった。遅れや距離のせいで生じるわずかな輸送料の違いから利益を掻き集めることができた」

後年の話だが、グリーンが輸送料の違いを利用する術にどれだけ長けていたかを証明する強烈なエピソードがある。一九八〇年代、ソ連は「社会主義兄弟国」であるキューバを安い石油で支援していた。国営貿易会社のキューバ・メタレスは、この石油を遠方のソ連から運びこむのをやめて、その一部をマーク・リッチ社に売った。代わりにリッチの会社がそれと同量の石油を近くのベネズエラから調達してキューバへ運ぶという契約だった。結局リッチは、キューバ向けのソ連石油を割引値段で買い、それをグローバル市場で売って利益をあげることができた。

グリーンはタンカー事業を発展させたことになる。タンカー輸送はそれまでは〈セブン・シスターズ〉の供給ネットワーク内でしか行われていなかったのだ。独立系の会社がタンカー輸送を利用できるようになって初めて、競争原理が働く石油スポット市場の発展が可能になったのである。そしてスポット市場のおかげで、使用者（産業消費者）はもう、油井から始まってガソリンスタンドで終わる価値創造チェーンをそっくり支配する石油メジャーに頼らずにすむようになった。これで買い手は、自分が望むときに、だれからでも石油を買うことができるようになる。たちまち多数の売り手が名乗りをあげ、買い手はスポット市場でいちばん安い石油を探すことができるようになった。経済効率という点では、〈セブン・シスターズ〉による〈売り手寡占〉よりスポット市場のほうがずっとよい。各社が利益を求めて、どこかにニッチ（隙間）を見つけようと努力し、できるだけ競争力を身につけようとするからである。

石油を抱えてはいるが、それを汲み上げて市場へ出すことができなかったアフリカの新興諸国にとってはとりわけ、この自由市場の発展が有利に働いた。「スポット市場のおかげで、資源――つまり石油――を抱えるすべての国が、それを探り、汲み上げ、輸出する気を起こし、実際にそうすることができるようになった」と、ある石油トレーダーは言う。その結果、一九七〇年代半ば以降、石油はより自由に、より効率よく、より透明な価格で取引されるようになった。マーク・リッチのような独立系の石油トレーダーのおかげで、タンカーと製油所（どちらも固定費）が、国際石油資本の支配下にあったときよりも効率よく利用できるようになったわけである。リッチは、競争圧力とそれが生んだ費用構造のもと、〈セブン・シスターズ〉には逆立ちしてもできなかったことを見事にやってのけた。たとえばリッチは、タンカー一隻に満載した原油の半分をスペインの買い手に売り、残りの半分をその買い手の競争相手であるアメリカの会社に売る、ということをやってのけた。二社とも、独力では決してできない大量バルク輸送によって、輸送料を安く抑えることができたわけだ。余剰石油を求める買い手は、以前よりもずっと早くそれを見つけることができるようになり、供給の隙間は簡単に埋まるようになった。要するに、需給のバランスが容易にとれるようになり、効率がぐんとよくなった。スポット市場によって生産性が増し、石油産業全体が根底から変わることになった。石油はついに、リッチが数年前に予言したとおりのもの――つまり通常のコモディティ――になったのである。「マーク・リッチは独立した自由な石油取引というコンセプトを考え出し、それを実行した。だから彼は商品取引史上きわめて重要な人物なのだ」と、石油取引の専門的な細部をわたしに理解させてくれたあるエキスパートは言う。

リッチは、そのころ経済学者が盛んに説くようになっていた理論（サプライサイド経済学）を、そのまま実行に移したとも言える。危機によってリスクが高まり、供給が脅かされているときこそ、凄腕のトレーダーが大活躍できるときなのだ。そのときこそ持てる競争力を最大限に生かせるときなのである。「国際商品取引のリスクが高まっているとき、商社を通せば、調査・交渉・取引費用を削れるので、少なくとも初めのうち商社が利用されることが多くなるようだ」と、商社の専門家であるハーバード・ビジネススクール教授（ビジネス史）のジェフリー・ジョーンズは書いている（『マルチナショナル・トレーダーズ［The Multinational Traders］』

の「多国籍商社［Multinational Trading Companies in History and Theory］」一九九八）。そういうときこそ、トレーダーが情報不足と不信におちいっている顧客を助けることができるのである。

アラブの市場（バザール）で香料や絨毯を値切ったことのある人なら、基準価格も知らずに買い物をしようとするのがどれほど無謀なことであるかを知っている。情報が不足しているときは、専門家に頼らないといけない。要するに熟達したコモディティ・トレーダーは、どこでだれと取引をすればよいか知っているのである――とりわけコネをつけるのが難しい地域で。「トレーダーは物理的な役割――つまり不安定きわまりない世界で商品の流れを時間的および空間的に管理する役割――を果たしていると、わたしたちは考えている。つまるところ、不安定な状況のなかで商品を巧みに動かすということこそ、商品取引の存在理由なのである」と、実務経験もある商品市場の専門家であるフランスの経済学教授フィリップ・シャルマンは書いている（『トレーダーと商人［Traders and Merchant］』一九八七）。

不安定な状況のなかでもうまく立ちまわれ、石油を安定して供給できるという能力ゆえに、マーク・リッチは皮肉にも、アメリカ国防総省の役にも立った。一九七八年七月、国防総省は、万一の場合にも国家のエネルギー源を確保できるように一九七三年のオイルショック後に始めた戦略的石油備蓄のために、マーク・リッチ社から四五六〇万ドル相当の石油を購入した。そしてさらに八月になって、四六七〇万ドル相当を追加購入した。この二回の購入量の合計は、七一〇万バレル（一〇〇万トン）にもなった。

信頼の秘密

マーク・リッチ社の社員たちはすぐに「若くアグレッシブなトレーダー」との評判を打ち立てた。リッチは明快な実力主義を育んだ。この点では、フィリップ・ブラザーズで学んだ実証済みの伝統を堅持した。大学教育を重んじるということはなく、部下には能力に応じてかなりの自由と責任をもたせた。「若い者はプールに投げこんだ。そのまま沈む者もいれば、泳げるようになる者もいる」とリッチは言う。こんな劇的な言いかたをするトレーダーもいる。「わたしはマーク・リッチに自由を買ってもらった。マークのおかげでわたしはほんとうの自分になることができたんだ」

「彼は一度信頼したら、とことん信頼する」と、二五年以上もリッチのために働いたアヴネル・アズレイは言う。「こちらがベストだと思うとおりにやらせてくれる。全身全霊で打ち込ませてくれる、無制限でね。最良の判断を下せるようにしてくれる」。政治経済学者のフランシス・フクヤマは、絶賛された著作『「信」無くば立たず』（三笠書房）で、社会――さらには会社――のなかの信頼の度合いが、繁栄と競争力に決定的な影響をおよぼすことを明らかにして見せてくれた。中国やフランスやイタリアのような〝低信頼〟社会では、すべての者がルールを守ると仮定することはできない。そうした社会の成員は、つねに交渉してルールをつくらなければならず、それが裁判沙汰にまで発展することも少なくない。一方、ドイツや日本のような〝高信頼〟社会では、「すべての者が同じ価値観を固持していて、ごまかしやだましが通用する余地はない」と、ビジネスにたずさわる人々も信じることができる。したがって、高度な相互信頼があれば、ビジネスのコストを大幅に下げることも可能になる。〝高信頼〟社会では、成功した大きな民間企業がさらに繁栄することがずっとたやすくなる。

ノーベル賞を受賞した著名な経済学者ケネス・J・アローは、信頼について次のように述べている。「(信頼は)社会システムの重要な潤滑油である。これがあると効率がきわめてよくなる。他人(ひと)の言葉をかなりのていど信頼できるようになれば、多くのトラブルを避けることができる……。信頼、それに忠実、正直といった同様の価値観は、経済学者が〈外部性〉と呼ぶものの例と言ってよい。それらは財であり、コモディティであり、実在する実用的な経済的価値であり、システムの効率を高める」(『組織の限界』[ちくま学芸文庫])。

わたし自身、リッチの信頼をじかに体験した。リッチはわたしに会う気になるまで数年かかったが、ひとたびこの本のために協力すると決めたら、わたしにすべてを任せてくれた。わたしは彼の弁護士とやり合わねばならないと覚悟していたが、そんなことはなかった。彼はわたしの原稿を訂正する権利を要求しなかった。反対に、自分で自由に調査して書きたいというわたしの欲求をそのまま受け入れてくれた。内容については、わたしの思いどおりにさせてくれ、口出しは一切しなかった。

Dictum meum pactum ディクトゥム・メウム・パクトゥム――「わが言葉はわが証文」。このラテン語の標語は、一六世紀以来、コモディティ・トレーダー（商人）たちに使われてきた。契約書なるものが実用的ではない長距離ビジネスをするには、言ったことを確実に実行することで得られる信用が不可欠だったのだ。この言葉はまた、一九二三年以来、ロンドン証券取引所の標語にもなっている。リッチは、この何世紀も前からある商人の心得をしっかり実践している。リーダーシップをとるうえで最も重要な原則は何かと、わたしが尋ねたとき、リッチはこう答えた。「それは、やると言ったことをやること――実行」

リッチの弁護士を長年務めてきたロバート・フィンクに、リッチの強さは何かと尋ねたとき、彼はしばらく何も言わずにわたしを見つめた。これから言う答えを信じてもらえるかどうか考えているかのようだった。そしてフィンクは言った。「リッチは約束を守る男。約束を守り、正直で、信頼できる――だから成功した」。一九七〇年代の商品取引では、信頼できるということが決め手だった。当時、市場はいまよりもずっと不透明だった。インターネットも携帯電話もなかったし、ブルームバーグ、トムソン・ロイターといった情報サービス会社からビジネス・データがたえまなく送られてくるということもなかった。価格比較は今日ほど容易ではなかった。信頼できるビジネス・コネクションがあるだけで、競争力はぐんと高まった。

魂まで食べられてはだめ

リッチに雇われた者たちは、揺るぎない忠誠心と平均以上の勤労意欲でボスに報いた。彼らは「学位はなかったが勤労意欲はたっぷりあった」(『フォーチュン』誌一九八四年一月二三日号「マーク・リッチの秘密」)。一日一五、六時間労働は珍しくもなんともなかった。「仕事が楽しかった」と、あるトレーダーはマーク・リッチ社での勤務ぶりを説明してくれた。「朝の八時一五分前に出社。退社は午前一時。土曜も日曜も出社した。一二月二五日も、一月一日も、オフィスにいた。ほかのトレーダーもね。みんないた」。そう言ったあと彼は、その後〝仕事中毒〟の治療を受けたことを明かした。

この業界で働く数少ない女性のひとりが、タクシーのなかでわたしにこう打ち明けたことがある。「わたしたちコモディティ・トレーダーはみな中毒」。彼女はもう何年も前にトレーダーの仕事をやめたが、いまだにボーキサイトの日々の価格をチェックしているし、その鉱石のおもな産出国のひとつであるギニアでストライキが起こっていないかどうか知っている。中毒はうまく抑えられているようだが、完治することはない。わたしが話を聞いたトレーダーのなかにも、仕事をやめたのち何年ものあいだ、重要なコネの電話番号、製油所の名前、その生産高のリストをウォレットに入れて持ち歩いている者たちが何人もいた。マーク・リッチ社の元社員のひとりは、五人の創立者の妻のひとりから「魂まで食べられてはだめよ」と注意されたことをわたしに明かしてくれた。

マーク・リッチ社のトレーダーは業界のセレブになることも可能だった。仕事に成功すれば、投資銀行家よりも稼げたのである。億万長者社員がスイスのどの会社よりも多いという事実をマーク・リッチ社は自慢した。会社が設立された当初から、社員たちは自社株を所有するよう促された。これは当時、まさに革命的なことだった。「社員たちには、自分の会社のために働いてほしかったし、その成功から利益を得てほしかった」とリッチは説明する。秘書でさえ株を受け取った。

わたしが採用基準について尋ねると、リッチはこう答えた。「燃えるような熱意がある者。男でも女でもいいが、仕事に情熱を持っていること。激務、長時間労働をいとわない。食らいついたら離さないしつこさが必要」。社には無階層、機会均等が基調としてあった、と幹部社員のひとりは言う。「マークの社員への振る舞いかたが家族的な雰囲気をかもしだし、みんな彼のために働くのを誇りに思っている」

グローバリゼーションのパイオニア

「マーク・リッチはパイオニアだね。グローバリゼーションが遅かれ早かれ到来することをあらかじめ知っていた。そしてグローバリゼーションの鍵のひとつが石油だった。だれもが必要とする商品だったからね」と、最初の最初から石油取引に係わっていたトレーダーは言った。わたしは彼とマドリードで会った。彼はいまそこで自分の商社を経営している。オフィスは小さな部屋が二つだけというもの。電話が三台、秘書ひとり、コンピューター一台。だが彼には長い年月をかけて構築したコネ網がある。それだけあれば手堅い取引をすることができるのだ。自分がまだ若く大胆だった一九七〇年代について、彼は熱く語ってくれた。「当時、石油にはワクワクするような魅力があった。われわれオイル・トレーダーはプリマドンナ、時代の寵児だった。まったく新しい状況だった。石油は新しいコモディティだったんだ」

同様の話は、長年マーク・リッチ社で働いてきたさまざまなトレーダーからも聞くことができた。彼らはみな、新しい市場を発見し開拓した時代を、生涯で最もエキサイティングで魅惑的なときとして描いた。「〝処女国〟に降り立ち、調査を開始したときは、ほんとうにもうワクワクしてきて、最高に楽しかった」と、六〇年代と七〇年代に次々に独立を達成したアフリカ諸国へビジネスチャンスを探しに出かけたあるトレーダーは言う。「キー・プレーヤーはだれだ？　どうすれば彼らに接触できるのか？　ここにはどんなビジネスチャンスがあるのか？　そして自分には、一億ドルの取引を交渉しても決して震えないマーク・リッチ社という会社がついている。そう思ったとき、自分の体を突き抜ける感覚は、なんともいえないものだった」

「われわれは新世界を発見しつつあったんだ」と、設立当初からマーク・リッチ社にいた石油トレーダーは熱を込めて言う。たしかにそれは新世界だった。グローバリゼーションの波が押し寄せはじめたのは、まさに六〇年代、七〇年代だったのである。そしてそのグローバリゼーションは、「第一期グローバリゼーション」――世界貿易が盛んになった一九世紀半ばから二〇世紀初頭・第一次世界大戦勃発までの期間――以来のものだった。そしてこの第二期グローバリゼーションは、世界経済に永続的な影響をおよぼした。六〇年代末には、〈セブン・シスターズ〉の〈売り手寡占〉の外で取引される原油は、全体の五％にすぎなかった。それが、わずか一〇年後には、原油の半分以上がスポット市場で売られるか、その市場価格と連動する価格で取引されるようになったのである（ダニエル・ヤーギン著『石油の世紀』［日本放送出版協会］）。

こうした世界の動きから利益を得る術をいちばん心得ていたのがマーク・リッチである。彼は五年もしないうちに自分の会社を商品取引帝国に変身させてしまった。マーク・リッチ社はまたたくまに確固たる地位を築いてしまったのだが、新規参入者がこの業界でそこまで成功したことは長いあいだなかったことだった。マーク・リッチ社は単なる〝隙間商人〟ではなく、既存の大商社に圧力をかけられるほどの強力なグローバル商社となったのである。そして一九七〇年代末までには、世界中に三〇の事務所を構えた。五人のパートナーも世界へ――リッチとグリーンはニューヨークへ、ジョン・トラフォードはロンドンへ、ジャック・アチュエルはマドリードへ、アレック・ハッケルはツークへ――散らばった。

と、突然、またしても国際石油市場が〝不安定の波〟（コモディティ・トレーダーにとっては絶対に必要な燃料）に襲いかかられた。一九七九年一月六日（火曜日）、二五〇七年続いたペルシャの王制がついに終焉を迎えた。モハンマド・レザー・シャー・パーレビと后のファラフ・ディーバーが国を去ったのである。国王夫妻は休暇をとりにエジプトへ向かった、というのが公式の説明だったが、二人がもう二度と帰国しないことをだれもが知っていた。最後の数カ月、シャーの独裁支配への抗議が荒れ狂い、イランは内戦の瀬戸際にまで追いやられていた。クゼスタン州の石油施設のストライキのせいで、輸出可能な原油量はいちじるしく減り、経済は足をすくわれた。このシャーの没落で、リッチはイランという最も重要な取引相手を失ったかに見えた。

第8章 アヤトラ・ホメイニとの取引

シャーの没落は、マーク・リッチのキャリアのなかでも最大の危機だったにちがいない。会社設立以来、イランが最も重要な原油供給者だったのである。イラン原油の購入量は、毎年八〇〇万～一〇〇〇万トン、一日当たり二〇万バレルにもおよんでいた。イラン原油抜きでマーク・リッチがキング・オブ・オイルになることは不可能だったはずだ。それなのに、その最良のコネクションが――彼らの「王の中の王（シャー・アン・シャー）」とともに――追放の憂き目にあわざるをえなくなったのである。ただ、彼らが向かった外国では、莫大な預金の入った銀行口座が待っていた。NIOC（イラン国営石油会社）理事のドクター・ミナことパービズ・ミナは、パリへ逃げ、すぐにそこで石油産業コンサルタントの職を得た。実業家で国会議員のミスター・スチールことアリ・レザイは、自家用飛行機でロサンゼルスへ向かった。リッチのイランとのビジネスは悲劇的な終末を迎えるかに見えた。

救えるものだけでも救っておかなければならないと、マーク・リッチ社のトレーダーたちも考えた。ペルシャ語がしゃべれるイランのエキスパート、ピンキー・グリーンが、新政府とのコネを見つけに現地へ向かうとみずから言いだした。だが、聖職者ではない穏健派政治家シャプール・バクチアル率いる新政権が最初にしたことのひとつに、メフラバード国際空港の閉鎖があったので、王制崩壊後二週間はテヘランへ飛ぶことはできなかった。一九七九年二月一日(この日は歴史的な日となる)、グリーンは再開された空港に最初に着陸する便のひとつでイランに到着した。これには少なからぬ勇気が必要だったはずだ。ユダヤ系のアメリカ人がイランへ赴くのに適した時期とはとても言えなかったからである。イラン国民のなかには、アメリカへの憎悪を抑えきれない者たちがいた。国民の多くが、アメリカは悪い国王とその腐敗した仲間を権力の座につける手伝いをし、彼らを保護してきた、と考えていた。シャー統治下のイランとは比較的良好(かつ直接的)な関係を保っていたイスラエルも、蔑みの対象となった。イスラエルへの石油禁輸というのも、バクチアル政権が最初にとった行動のひとつだ。バクチアルは大衆迎合策で世論と宗教的反対勢力を宥めようとしたのである(パーシ著『危ない同盟[Treacherous Alliance]』二〇〇七)。

グリーンがメフラバード国際空港の税関を通過するさい、早くもトラブルが始まった。イランの入国審査官にたちまちアメリカのパスポートを取り上げられてしまったのだ。グリーンは丁寧に、だが断固たる調子で、パスポートを返すよう求めた。パスポートがなければイラン国内を旅することはできない。入国審査官は首を横に振った。返す気がないのだとグリーンは悟った。だがグリーンも経験豊かなトレーダーで、これまでも思いがけないトラブルを独創的なアイディアで解決してきた。パスポートを取り戻すにしても入国審査官のメンツをつぶさない方法が必要だと彼は思った。そこでグリーンは、ペルシャ語でパスポートの受領証を要求した。なるほど、押してみるものである。この要求は受け入れられた。入国審査官はグリーンの名前、生年月日、パスポート・ナンバーを包装紙の裏に書き記すと、その風変わりな受領証にサインした。

ホメイニの帰国

その同じ一九七九年二月一日、メフラバード国際空港には、前夜からある人物の到着を待つ何十万もの人々がいた。そしてついに、彼らが待っていた老人が、エールフランスのボーイング７４７で到着する。その老人とは、亡命生活を送っていたフランスから一五年ぶりに帰国した、七六歳になるアヤトラ・ルーホッラー・ホメイニだった。その四日後、ホメイニはイスラム革命評議会を設立し、バクチアルはホメイニに任命されたメヘディ・バザルガンにすぐさま首相の座を明け渡さざるをえなくなる。

そのあいだずっと、パスポートのないグリーンはテヘランで立ち往生していた。働くことは禁止、旅行も許されなかった。彼はまさに隔絶された状態にあった。ツークの本社の者たちがグリーンの身を案じはじめた。だがここでグリーンは、経験豊かなトレーダーにして初めて可能になることをやってのける。テヘランに到着して一週間後、彼は例の受領証――入国審査官が彼の名前、生年月日、パスポート・ナンバーを書き記したあの紙切れ――を持って、税関事務所へ行った。予想どおり、グリーンはパスポートをなんとか取り戻すことができ、ただちに出国した。すでにイランは、滞在するアメリカ人とイスラエル人が命の心配をしなければならない国になっていた。

アヤトラ・ホメイニが帰国して二週間で、イランはイスラム原理主義者たちの鉄拳にしっかりと握られ、その厳しい支配下に入った。原理主義者たちは権力奪取後、シャーに忠実だった多数の閣僚を〝イスラム人民裁判所〟で略式裁判にかけ、死刑を言いわたした。何千人もの軍人、警察官が逮捕され、銃殺された。バザルガン首相はイスラエルとの関係を完全に断ち、イスラエル大使館は荒れ狂う群衆に襲われ、略奪された。数日後、アヤトラ・ホメイニは、イスラエル大使館をPLO（パレスチナ解放機構）にひきわたし、ヤセル・アラファト議長がイランに飛んで、みずからパレスチナ旗を大使館の上に掲揚した。ホメイニが打ち出した、ユダヤ人国家に対する基本的姿勢は、「イスラエルは〝癌〟であり、取り除かなければ、イスラム地域とイスラム教徒を破壊することになる」というものだった。イスラエルに存在する権利がないことはコーランによって明らか、とホメイニは信じていた。

アメリカとイスラエルは、イランに在住するすべての国民を出国させた。イランに進出していた国際企業のほぼすべてが、従業員を引き上げ、オフィスを閉鎖した。だが、この激烈な権力奪取劇の最中も、オフィスをひらきつづけた会社が一社あった。マーク・リッチ社である。キューバやボリビアと取引したことのあるリッチは、政情不安や急激な体制交代はすでに経験済みだった。イラン原油市場は自分にとってきわめて重要なマーケットであり、どんなことがあっても手放したくなかった。だからできるかぎり頑張った。彼のテヘラン駐在員は、イラン勤務が何年にもなるフランス国籍の男だった。今回の体制交代劇では、彼は何日も続けて外の世界と切り離された。オフィスにバリケードを築いて流れ弾を避けなければならないときさえあった。だが、なんとか砦を護ることに成功し、堅忍は結局、報われることになった。

世界有数の産油国であるイランのイスラム革命によって、石油市場はかつてないほど不安定になった。イランの産油量は劇的に減少し、生産がほぼ完全にストップしてしまうことさえあった。一九七七年には日量七〇〇万バレルだったイランの原油生産量は、七九年前半には五〇万バレル以下にまで落ちてしまった。需給の法則によって、石油供給量が激減すれば価格は高騰する。事実、たちまち原油価格は暴騰しはじめる。アラブ諸国による禁輸措置が終わって、原油価格は一九七四年から七八年まではあまり変動せず、バレル当たり一〇ドル七三セントから一三ドル三九セントのあいだにあり、比較的安定していた。ところが一九七九年にイラン革命が起こると、アメリカの石油会社があわてふためき、バレル当たり二八ドル（ＯＰＥＣ［石油輸出国機構］公式価格一三ドル三四セントの二倍以上）ものスポット市場価格を受け入れるようになってしまった。こうして一九七九年はまさに、石油産業史上最もクレイジーな一〇年のなかでも最悪の年となってしまう。OPECも立てつづけに二度の値上げ——それぞれ一五％もの値上げ——を実施し、公式価格をバレル当たり一六・七五ドルまで引き上げた。

アメリカ大使館人質事件

次いで一九七九年一一月四日。この日、世界が、アメリカが、そして世間のマーク・リッチ観が、永遠に変わってしまう。この土曜日の昼近く、「イマーム・ホメイニ戦列支持ムスリム学生団」と名乗る五〇〇〇人のイラン人が、テヘランのアメリカ大使館を襲撃し、六三人のアメリカ国民を含む九〇人を人質にとったのである。そのときイラン外務省にいたアメリカの代理大使ブルース・ラインゲンと二人の外交官も、拘束されてしまう。アヤトラ・ホメイニはただちに、このアメリカ大使館占拠への支持を表明する。彼はそれを「イラン国民の自然な反応」と擁護し、アメリカ大使館を「スパイの巣窟」と決めつけた。ホメイニによればアメリカは「大悪魔」なのである（彼はのちにイスラエルを「小悪魔」と呼ぶ）。

自称学生たちが、人質解放との引き換えに要求したのは、失脚した国王モハンマド・レザー・パーレビの引き渡しで、彼は二週間前からニューヨークのコーネル・メディカルセンターでリンパ腺癌の治療中だった。暴徒たちは「ホメイニが闘えば、カーターは震える！　シャーをよこせ！　アメリカ、アメリカ、おまえらの陰謀に死を！」と繰り返し叫んだ。彼らの言う「陰謀」とは、モハンマド・モサデグ政権をクーデターで倒したことだった。モサデグは一九五一年にイランの石油産業を国有化し、国王の権力を大幅に制限した。そしてシャーはついに出国せざるをえなくなる。そのため一九五三年に、ＣＩＡ（米中央情報局）とイギリスの諜報機関ＭＩ６に支援された軍将校たちによるクーデターが起こり、モサデグは失脚へと追い込まれた。

外交特権は一八一四年から一五年にかけて開かれたウィーン会議ですでに合意され、第二次世界大戦中にはあのナチスでさえ尊重したもので、大使館を襲撃して人質をとるという行為は、その外交特権を無視するものだった。大使館の敷地内は、接受国の法がおよばない治外法権地域と考えられており、不可侵なのだ。ジミー・カーター大統領は、このようなアメリカ大使館襲撃を、国際法違反、テロ行為として非難した。人質は縛られ目隠しされたまま、世界に映像を配信するテレビカメラの前にさらされ、辱められた。人質をとられた超大国は、焼かれるアメリカ国旗や縛り首にされるカーター人形の映像をただながめるだけで、何もすることができなかった。ＡＢＣテレビは毎晩「人質をとられたアメリカ」と題するニュース番組を放映し、人質の苦しみを視聴者に知らせつづけた。大使館人質事件はアメリカ史上最悪の屈辱のひとつとなったが、国民の団結を促しもした。帰郷を祈る黄色いリボンが、人質への連帯の印として、アメリカ中の木や家のドアに結ばれた。

カーター政権は一九七九年一一月半ばにイランへの政治的・経済的制裁を開始した。イラン原油の輸入は禁止され、八〇億ドルにのぼるアメリカ国内のイラン資産は凍結された。カーター大統領は「イラン政府、それが利用する機関や支配する組織、イラン中央銀行が所有する資産や利権のうち、アメリカ合衆国の管轄権がおよぶあらゆるもの」の移転を禁止した（大統領令12170号）。これに対してイランは、国内で事業活動をするアメリカの石油会社すべてとの契約を破棄し、それらの会社による同国からの原油持ち出しを禁じた。

一九八〇年四月七日、アメリカはイランとの外交関係を断絶した（以後、イランにおけるアメリカの権益はスイスが代理で保護に務めることになる）。カーター大統領はさらに、新たな大統領令で、イランとのあらゆる金融取引を禁止し、「アメリカ合衆国の司法権がおよぶすべての法人・個人」に対して「イラン、イラン政府の組織、イランまたはイラン政府の組織に支配される企業、イランの法人・個人が係わる取引」に関連して「家族間の送金を除く、いかなる支払い、信用状の譲渡、その他の資金または財産・資産の移動」をも禁じた（大統領令12205号）。結局、人質は四四四日後にようやく解放された。一九八一年一月二〇日のことだった。

アメリカにとって苦痛に満ちた悲劇となったこの大使館人質事件は、外交政策の惨めな失敗というさらに苦い真実を証明するものでもあったと言えるだろう。この大失敗のあと、世界石油市場の中心は、アメリカをはじめとする先進国から産油国へと容赦なく移りはじめたのである（ヤーギン著『石油の世紀』［日本放送出版協会］）。

一九七九年の第二次オイルショック

イランの政治的先鋭化は、石油市場に大きな影響を三つおよぼした。第一に、ＯＰＥＣの公式価格が一九八〇年にバレル当たり三八ドルまで跳ね上がり、スポット価格にいたっては五〇ドルまで高騰した。それはシャー没落前の価格の三、四倍にもなるもので、石油ビジネス史上最高値となった。ガソリンの値段も同時期、二倍以上になり、一ガロン六三セントから一ドル三〇セントにまで上がった。第二に、アメリカへの石油供給が危うくなった――一時的にせよ。第三に、イランの宗教指導者たちは、アメリカおよびヨーロッパの会社との契約を破棄した。その後も石油を売りつづけたい欧米の会社は、新たな仲介者がどうしても必要になった。

マーク・リッチ社の本社を中立国のスイスに据えるという判断が、ついに報われるときがきた。リッチは石油売買の大半をツークの会社を通して行っていた。その最大の理由は税金が安くなるからだったが、イラン（そしてのちに南アフリカ）の場合は、スイスの会社を通して取引をする政治的な利点があって、リッチもそれに気づいていた。ジミー・カーターの大統領令（12205号）には「アメリカ合衆国の司法権がおよぶ法人・個人であっても、外国の法律のもとで組織され事業活動を行っている（強調は著者）、ノンバンクの団体、企業、その他の組織」は除く、とあったからだ。この但し書きによってマーク・リッチ社というスイスの会社は免除の対象となる、とリッチは信じて疑わなかった（アメリカの会社の海外子会社でさえ、イランとの取引を許された。たとえばＵＰＩの一九八一年九月二八日の配信記事によると、アメリカの主要な軍需請負会社二社と他の複数の会社は、大使館人質事件中にあっても、合法的に商品をイランへ輸送しつづけていた）。

一九七九年の春、二〇世紀でも最も驚くべきビジネス・パートナーシップのひとつが始動した。イラン革命直後、反ユダヤ・反資本主義・反アメリカのアヤトラ・ホメイニ体制が、ほかならぬユダヤ系アメリカ人ビジネスマンのマーク・リッチと取引をすることに決めたのである。王制期に締結された契約のほとんどを破棄したイランの新政権が、結局、シャーの最も重要なパートナーだったひとりとビジネスをすることに決めたのだ。

「彼らは契約を尊重した」と、ランチをとりながらリッチは言った。ＮＩＯＣ（イラン国営石油会社）は、リッチがシャーの政府と締結した契約書の条項どおりに、年間八〇〇万～一〇〇〇万トン（およそ六〇〇〇万～七五〇〇万バレル）の原油をマーク・リッチ社に売りつづけた。「いかなる反対もなかった」とリッチは、まるでごくふつうの状況であったかのような口ぶりで言った。「シャーの政府と緊密な関係にあったあなたが、どうやってホメイニ体制の信頼をも得ることができたのですか？」というわたしの問いへのリッチの簡潔な答えは、そもそもリッチのようなコモディティ・トレーダーがなぜ存在し、どうしてこれほど必要とされるのか、という理由を説明してくれるものでもあった。「彼らが必要とするサービスをしてやったからだ」とリッチは言った。「われわれは原油を買い、輸送し、売った。彼らにはそれができなかった。われわれにはできた」

王制下で経験を積み、成功したＮＩＯＣの幹部社員たちは、シャー同様、国から逃げ出し、外国人エキスパートたちもみな去ってしまった。新たに幹部になった者たちには、石油会社を運営した経験がまったくなかった。彼らは単に思想・宗教的理由で会社幹部に据えられたにすぎず、経営手腕も専門知識も持ち合わせていなかった。代金決済の手続き、保険、船積み、輸送、荷降ろしといった商品取引の基本中の基本でさえ、まったく理解していなかった。「たしかに彼らはそういう訓練を受けていなかった」とリッチは記憶を呼び覚ます。わたしはリッチに聞いてみた――すると、ＮＩＯＣの新理事たちはマーク・リッチ社のノウハウに頼っていたということですか？　あなたがいなかったら彼らはお手上げだった？　リッチは笑い声をあげた。「彼らはそうであるようには振る舞わなかったが、まあ、いくぶんそういう状態ではあった」

リッチがイランと維持したビジネス関係は、実はこれまで知られていたものよりもずっと強くて長い。その関係は、のちにルドルフ・Ｗ・ジュリアーニ連邦検事の起訴状にリストアップされた五つの取引をはるかに超えるものだった。イランとの契約は毎年更新され、大使館人質事件中もずっと有効なままだった。「あれはビジネスには影響しない政治的事件だった」とリッチは言う。「人質になった人々にとっては、たいへん不快な悲劇だったし、アメリカにとって屈辱的なことだったが、ビジネスには影響しなかった。われわれは原油を売った。それは原油が手に入り、価格が適正だったからだ。だからわれわれはビジネスをした。だれかに原油をむりやり売らせることも買わせることも一切していない。売り手は売るのが都合よいので売り、買い手は買うのが都合よいので買った。われわれは仲に入ってサービスを提供した」。イランとはいつまでビジネスを続けたのかと、わたしは尋ねた。「ずっと続けた」とリッチは答えた。「一九九四年に会社を経営陣に売るまでね」（マーク・リッチ社の後身グレンコアは、現在もイランとの取引を継続している）。

われわれは原油を入手でき、競争相手はできなかった

一九七九年の第二次オイルショックは――一九七三年のアラブ諸国の石油禁輸に誘発された第一次オイルショック同様――マーク・リッチにとっては絶好のチャンスとなる。産油国に散らばるコネ人脈からもたらされる情報を利用してリッチは、中東の政治状況は今後も不安定のままになると判断し、それに賭けた。原油価格はこれからも長期にわたって上がりつづける、と彼は確信していた。だから新しい供給者を探しつづけ、長期供給を約束してくれるところからは高値で原油を買い取るようにした。イランはリッチにとって群を抜いて重要な石油供給国だったが、実は大事な供給国はほかにもあった。

前章で説明したようにジャック・アチュエルがすでに、この第二次オイルショック前にベネ

ズエラとの契約をマーク・リッチ社のためにとりまとめていた。アフリカの二国とのパートナーシップも、たいへん重要なものだった。アフリカ大陸で最大の人口を抱えるナイジェリアは、一九七〇年代にはアフリカ一の石油輸出国になっていた。ただ、西アフリカに位置するこの国は、「資源の呪い」とも言われる悲しい現象を絵に描いたようにはっきり見せてくれる国でもあった。莫大な埋蔵量を誇る石油の富が、したたり落ちて、一般の人々まで潤すということが決してないのである。ナイジェリアは、クーデターが起こっては新しい支配者たちが資源という国の宝を略奪して私腹をこやす、という歴史の繰り返しなのである。ナイジェリアとの取引を長年体験してきたリッチは、この国を「世界に冠たる腐敗の都」と表現する。「国民にとってはたいへん困った状況だね」とリッチは言い、首を振る。「たいそう豊かな国なのに、富が人々のところまでとどかない」。にもかかわらずリッチは、一九七六年一一月と一九七八年九月に、日量五万バレル以上の原油の配送を約束する長期契約をナイジェリア国営石油会社（ＮＮＰＣ）と結んだ。そして一九七六年にはさらに、南西アフリカに位置するアンゴラの共産主義政権と大量の原油を取引する長期契約を結んでもいる（第14章参照）。

リッチ自身に言わせると、この〝長期志向〟が成功の秘訣でもいちばん大事なもののひとつなのだという。「わたしにはいつもそれがはっきり見えていた。顧客とは長期的な関係を結ぶ必要があるんだ。それができればとても有利になる。長期にわたって供給できるようになるからね。だからわれわれは原油を入手でき、競争相手はできなかった」。こうしてリッチは、アメリカ（およびヨーロッパ）の石油会社に、必要不可欠の原油を供給することができた。「彼は最も信頼できるトレーダーのひとりだった。原油があると彼が言えば、ほんとうにあったからね」と、彼から原油を買っていたことがある者は言う（『ワシントン・ポスト』一九八三年二月一五日付け「オイル・トレーダー」）。当時シェブロンの国際石油取引担当部長だったリチャード・パーキンスによれば、「マーク・リッチはつねに契約どおりのことをしてくれるので、石油メジャーにも信用がある」（『フォーチュン』誌一九八六年一二月二二日号「リッチのライフスタイル」）。

イラン石油がまるで引き潮のように突然引いてしまうと、アメリカは深刻な事態にみまわれた。当時のアメリカのイランからの原油輸入量は、一日当たり約一〇〇万バレル——総消費量の六％ほど——だった。六％はたいしたことないようにも思えるが、これがなくなってみると、供給に突然大きな穴がいくつもあいたようになり、またしてもガソリンスタンドに長い車の列ができはじめた。カーター大統領は、国民に向けて「信頼の危機」演説を行い、オイルショックを「モラル戦争」と解釈して見せた。とりわけ打撃を受けたのは、いわゆるイラニアン・コンソーシアムの構成会社のなかでも中小のアメリカの石油会社だった。イラニアン・コンソーシアムは、ＮＩＯＣとアメリカ、イギリス、オランダ、フランスの石油会社によるイラン石油資源の共同所有機構で、イラン石油産業の国有化後の一九五〇年代前半に設立され、イラン革命後に消滅した。イランからの供給がとまっても、エクソン、ガルフ・オイル、モービルといった大企業は不足分をあるていど他の国々からの輸入でまかなえたが、アトランティック・リッチフィールド(ARCO)のような比較的小さな企業は破綻の危機にさらされた。

当時アメリカで第七位の石油会社だったARCOは、このときのオイルショックに翻弄された中小石油会社の典型となった。ARCOは突然、一日当たり一二万五〇〇〇バレルの原油不足におちいった。ホメイニ体制が供給を停止したためだ。このままではARCOはすぐにも契約を履行できなくなる。そして実際にそうなれば、確実に破綻する。すでに見たように(第7章)、マーク・リッチ社が一九七五年に最初の与信枠を獲得できたのは、ARCOとの契約のおかげだった。以来、ARCOのシニア・トレーダーのウィリアム・F・アリアーノは、リッチの親しい友――お得意さん――となる。そのアリアーノが、イスラム革命後のイランから石油を買えなくなって、一九七九年八月にリッチに泣きついた。こうしてマーク・リッチ社は、その危機のあいだARCOへの最大の原油供給者となった。一九七九年と八〇年にマーク・リッチ社がARCOにとどけた原油は、おもにナイジェリア産のもので、日量数万バレルにのぼった。ARCOがマーク・リッチ社から買った原油の総量は、ほぼ二七〇〇万バレル。リッチが供給元に支払った代金よりもバレル当たり二ドル五〇セントから八ドルよけいに払う、という契約だった。「できるだけ安い値で原油を手に入れろ、だが、必ず手に入れろ! というのが原油担当者への命令だった」と、ARCOのある社員は当時の状況を要約する(『ワシントン・ポスト』一九八三年二月一五日付け「オイル・トレーダー」)。ARCOとの取引だけで、リッチは一八カ月間におよそ一億二〇〇〇万ドルの利益をあげた。ＡＲＣＯはリッチが求める代金を喜んで支払った。それでも非常に有利な取引だったからだ。当時、原油スポット価格は、リッチが得意先に求める価格よりもずっと高かった。

できるだけ高く売りつけようという気はリッチにはなかった。それは彼の鉄則である〝長期志向〟に反することだった。「必要としている客に商品をできるだけ高く売りつけるのは、赤ん坊からキャンディーを取り上げるようなもの」と、マーク・リッチ社のベテラン・トレーダーのひとりは会社の方針を説明する。「ただやみくもに儲けようとするのではいけない。顧客に喜んでもらえれば、いつか必ずお返しをしてもらえる。われわれは未来に投資していたんだ。高く売れればいいというものではなかった。重要なのは、安定したポジション、安定したビジネス関係を築くということだった」

と言ってもマーク・リッチ社は、稼げるときに稼がないというわけではなく、相当な利益を上げていた。ある元社員によると、イラン革命直後にバレル当たり一四ドルもの利益を上げていたこともある。

イスラエルを救う

当時リッチの最も重要な顧客は、彼から受けた恩をいつまでも忘れずに、のちに彼を助けることになるイスラエルだった。ホメイニから「小悪魔」とか「イスラムの敵」とか言われたユダヤ人国家は、シャーの没落によってどの国よりも――いや、おそらく南アフリカを除くどの国よりも――打撃を受けた。イランの新体制は、すべての契約書に「イラン石油をイスラエルと南アフリカには絶対に転売しないこと」という条項を付け加えたのだ。イスラエルはモハンマド・レザー・パーレビ統治下のイランから、必要な石油の六〇％から九〇％を輸入していた。エネルギー源をほぼ完全にイランに頼っていたのである（『ニューヨーク・タイムズ』一九七九年二月二五日付け「中東和平交渉に落ちるホメイニの影」、ウリ・ビアラー著『中東に架けられた燃料の橋［Fuel Bridge Across the Middle East］』）。イラン革命で当然、イスラエルは危機的状況におちいった。

イスラエルへの救いの手は、ほかならぬマーク・リッチから差し伸べられた。この事実は今日まであまり知られていない。「イスラエルはマークにたいへんな借りがある。彼はイスラエルが最も困難な時期に必要なエネルギーをすべて都合してやったのだからね」と、アヴネル・アズレイは言う。アズレイはイスラエル国防軍・元大佐で、確固たる政治的コネ網をもつモサド幹部局員としても活躍し、いまはリッチの慈善財団の運営にあたっている。

リッチは一九七三年以来、二〇年にわたって、イスラエルの最も重要な石油供給者となる。イスラエルはこのトレーダーのおかげでなんとか生き延びることができたと言ってもよい。リッチの記憶によると、彼はイスラエルに年間一〇〇万～二〇〇万トン（七〇〇万～一五〇〇万バレル）の石油を売った。イスラエルの七〇年代の必要量は、一日当たり一〇万～二〇万バレルだった。ということは、リッチはその少なくとも五分の一を供給していたことになる。

それはたぶんリッチの理想的な取引でもあっただろう。大儲けできたうえに、イスラエルを生き延びさせることもできたのだ。「わたしはユダヤ人だから、イスラエルを助けるのは構わなかった。いやむしろ助けたかった」とリッチはほどよく控えめに言う。「あれはビジネスだったが、むろん彼も、イスラエルは自分の助けを必要としていると思った」と、リッチの数少ない親友のひとりはわたしに言った。イスラエルには存在する権利はない、というのがイラン政府の公式見解だったが、政府中枢の人々はみな、リッチがイスラエルと取引をしていることを知っていた。彼らは自国の石油がどこへ流れているのかはっきり知っていたが、それを気にする者はＮＩＯＣのなかにもひとりもいなかったようだ。「彼らは気にしていなかった」とマーク・リッチは言う。「イランの石油ビジネスのプロたちは気にしていなかった。彼らはただ石油を売りたかった」。一九九〇年代半ばまで続くこのビジネス関係は、イランの原理主義者たちの偽善を暴露するものだ。どうやらラディカルな言説よりも金銭的利益のほうが大事だったようだ。それはイデオロギーに対する自由市場の勝利を証明するものだった。さらにその取引は、体制の根本的変化といった激烈な困難をも乗り越えて契約を維持できるリッチの能力を証明するものでもあった。

イスラエルへの貢献によってリッチは、政府高官にも会えるようになった。イツハク・ラビン、メナヘム・ベギン、イツハク・シャミール、シモン・ペレスといった歴代の首相たちとも知り合いになれた。「彼らと会ったのはとくにビジネスのため、まあ、イスラエルのためでもあった」とリッチは説明する。イスラエルとの取引のせいで、モサドとの関係も強まった。戦略的に重要なエネルギーがからむと、情報機関のモサドが必ず首を突っ込んできた。そしてモサドは、第12章で詳述するように、リッチのビジネス・コネクションの多くに強い関心を示した。

一九八〇年代の初めまでに、リッチは絶頂期を迎え、絶大な権力と影響力を手に入れた。なにしろ、世界最大の独立系石油トレーダーとなり、日々クウェートよりも多くの石油を売買するようになったのだ。ジェイムズ・ベイカー研究所のエイミー・マイアーズ・ジャッフェによると「一九七九年には、スポット市場で石油を買うつもりなら、マーク・リッチを知る必要があった」（米下院／エネルギー独立・地球温暖化特別委員会の『石油の未来』公聴会）。またA・クレイグ・カピタスは「リッチはたいへんな大物になってしまい、石油取引が行われるところにはどこにでも、サウジアラビアの族長然として現れると思われるまでになった――それがアメリカの石油会社にはうとましくなってきた」と書いている（『メタル・トレーダー』［新潮社］）。

一九八〇年、マーク・リッチ社は一五〇億ドル――同社の取引相手国の多くのGDP（国内総生産）を上回る額――という売り上げを記録した。同年のツークの納税記録を調べると、リッチのスイス国内のみの財産の申告額は二億九二七八万四〇〇〇スイスフラン（当時のレートで約一億七五〇〇万ドル）、マーク・リッチ社が申告した純利益は四億六四〇万スイスフラン（約二億六〇〇〇万ドル）にのぼった。一九七五年から一九八三年までの期間、つまり会社設立からイラン革命をへる一〇年ほどが、マーク・リッチ社の社員たちに言わせると黄金時代だった。「すごい気分だった」と、当時マーク・リッチ社で働いていたトレーダーは熱く語った。「怖いものなんてなかった。無敵だった。全世界に勝てる気分だった」

だが、マーク・リッチはそのキャリアの絶頂から一気に転落する。それはある日、マンハッタンのセント・アンドリューズ・プラザ1にある連邦検事補のオフィスにかかった一本の電話から始まる。

第9章 訴訟

一九八一年晩秋のある朝、セント・アンドリューズ・プラザ1にあるモリス・〝サンディ〟・ワインバーグのオフィスの電話が鳴った。ワインバーグはニューヨーク州南部地区連邦地検の野心に燃える若き連邦検事補。電話をよこしたのは、司法省犯罪局詐欺課の職員。内容は、ニューヨークのパーク・アベニューにオフィスを構えるマーク・リッチという名の原油トレーダーに関する情報だった。「マーク――だれだって?」と、ワインバーグは聞き返した。「マーク・リッチ?――初めて聞く名だ」

当時、連邦検事補――現在、繁盛している法律事務所のパートナー――は、若々しく、五七歳にはとても見えない。ブルーのシャツに黄色のネクタイをしめ、ボトルに口をつけてペリエを少しずつ喉に流しこむ。わたしたちは楕円形の巨大なテーブルをかこむ人工皮革張りの柔らかなオフィス用チェアに座っていた。その爽やかな春の朝、タンパの商業地区に建つバンク・オブ・アメリカ・プラザの一二階にあるワインバーグのオフィスからは、セント・ピータースバーグまで広がる素晴らしい街並みを楽しむことができた。一羽のペリカンが窓を横切って飛んでいく。二〇〇八年三月一二日のことだった。

わたしたちはまず緊張をほぐそうと、当時、世界最高のテニス・プレーヤーとだれもが認めていたスイス出身のロジャー・フェデラーについて少し話した。若いころはレスリングに情熱を燃やし、中南部チャンピオンになったこともあるワインバーグは、フェデラーを世界テニス史上最高のプレーヤーと考えていた。

ワインバーグはチャタヌーガ生まれのテネシー人で、訛りがいまも消えず、母音を引っ張って歌うように話す。公民権運動に強い影響を受けた南部リベラル。母親は南部バプテスト、父親はブルックリン生まれのユダヤ人で、差別を受けた経験をもつ。自分は「非常に進歩的な育てられかた」をした、とワインバーグ本人は言う。兄弟たち同様、プリンストン大学に入り、優等で卒業した。次いでバンダービルト大学ロースクールへ進む。そして二九歳で連邦検事補になり、三〇歳のときに司法省から問題の電話を受け、マーク・リッチ事件を担当することになった。

マーク――だれだって?

一九八一年の晩秋、リッチはすでに世界最大の独立系石油トレーダーになり、アメリカの大富豪の仲間入りを果たしていたにもかかわらず、世間一般にはまだまったく知られていないと言ってよい存在だった。コモディティ・トレーダーの閉鎖社会の外で、彼の名を知る者はほぼ皆無だった。一九八一年の時点では、業界誌を別にすれば、リッチ本人や彼の会社に関する記事が公表されたことは、ただの一度もない。リッチはインタビューに応じたこともなく、メディアが自分の写真を一枚も持っていないことに大いに満足していた。「何も書かれないというのが最高に幸せなんだ」とチューリヒのユダヤ人トレーダーは言う。「わたしがカトリックなら、コモディティ・トレーダーは悪魔が聖水を恐れるように世間に知られるのを恐れる、と言うところだね」

ところが司法省からの電話のあと、まもなくして全世界がマーク・リッチという名前を知ることになる。FBI（米連邦捜査局）はすでに〝垂れ込み情報〟に基づいて、ニューヨークにオフィスを構えるマーク・リッチ・インターナショナルの取引を捜査しはじめていた（マーク・リッチ・インターナショナルはマーク・リッチ社のスイスの子会社で、アメリカでビジネスを展開していた。スイスのツークとニューヨークに主要事務所があり、アメリカの税務当局に法人所得税申告をしていた。一方、スイスの法人であるマーク・リッチ社は、アメリカで法人税を申告する必要はなかった）。テキサスの石油トレーダー二人がFBIに流した情報は、リッチは利益をオフショアの会社や外国の銀行口座へ移してしまい、法人所得としてIRS（米内国歳入庁）に申告しなかった、というものだった。一九八一年一二月、司法省からの電話のわずか二、三週間後、ワインバーグとＦＢＩ捜査官がテキサスへ飛び、密告した二人の石油トレーダーと会った。

問題の石油トレーダー二人は、共同でアビリーンのウェスト・テキサス・マーケティング（ＷＴＭ）を経営していたデイヴィッド・ラトリッフとジョン・トローランドだった。リッチとは無関係の不法石油取引事件で有罪となり、テキサス州ビッグ・スプリングの連邦刑務所で服役中だった二人は、一四カ月の刑期をなんとか縮めようと、政府と取引をしたがっていた（結局、彼らは一〇カ月だけ務めて出所）。二人はただちに刑務所から一時的に出してもらい、ワインバーグをアビリーンの事務所に案内した。「だからわたしは週末をアビリーンという片田舎で過ごすはめになった」とワインバーグはわたしに言った。「二人は〝金壷（ポット）ファイル〟と呼ぶものを引っぱり出してきて仕組みを説明した。で、その〝ポット〟のなかに七〇〇〇万ドル以上の大金があったことを明かした。マーク・リッチは一九八〇年と八一年に違法な転売で七〇〇〇万ドル以上の利益を上げたのに、それをスイスの自分の会社に移した。連邦所得税逃れをするためだ。それで連邦原油価格規制違反にも問われない」

ワインバーグは、自分がいま扱っているのは非常に大きな事件なのだと即座に気づいた。「重大事件だった。わたしはとても幸運だった。これで若い法曹家として認知された」。いや、彼にはそれ以上の利益がもたらされた。この事件のおかげで、ワインバーグの名が新聞の見出しに躍るようになり、彼は一躍全国的スターにのし上がり、その後タンパの弁護士として実入りのよいキャリアを始めることもできたのだ。トローランドとラトリッフがマーク・リッチと交わした取引を調査してワインバーグは、「史上最大の脱税」（彼自身が誇らしげに言った言葉）を発見したのだという自分なりの結論に達する。「単純な事件ではあった」とワインバーグは、氷のように冷たいブルーの目でわたしを値踏みしながら言った。「あの男は違法行為によって莫大な利益を上げた。彼はそれを違法と認めることができなかった。金を手放したくなかった。だからどうにかしてそれを国外に移さねばならなかった。そこで偽装取引によるアメリカ国外での資金洗浄方法を考え出した」

ニューヨークへもどる機上でワインバーグは、早くも告発チームの編成について考えだした――ＦＢＩにも参加してもらわなければならない、そして財務省、ＩＲＳ、税関局、国務省にも。ワインバーグは興奮し、ワクワクしていた。「わたしはもう事件に夢中だった」と彼は言う。これはありふれた平凡な事件ではない。先例となる大事件なのだ。そうワインバーグは思った。

ショットガンをバンバン撃って

エドワード・ベネット・ウィリアムズは、あらゆることを見てきた百戦錬磨の弁護士だった。この伝説的なワシントンの法廷弁護士をうろたえさせることができるものなんて何もなかった。弁護してきた者たちの名前を並べるだけでも、ウィリアムズのすごさがわかる。歌手のフランク・シナトラ、赤狩りで名を馳せたジョセフ・マッカーシー上院議員、『プレイボーイ』誌オーナーのヒュー・ヘフナー、逃亡犯となった投資家のロバート・ヴェスコ、ソ連スパイのイゴール・メレフ、有名なマフィアのドン、フランク・コステロ……。彼はまさに「スーパー弁護士」、厄介な法律上の問題を抱えてしまったら会いにいくべき男、「究極のインサイダー」。ウィリアムズは「有罪を無罪にする奇跡を起こせる人」という輝かしい評判を打ち立てていた（トーマス著『会うべき男［The Man to See］』一九九一）。

リッチはウィリアムズを知っていた。この弁護士は、リッチが秘かに所有権の半分を買い取っていた20世紀フォックスの取締役でもあったのだ。ニューヨーク州南部地区連邦地検がやる気であることがはっきりするや、リッチはウィリアムズを雇った。ウィリアムズはリッチが安心するようなことを言った。今回の件は、当局が税金裁判であることを最初からわからせようとしている普通の訴訟のようだから、刑事訴追にまで発展することはまずない、とウィリアムズは言ったのである。罰金と、免れたと向こうが主張する税金を支払うことに同意すれば、起訴されることもなく、この問題を解決できる、と言い切った。そして、すべてのクライアントに与える指示をリッチにも与えた――口をつぐみ、何も言わないこと。「検事と話し合うのは最悪。わたしなら三〇〇〇万ドルで解決できる」とウィリアムズはリッチに言い、こんな励ましの言葉を口にした。「これからわれわれはショットガンをバンバン撃ちながら連邦地検に乗り込むんです」

一九八三年五月にニューヨークのサンディ・ワインバーグ連邦検事補のオフィスを訪れたさいも、ウィリアムズはこの態度を変えなかった。彼はドンと椅子に身をあずけると、ふんぞり返り、テーブルに足をのせ、政府はいくら欲しいんだ、とワインバーグに問うた。「心配はいらん」とウィリアムズは目下の者に言うように付け足した。「わがクライアントは逃げはせん」（『会うべき男』）。そして、支払うべき税金プラス相当な額の罰金を払うということで決着させようじゃないか、と持ちかけた。

ウィリアムズは自分の評判を過信していたのか？　若造の連邦検事補なら簡単に一杯食わせられる、と思ったのか？　いずれにせよ、この戦術はサンディ・ワインバーグには効かなかった。

ワインバーグはセレブ御用達スーパー弁護士の目をまっすぐ見つめ、首を振った。そしていちおう丁寧に、司法取引をする気はありません、と言った。ではどうするつもりなのか、とウィリアムズは尋ねた。ワインバーグはスペリングで答えた――「J（ジェイ）・A（エイ）・I（アイ）・L（エル）」（『会うべき男』）。ジェイル、刑務所。「莫大な罰金および相当な刑期」が得られなければ、当局は司法取引に応じる気はありません、とワインバーグは続けた。ウィリアムズが解決金額を一億ドルにまで吊り上げても、ワインバーグは首を縦に振らなかった（第13章参照）。リッチのスイスの弁護士アンドレ・A・ヴィッキによれば、このときワインバーグは二五年の刑期を求めていた。それで合意できなければ、リッチ、パートナーのピンキー・グリーン、および幹部社員を、犯罪行為の容疑で起訴する、とワインバーグは脅した。

ワインバーグはそのときの鰾膠もない〝つっぱね〟を嬉しそうに回想した。「わたしはエド・ウィリアムズをちょっとばかり竦み上がらせることができたんだ」。いまは弁護士となって――皮肉にも――ホワイトカラー犯罪の弁護をしているワインバーグは、ウィリアムズとの取引を拒否したのは信条に反することだったからだと信じている。「もし金で問題を解決するのを許したら、もし史上最大の脱税（彼の見解）を犯しても刑務所に行かなくてよくなったら、もうどんな税金訴訟もできなくなってしまう」とワインバーグは言った。

スイスへの逃亡

そのときリッチ家の人々は、毎年その時期はそうしていたように、ロングアイランドのリドビーチにある週末別荘に滞在していた。「リドビーチで週末を過ごしているときだったわ。アメリカにいられなくなるかもしれない、とマークが言ったの」。デニーズ・リッチは記憶をよみがえらせて身震いした。五番街785にある彼女のペントハウスで話を聞いていたときのことだ。娘たちの結婚式の写真の上に、マルク・シャガールの花の絵がかかっていた。

デニーズ・リッチは迫真の演技ができる女性だった。まるでいままさにリッチ自身からそのとんでもないニュースを聞かされたかのように、信じられないとばかり目を大きく見開いて首を振って見せた。「寝耳に水だったの、ほんとうに。わたしはまったく何も知らなかった。『どうして？』とわたしはマークに尋ねた。『二、三、問題が起こるかもしれないんだ』とマークは答えた。『どういうことなの？』『弁護士が説明してくれる』。弁護士のボブ・トマジャンがニューヨークで三度説明してくれた。それでもわたしにはまだよくわからなかった。ほんとうにこの国から出ていかなければならないとしたら、わたしはどうすればいいのかしら？　妻として……わたしは夫を愛しているし、子供たちも愛している。わたしは父に相談した。父はとても賢い人で、わたしの拠りどころだった。わたし、どうしたらいいのかしら、と聞くと、パパは『もちろん、おまえは夫といっしょに行かないといけない』と答えた」

デニーズは、父親のエミール・アイゼンバーグの助言にしたがった。一九八三年六月の第一週、リッチ家の人々はそそくさとアメリカをあとにし、スイスに移り住んだ。リッチが九年前に会社の本拠地とした国への移住だった。リッチはウィリアムズがこの訴訟を処理しきれなくなったという事実に慌てたのである。それはとどのつまり、法廷外で問題を解決できなくなったということでもあったからだ。今日まで一貫して無実を強く主張しているリッチも、このときの検事のアグレッシブな姿勢には恐れをなした。犯罪行為の容疑で起訴される恐れが出てきたというのは、事態の劇的なエスカレーションと言わざるをえない。ＲＩＣＯ法（この法律についてはもう少しあとで詳しく説明する）で起訴されれば、裁判前の全資産の凍結もありうる、という説明もウィリアムズから受けた。さらにＲＩＣＯ法で有罪となれば、厳罰が待っている。

リッチは狼狽した。金でかなりのことを解決してきた男が、もはやどうあがいてみても、事態が自分の有利に展開するとは思えなくなったのだ。彼はそれを国から逃げ出さなければならないサインと考えた。デニーズ・リッチは初め、何週間かアメリカから離れているだけでいいのだろうと思っていたが、実際にはそうではなかった。すぐにそれがリッチにとってはアメリカとの永遠の別れであることがわかる。リッチの頭のなかでは、このスイス行きは、戻ることのない第二の逃亡だった（第一はアントウェルペンからの逃亡）。実は一九八二年九月にリッチは、アメリカ国籍を放棄して、スペインに帰化していた。「わたしはスペインの法にしたがって帰化した。スペイン国王に忠誠を誓い、アメリカ国籍を放棄するむね公式に表明した」とリッチは主張する（駐チューリヒ・アメリカ総領事ファン・フーヘンへのリッチの書簡）。しかしアメリカ国務省は、リッチの「国籍離脱証明書」を認めたことはないとの見解をとっていて、結局のところ、彼はアメリカ国籍の放棄に失敗したということになる（下院・政府改革委員会、二〇〇二）。リッチは一九八三年七月にイスラエル国籍をも獲得した。

伝記（『会うべき男［The Man to See］』）ではウィリアムズは、マービン・デービスのロサンゼルスのオフィスにいて、クライアントの逃亡を知ったということになっている。ウィリアムズは電話でリッチをこう怒鳴りつけたという。「ヤバイことを知っているんだろう、マーク？きみはアメリカ国旗に唾を吐いたんだ。陪審員制度にもな。もうどうなろうと自業自得だ。わたしに任せておけば、最低限の罰で済んだのにな。もうきみは終わりだ」。もっともリッチに言わせると、この話には真実のひとかけらもない。リッチによると、真実はそのまったく反対で、アメリカに戻るよう彼に勧めた弁護士はウィリアムズを含めてひとりもいなかった。

いずれにせよ、ウィリアムズの自信過剰のパフォーマンスがリッチに大きなダメージをもたらしたことは確かだ。ウィリアムズが状況を読み違えたことで、リッチは袋小路へと追いやられ、新聞の見出しにさらされることにもなったのだ。「焦土作戦のようなことになってしまった」と、一九八五年にリッチの弁護団に加わったマイケル・グリーンは言う。「エドは力で強引にもっていこうとする弁護士だった。それでうまくいくときもあった。リッチの事件ではうまくいかなかった」

ルドルフ・W・ジュリアーニの登場

これはまさにメディアが大好きなタイプの事件だった。歴史的重要性がある訴訟との触れ込みのうえ、検事たちが飽くことなく繰り返し暴露したように、被疑者はパーク・アベニューのペントハウスに美しい妻と住む謎の億万長者だった。ジャーナリストたちはすぐに、リッチが20世紀フォックスの所有権の半分を有するサイレント・パートナー（業務に立ち入らない共同出資者）であることを見つける。一九八一年六月にデンバーの石油業者マービン・デービスが七億二二〇〇万ドルで20世紀フォックスの買い取りを交渉したときには、その共同出資者であったリッチの名は公にされなかった。当時、20世紀フォックスは成功の波に乗っていた。ジョージ・ルーカスのスター・ウォーズ・シリーズ三作目『ジェダイの帰還』が公開されたばかりで、それもたちまち映画史上最高の興行成績をあげた。しかも20世紀フォックスの取締役には、ジェラルド・R・フォード元大統領、ヘンリー・A・キッシンジャー元国務長官といったアメリカの有力者が名を連ねていた。

一九八三年の春にルドルフ・W・ジュリアーニがニューヨーク州南部地区連邦地検の連邦検事に任命されると、それまで一年ほどのあいだ比較的小さな炎でゆっくりと燃えていたマーク・リッチ事件の火が、突然、まるで猛威をふるう山火事のように激しく燃え上がった。ジュリアーニは部下たちに、抱えている案件を迅速に起訴にまで持っていくよう圧力をかけた。彼はマフィア撲滅運動の闘士の役を演じるのが大好きで、ウォールストリート犯罪やホワイトカラー犯罪にも意欲的に取り組もうとした。自分は大きな目的のために生まれてきたのだと信じて疑わなかった。ジュリアーニにいちばんよく貼られるレッテルは「アグレッシブ」というものだった。彼の戦術は、デイヴィッド・ディンキンズ元ニューヨーク市長が言ったように、「目的が手段を正当化するという哲学」に「危険なほど近い」ものだった（『ニューヨーク・タイムズ』一九九九年三月一六日付け「警官発砲に抗議して逮捕された一四人のなかにディンキンズも」）。エド・ウィリアムズの伝記『会うべき男』の著者エバン・トーマスは、のちにニューヨーク市長になる連邦検事について「熱心で政治的野心がある」と書いている。一九八五年にマーク・

リッチの弁護団に加わった、リチャード・ニクソン大統領の特別顧問や国連大使の経験もあるレナード・ガーメントによると、ジュリアーニは自分が「ブロックバスター・ケース（大評判となる超大型訴訟）」を手にしていることに素早く気づいた（ガーメント著『クレイジー・リズム［Crazy Rhythm］』二〇〇一）。

そしてどうなったかというと、当局とリッチの弁護団が不幸としか言いようのないコミュニケーションの断絶におちいった。その状況はさらに、リッチの弁護団がありとあらゆる怪しげな引き延ばし戦術を試みたために悪化した。サンディ・ワインバーグはそのときのリッチ側のやり方にいまも首をかしげる。「実に愚かなやり方だった」とワインバーグは首を振りながら言った。「あれでは自滅する。リッチはわれわれを見くびったんだ。書類遊びで引き延ばしにかかった。あれで訴訟を一〇倍も大きくしてしまった。もしリッチがアメリカにとどまり、問題の解決に真面目に努力していれば、どうにか耐えられる結果に収められたはずだ。いくらかは刑務所務めをしなければならなかっただろうが、そうべらぼうなことにはならなかったはずだ」

リッチの会社のビジネス文書をめぐる争いが〝火薬庫の火花〟となった。ニューヨーク州南部地区連邦地方裁判所が審理を開始すると、召集された大陪審はすぐに、マーク・リッチ・インターナショナル、マーク・リッチ社、およびリッチと取引をした国内の石油会社と石油ブローカーに、何百万にものぼる書類の提出を命じた。マーク・リッチ・インターナショナル（ニューヨークにもオフィスがあり、税金をアメリカで支払っているマーク・リッチ社のスイスの子会社）は、この提出命令にしたがった。だが、マーク・リッチ社は、スイスにおいてスイス法のもとで業務展開しているスイスの会社であるという理由で、この命令にしたがうことを拒否した。スイスの機密法（刑法第二七三条）によって、スイス政府の明確な許可なき書類提出は禁止されている、というのがマーク・リッチ社の言い分だった。

厳しい罰金

だが地裁判事レナード・サンドは、このリッチ弁護団の提出拒否の申し立てを認めず、マーク・リッチ社にツーク本社の書類を提出するよう命じた。それでもマーク・リッチ社が提出を拒否しつづけると、サンド判事はそれを法廷侮辱と見なし、書類が提出されるまで一日につき五万ドルという厳しい罰金を科した。スイス政府はこれを国家の主権を侵害する受け入れがたい異例の厳罰として抗議したが、この罰金は一九八三年六月後半から適用されることになった。

リッチは罰金の支払いを拒否した。そして秘かに、マーク・リッチ・インターナショナルを、親友でマーク・リッチ社の創立者のひとりでもあるアレック・ハッケルに売却した。以後ハッケルは、その会社をクラレンドン・リミテッドという名のもとにツークで運営することになる。サンド判事はこの売却を「裁判所の命令の裏をかこうとする策略」と断じ、リッチの取引金融機関である二〇もの欧米の銀行および会社にある五五〇〇万ドルにのぼるマーク・リッチ社の資産を凍結するぞ、と脅した（『ウォール・ストリート・ジャーナル』一九八三年八月一日付け「資産凍結でマーク・リッチのアメリカ・ビジネス停止の可能性」）。

こうしてリッチのビジネスは、サンド判事の記録的な罰金（法廷侮辱罪）と激烈な口座凍結の脅しによって、たちまち支障をきたすことになる。取引先や銀行のなかに、この問題を解決するようリッチに圧力をかけるところが出てきたのである。融資を受けるのが日増しに難しくなってきたため、リッチの弁護団は解決を求めて交渉に乗り出した。一九八三年八月五日、検事とリッチの弁護団が、マンハッタンにあるサンド判事のマンションに集まり、夜遅くまで協議した。そして午前〇時直前に合意に達した。その内容は、リッチは累積罰金の一部である一三五万ドルをニューヨーク州南部地区連邦地方裁判所に支払い、同裁判所が提出を命じたスイス国内にある書類をすみやかに差し出し、残りの罰金を後日支払う、というものだった。この合意で、これまでの混乱がすべて収まると思われ、訴訟はついに通常の形で幕を閉じるかにみえた。

ところが四日後の一九八三年八月九日、ワインバーグに一本の電話がかかる。「男は『わたしはディープ・スロート』と言った。冗談でなく、ほんとうにね」とワインバーグはそのときのことを思い出す。「男はマーク・リッチの弁護団に名を連ねていた法律事務所ミルグリム・トマジャン&リーから電話してきて、提出を命じられている書類がいままさにスイス航空の旅客機で国外に運び出されようとしている、と通報してくれたんだ。彼は電話をかけなおして正確な便名まで教えてくれた。ジュネーブ、チューリヒ行きのＳＲ１１１」。ワインバーグはわが耳を疑った。思わず呪いの言葉を吐いた。その声があまりにも大きかったので、同僚が何事かと彼の部屋に駆け込んできたほどだった。冷静になるや即、ワインバーグは担当官数人をジョン・Ｆ・ケネディ国際空港へ向かわせた。

午後七時、スイス航空のボーイング７４７はすでに滑走路にあり、いましも離陸しようとしていた。警察が離陸をとめることができたのは、予定出発時刻のわずか一五分前のことだった。リッチが雇っていた法律事務所からの密告で、担当官はビジネス文書がぎっしり詰まったスチーマートランク二個を回収できたのだ。メディア利用が得意なジュリアーニは、すぐにトランクをリッチの破廉恥な行動を明かす物的証拠としてサンド判事の法廷へ運びこみ、その直後に記者会見をひらいてトランクの押収を公表した。このエピソードはたちまち「スチーマートランク事件」と呼ばれるようになった。「これでマーク・リッチはまったく信用されなくなった。一巻の終わり、破滅だね。この一件で彼は悪党と見なされるようになった」とワインバーグは言う。こうしたリッチの行動で検察側は有利になった、とワインバーグは見る。「法廷でも世論でも、彼への心証は一気に悪くなった。被疑者が正義をさまたげ、捜査を妨害しようとしたら、検察が正しいということなんだ」。リッチの弁護団は、スイスの弁護士に機密情報が含まれていないかどうか確認させるために書類を運ぼうとしただけ、と主張した。サンド判事はこの事件に激怒し、リッチが関係するすべての会社に対して、金曜日までに関連書類を残らず提出する中に事務所が四八もあるんですよ」。サンド判事は「金曜日までに！」と繰り返した。

十字砲火

一九八三年八月のスイスは異様なほどの暑さだった。なかでもツークのマーク・リッチ社本社はさらに一段と暑いように感じられた。そこでは一〇人あまりの人間が、アメリカに送らねばならない書類の仕分けをしていた。その輸送のためだけにジェット機が一機すでにチャーターされていた。「わたしたちはずっと作業しつづけた、昼も夜もね」と、そのとき仕分け作業をした者のひとりは言う。「一日一四、五時間は働いた」。二人の弁護士、数人の若い社員のほかに、五人の創立パートナーのうち四人（マーク・リッチ、ピンキー・グリーン、アレック・ハッケル、ジョン・トラフォード）もいた。三日のうちに彼らは二〇万以上もの書類をアメリカの官憲に引きわたした。だがそれは、ほんの始まりにすぎなかった。

八月一三日、スイス司法省の役人が、ツークのマーク・リッチ社のドアをノックした。彼らは、まだアメリカ政府に引きわたされずに残っていたすべての書類を押収しにきたのである。押収の根拠は、外国への情報開示と産業スパイを防止する刑法第二七三条だった。スイス政府は「マーク・リッチ社がスイスに保有する書類をたとえ一通であっても米連邦検事に提出することは法的にも物理的にも不可能」という内容の書状を、アメリカ国務省とニューヨーク州南部地区連邦地方裁判所に送った（米連邦第二巡回区控訴裁判所記録）。これでリッチはアメリカ政府だけ心配していればよいというわけにはいかなくなった。スイス政府も介入してきたのだ。「彼は十字砲火にさらされることになった」と、いまも商品取引を続ける関係者のひとりは当時を思い出す。

こうしたスイス政府の行動にも、サンド判事の決意はいささかも挫かれはしなかった。彼は相変わらず書類を要求し、一日五万ドルの罰金（法廷侮辱罪）は続くと裁決した。結局、一年ほどのあいだ、マーク・リッチのメッセンジャーが毎週金曜日に二〇万ドルの、そして月曜日に一五万ドルの小切手を連邦地裁にとどけることになった——リッチが支払った罰金は総計二一〇〇万ドル以上にもなる。スイス政府は「（アメリカの要求は）一般に認められている国際法の原則に違反するものである。スイス国内に影響をおよぼすことを目的とする行為を外国当局が強制することは、スイスの主権の侵害であり、したがって受け入れられない」という内容の公式文書でふたたび抗議した（スイス大使館から一九八三年九月にアメリカ政府へわたされた外交文書）。

リッチはわずか一年のあいだに、国際石油取引を動かす偉大な無名人のひとりから、全世界に悪名をとどろかす超有名人になってしまった——むろんこれで、ルディ・ジュリアーニとサンディ・ワインバーグの評判も急上昇したはずだ。アメリカのマスコミも国際的なメディアも、リッチ事件とその国際的関連問題を頻繁に報道したから、二人の検事はアメリカではだれもが知る名士になった。

ジュリアーニにはさらに、とっておきの切り札があった。彼は部下の連邦検事補たちをせっついて起訴状を作成させた。一九八三年九月半ば、ジュリアーニはジャーナリストたちを前代未聞の記者会見に招待した。ジュリアーニによれば、それは歴史的出来事だった。

史上最大の脱税

一九八三年九月一九日（月曜日）に、ルドルフ・W・ジュリアーニに招かれて、連邦地検の八階にあるロー・ライブラリー（法律図書館）におもむいたジャーナリストたちは、きわめて珍しい光景を目にした。検事が起訴状を読みあげたのである。ジュリアーニは〝アメリカ対マーク・リッチ、ピンカス・グリーン、その他〟のパフォーマンスを開始し、司法当局がギャング団と対決したころのシカゴの雰囲気を喚起しようとした。起訴状に書きこまれた容疑は、詐欺、不正な金もうけ、脱税など五一におよんだ（一九八四年三月の起訴状ではこれが六五に増える）。

これは「史上最大の脱税を告発するものである」とジュリアーニは言った（『ニューヨーク・

タイムズ』一九八三年九月二〇日付け「マーク・リッチ、巨額脱税容疑で起訴」)。そして起訴状の朗読を続ける。「被告らは、この犯罪計画に参画し、不正な金もうけに協力して、被告マーク・リッチ・インターナショナルの課税対象収入一億ドル以上を秘匿した。その秘匿収入のほとんどは、被告らが連邦エネルギー法および規制に違反して、違法に生み出したものである。この犯罪計画、不正行為によって、被告マーク・リッチ・インターナショナルは、一九八〇および八一税年度に四八〇〇万ドル以上の連邦税を免れることができた」

ジュリアーニは最も重大な容疑を記者会見の最後までとっておいた。それこそ、その後リッチにどこまでもつきまとうことになる容疑だった。ジュリアーニは読みあげた。「一九七九年一一月四日、イラン国民がテヘランのアメリカ大使館に侵入した。それによって五三人のアメリカ国民が、一九八一年一月一九日に解放されるまで、一四カ月以上にもわたって人質になった」。この人質事件のあと、ジミー・カーター大統領が対イラン禁輸措置を命じ、さらなる制裁措置をとったにもかかわらず、マーク・リッチ社はそれを無視して「イランの原油と燃料油を買う契約をNIOC(イラン国営石油会社)と締結した」。マーク・リッチおよびピンカス・グリーンが直接「ニューヨークのマーク・リッチ・インターナショナルのオフィスからその交渉にあたり……およそ六二五万バレルのイラン原油を推定二億二八〇万六二九一ドルで売った」(起訴状)。

敵国との取引――それこそ最大の罪だった。クリス・シェイズ下院議員(共和党・コネチカット州）はのちに政府改革委員会で「二人は、自分の国を、わたしたちの国を、裏切った売国奴だ」と言ったが、当時の国民の気持ちをひとことで表現すると、そういうことだったのではないかと思う。サンディ・ワインバーグは、それは偶然見つかったことだ、とわたしに言った。捜査の過程で偶然、イランとの取引を知ることになったのだ、と。「イランとの取引は極悪非道だ」とワインバーグは言った。

原油価格の規制

マーク・リッチに対する刑事訴訟を完全に理解するためには、一九七三年の第一次オイルショック後に連邦政府がアメリカ国産原油を対象に実施した、途方もなく複雑な価格規制についてごく簡単に見ておかなければならない。すでに述べたように、第四次中東戦争をきっかけにして一九七三年一〇月に始まったアラブ産油国による石油禁輸措置で、アメリカ中がオイルショックにみまわれた。その禁輸措置実施のわずか二、三週間後に、リチャード・ニクソン大統領は緊急石油配分法に署名した。

こうして一九七三年一一月から一九八一年二月まで、アメリカは国内生産を刺激するために国産原油の価格規制を行うことになった。国産原油を三つのカテゴリーに分けて、それぞれに別の価格をつけさせるようにしたのである。ただし、この三種類の原油は、化学的組成の違いがあるわけではなく、生産施設の開発時期や生産量によって分けられた。生産量が一九七二年レベル以下の油井から汲み上げられた原油は、オールド・オイルと呼ばれ、最も安い販売価格に設定された。一九七三年以降に開削された油井からの原油と、生産量が一九七二年レベルを超える既存の油井からの原油は、ニュー・オイルと呼ばれ、オールド・オイルよりも高く売ることができた。三種類のうち最も高く売れたのは、ストリッパー・オイルと呼ばれるもので、これは平均日産量一〇バレル未満の枯渇間近の油井から汲み上げられる、いわば〝最後の数滴〟といった感じの原油だった。

アメリカの国産原油のうち、自由な価格で売ることができたのはこのストリッパー・オイルだけで、世界市場がつけるいかなる値でも――つまり、オールド・オイルやニュー・オイルの規制価格よりもはるかに高い値で――売ることができた。たとえば一九八〇年には、ストリッパー・オイルは一バレル当たり、オールド・オイルよりも二〇ドル以上高く、ニュー・オイルよりも一五ドル以上高く、売ることができた（同年の世界市場における原油の平均価格は三七ドルほど）。アメリカのこうした価格規制は、世界の他の地域の原油価格にいかなる影響もおよぼさなかった。

この複雑な価格システムは、実のところ、自由市場の原則を完全に無視する悪夢の規制だった。なにしろ、過去の生産量にしたがって油井を分類し、そこから汲み上げられる原油に対してそれぞれ別々の規制を適用するだけでなく、原油生産者、製油所、転売者をも分類して、それぞれに対する規制のしかたを変えたのである。それは国際および国内原油市場をゆがめる政治的ファルス以外の何ものでもなかった。だからロナルド・レーガン大統領は、就任まもない一九八一年一月二八日に大統領令でこの緊急石油配分法を撤廃した。

価格規制システムそのものも複雑だったが、市場での実際の取引はさらに複雑なものになった。価格規制は最初の売買にのみ適用された。同じ原油のその後の売買には別の規制が適用され、価格の値上がりを抑えるために、転売や投機的取引による利益が制限された。この「許容平均利益幅（PAM）」は、エネルギー省がそれぞれの会社の過去の利益幅に基づいて算出した。マーク・リッチ・インターナショナルのような取引歴がほとんどないか皆無の新しい会社には、このPAMは一九八〇年九月まで適用されなかった。そうした新しい会社がバレル当たり二〇セントの最大利益幅を適用されたのは、一九八〇年九月一日（レーガンが緊急石油配分法を廃止し、規制撤廃に乗り出すわずか数カ月前）からのことだった。

リッチはこうした規制のなかでビジネスを展開し、利益をあげようとした。他の人々が障害・困難としか見なかったものを、彼はビジネスチャンスととらえたのである。規制をうまく利用して、最大の収益をあげようとしたのだ。石油市場はこの規制にすみやかに適応し、価格上限規制を回避する方策がいろいろ講じられるようになった。たとえば、価格規制される国産原油の取引と、規制されない外国産原油の取引を抱き合わせるということが行われた。市場価格で自由に売れる非規制原油をある会社に得させるために、数社が組んでちがうカテゴリーの原油の交換が行われるようになったのだ。この交換取引には割り引きなどの特典が利用された。そして、この種の取引をするのにアメリカの会社は、世界市場に確かなコネクションをもつ経験豊かな国際的転売者を必要とした。マーク・リッチはその完璧な候補者だった。一九七九～八〇年には、マーク・リッチは世界最高の国際石油トレーダーになっていた。たしかに、中東、アフリカ、ヨーロッパの石油産業とのビジネス関係という点で、リッチをしのぐ者はひとりとしていなかった。彼の二つの会社――ニューヨークにも事務所を構えるマーク・リッチ・インターナショナルと、スイスのマーク・リッチ社――は、こうした取引から利益を得るのに最適のポジションにあった。

ウェスト・テキサス・マーケティング（WTM）の共同所有者のひとり、ジョン・トローランドは、この事実に気づいていて、一九七九年の秋にリッチに取引をもちかけた。トローランドによると、WTMは〝多層取引〟によって合法的に、低価格で得られる規制原油を自由市場価格で売れる非規制原油に換えることができた。ただ、規制原油を手に入れるのが難しかった。原油生産者の多くが、利益を得られる追加取引との抱き合わせでないと低価格の規制原油を売ろうとしなかったからだ。この場合の追加取引とは、たとえば割引価格での外国産非規制原油の入手である。WTMにはこの取引をするのに必要となる外国産原油市場へのコネクションがなかった、とトローランドは説明する。だがリッチには、世界石油市場で原油を取引するノウハウ、コネクション、能力があった。そのことを、トローランドは知っていた。

この〝多層取引〟の典型的なプロセスは、たとえばこうである。まずマーク・リッチ社がオフショア取引で、外国産非規制原油をテキサスの石油会社チャーター・クルード・オイル・カンパニーに割引価格で売る。次にチャーターが低価格の国産原油をマーク・リッチ・インターナショナル（ＭＲＩ）に売る。次いでＭＲＩがその低価格原油をＷＴＭに転売する。ＷＴＭはそれを高価格の非規制原油と交換し、その非規制原油を割引価格でＭＲＩに売りもどす。そしてＭＲＩはそれを世界市場で売る。そのあとＭＲＩは、マーク・リッチ社に最初の割り引き分――規制原油を得るためにチャーターに割り引いたさいの損失分――を払いもどす。チャーターに低価格の国産原油を売らせるには、その割り引きがどうしても必要だった。

このプロセスは、ＭＲＩに二〇セントの許容平均利益幅が適用された一九八〇年九月以降も続いたが、取引形態は再編されて、ＭＲＩの役割はずっと小さくなった。ＭＲＩはもはや、アメリカ国産原油を買って転売することも、マーク・リッチ社に最初のオフショア取引での損失分を払いもどすこともなくなった。代わりに、ＷＴＭと別の転売者リスト・ペトローリアムが、〝多層取引〟によって得た国産原油を高い非規制価格で売って、この取引全体への協力料をマーク・リッチ社に支払った。そしてその新形態の取引に参加したアメリカの石油会社は、チャーター・クルード・オイル・カンパニーとアトランティック・リッチフィールド（いずれもマーク・リッチとは長い付き合い）だった。

こうした複雑な取引の目的は、いつも同じである。要するに、参加する会社のひとつに、あとで世界市場に出して最高値で売ることができる非規制原油を獲得させること。そしてその他の参加者は、協力に要したコストと手間に対する見返りを得る。

イカサマ取引

こうした〝多層取引〟は合法と考えられ、既存の石油会社はみなやっていた。ところが、マーク・リッチ・インターナショナルとマーク・リッチ社とのあいだでやりとりされた支払いが争点になった。リッチの弁護団は、こうした支払いはアメリカとスイスのあいだで結ばれた租税条約に照らして「まったく問題ない」と強く主張した。弁護団に加わったワシントンの弁護士マイケル・グリーンによると、スイスとの租税条約によって「二社の関係はすっきり理解できた」。一方、検事のワインバーグとジュリアーニの見解は、まったくちがっていた。マーク・リッチ・インターナショナルはアメリカで課税されるべき収入を、アメリカでは税金を払わなくてよいスイスの親会社であるマーク・リッチ社へ移すことによって、税を免れたのだと、ニューヨーク州南部地区連邦地検は主張した。彼らはスイスとの租税条約問題を検討することさえしなかった。検事たちは、原油やマネーをやりとりするさまざまな取引を、きわめて疑わしいものと見ていた。〝多層取引〟の開始となる外国産原油のオフショア取引だけでは、オフショアへ移された金額を説明することはできない、と信じていた。検事たちは、そうした操作を「イカサマ取引」とか「不正控除」とか呼び、それらは「偽の送り状」によっておおい隠されたのだと主張した。リッチは「イカサマ取引」を繰り返すことによって不正な利益を海外に移したのだと、彼らは思いこんでいた（起訴状）。

起訴状によると、リッチとＷＴＭは共謀して、彼らが〝ポット（金壷）〟と呼ぶ莫大な利益をＭＲＩの帳簿に記載しなくてすむようにＷＴＭに保管することにした。「その工作を隠蔽するためにさらに（リッチとグリーンは）ＷＴＭに送り状を用意させ、郵送させた……それはＷＴＭが被告（マーク・リッチ）インターナショナルにストリッパー・オイルを最高値の世界市場価格で売ったとする偽の送り状で……実際には被告（マーク・リッチ）インターナショナルはＷＴＭとの秘密協約にしたがって、はるかに少ない金額しか支払わず、莫大な額にのぼるその差額を利益としてＷＴＭの〝ポット〟のなかに保管させたのである」（起訴状）

検事たちによれば、マーク・リッチは規制原油を許容最高価格以上で売って利益をあげ、その超過分の利益を秘かにオフショアへ移すことによって申告を回避した。スイスの会社であるマーク・リッチ社は、アメリカで納税している子会社マーク・リッチ・インターナショナルに原油を不自然なほどの高値で売った、と検事たちは糾弾した。そして子会社はその原油を買値よりも安い値で転売し、アメリカでかなりの損失をこうむったようにして、法人所得税を免れた、というのである。「許されていた利益幅はバレル当たり二〇セントだったのに、マーク・リッチは五ドルの利益をあげた」とワインバーグは説明する。「荷をやりとりした実態がない架空取引をした双方の名前が記されている台帳を二冊、われわれは発見した。これが合法かね？ 冗談じゃない！」。検事たちはそうした取引を合法的な節税の一方法とは絶対に認めなかった。彼らにとってそれは、ずっとずっと悪辣なもの、組織犯罪だった。

検事の核兵器

組織犯罪を取り締まる目的でつくられた法律は、頭字語がＲＩＣＯになるようにRacketeer Influenced and Corrupt Organization Act（違法行為で不正利益を得る腐敗組織に関する連邦法）と命名されたが、そのリコとはエドワード・Ｇ・ロビンソンが映画『犯罪王リコ』（一九三一）で演じた野望に燃えるギャングの名前である。このＲＩＣＯ法は、組織犯罪幹部の起訴を容易にすることと、組織の経済的基盤に壊滅的な打撃を与えることを意図したものだった。ＲＩＣＯ法を適用すれば、被告の資産を裁判前に、いや起訴以前にも、差し押さえることができた。まさに連邦検事の兵器庫にある最強の武器と言えた。リチャード・ニクソン大統領の法律顧問を務めたジョン・Ｗ・ディーンは、ＲＩＣＯ法を「検事の核兵器」と呼んだ（ディーン「マーク・リッチ特赦に関する調査が差し迫っている理由」[FindLaw.com] 二〇〇一年二月二日）。

ＲＩＣＯ法は連邦刑法のなかでも最も問題のある法律のひとつと考えられている。

ジュリアーニによるマーク・リッチ事件へのＲＩＣＯ法の適用は、マフィアや麻薬密売といった典型的な組織犯罪を対象としているとは言えない訴訟で同法が用いられた初めてのケースだった。リッチの起訴後、当局はアメリカ国内にあるリッチ個人および会社のすべての銀行口座を凍結した。ということは、リッチ所有のマーク・リッチ社や20世紀フォックスの株式も動かせなくなったということ。ＩＲＳも起訴後すぐ、マーク・リッチ・インターナショナルに対する九一〇〇万ドル以上の法人税追徴額を公表し、それを危険査定（徴収が極めて困難であるとの査定）とした。「アメリカ当局による差し押さえの対象となった」リッチの資産には、銀行口座にあるすべて、証券類、不動産から、オフィス用品、家具、備品まで含まれており、押収資産リストは起訴状の六ページにもわたった。リッチの五番街のマンションも、またロングアイランドの週末用コンドミニアムも、さらにはスタインハルト・インベストメンツ（マイケル・スタインハルト運営の草分け的ヘッジファンド）の配当も、年金口座の利息も、差し押さえの対象となったようだ。おまけにＩＲＳは、リッチと取引のある銀行と会社に〝差し押さえ通告〟までした。リッチから受け取る金銭は差し押さえの対象となる、と警告したのだ。そのうえさらに、銀行や会社はリッチに支払うべき金銭を払うことも禁止された。

「いやもうすごかったよ」とサンディ・ワインバーグはいかにも嬉しそうに言う。「われわれはアメリカにある資産をぜんぶ凍結したんだ。20世紀フォックス株も含めてね。すべてを完全にシャット・ダウンした。会社を一年間、閉鎖した。彼らはアメリカでは営業できなくなった。とんでもない損失をこうむったはずだ。一〇億ドルくらいは損したんじゃないかな」

無条件降伏

会社の生命線である信用は事実上砕け散った。多数の商社がリッチの会社との取引を縮小しようとし、取引限度を引き下げはじめた。リッチ自身は、この凍結の結果について「わが社は崩壊の危機に瀕した」と言う。リッチの降伏をねらってジュリアーニとワインバーグがとったこのＲＩＣＯ戦略は、見事に功を奏した。リッチは司法取引に追い込まれたのだ。「有罪の申し立てを行って払うべきものを払うか、それとも死ぬか――そのいずれかになった」と、リッチのスイス人弁護士アンドレ・Ａ・ヴィッキはわたしに言った。マイケル・グリーン弁護士はこう言う。「ＲＩＣＯはリッチの会社への死刑判決だった。ジュリアーニはなんとしても勝利を手にしたかった。手柄をもうひとつ立てたかった。〝犯罪と闘う男〟のイメージをさらに強めたかった」。結局リッチは無条件降伏せざるをえなくなった。

一九八四年一〇月一〇日、マーク・リッチ社とマーク・リッチ・インターナショナルは司法取引に応じ、利益を迂回させて四八〇〇万ドルの税を逃れる計画の一環として虚偽の陳述をしたことについて有罪であることを認めた。二社は、一億五〇〇〇万ドルの和解金と八一万三〇〇〇ドルの罰金および訴訟費用の支払い、法廷侮辱罪の罰金一二〇〇万ドルの没収、追徴課税四〇〇〇万ドルの支払いに合意した。リッチ側の支払い総額は二億ドルを超えた。そしてそれと引き換えにアメリカ政府は、すでに一年続いていたリッチの資産の凍結を解除した。支払いのためにリッチは、20世紀フォックスの所有株の五〇％を売らなければならず、その売却でマービン・デービスから一億一六〇〇万ドルを受け取った。リッチはグアムの製油所も売り払った。

翌一一日、フォーリー・スクエアにある連邦地方裁判所で重要な会合があった。リッチの弁護士が、欧米の銀行一一行が支払人となる一億三〇〇〇万ドルにのぼる小切手を、チェース・マンハッタン銀行の弁護士に手渡した。と、今度は、そのチェース・マンハッタン銀行の弁護士が、一億一三〇一万八三〇六ドル七一セントの小切手をワインバーグに手渡した。そしてマーク・リッチ・インターナショナルの弁護士が、ＩＲＳに前年差し押さえられた三六九八万一六九三ドル二九セントの権利を放棄することを宣した。ジュリアーニはただちに記者会見をひらき、誇らしげに小切手を高くかかげ、振って見せた。そしてふたたび、この成功の歴史的重要性を強調した。獲得できた総額約二億ドルは「犯罪的脱税の訴訟でアメリカが回収できた史上最高額」とジュリアーニは言った（『タイム』誌一九八四年一〇月二二日号「リッチ、貧しくなる」）。

これで会社のほうはビジネスを再開できたが、リッチ、グリーン個人に関することはこの司法取引の対象にはならなかった。ルディ・ジュリアーニ連邦検事は、ワインバーグが一年以上前にエド・ウィリアムズに言ったことを繰り返した――つまり、「相当な実刑が確保されないかぎり」二人を司法取引の対象とするつもりはない（「リッチ、貧しくなる」）。「ルディはまあ、信念の人とは言えなかったね」とサンディ・ワインバーグは元上司を評する。ジュリアーニが選挙に出ても票を投じはしない、とも言うが、それが本気であることは容易にわかる。「とっても政治的な人間なんだ。逃亡者と取引したりしたら『ニューヨーク・タイムズ』に批判されてしまう――それが心配だったんだ」。こうしてリッチとグリーンへの訴因はそのまま一七年間残ることになる。ただアメリカの法律では、欠席裁判で被告人を裁くことはできなかった。

ジュリアーニが会見で記者たちに伝えなかった重要な事実がひとつある。それは、前年にマーク・リッチを逮捕する絶好のチャンスがあったのに、ジュリアーニはそうしなかったということだ。

第10章 ルディ・ジュリアーニの失敗

それは一九八三年六月二八日のことだった。この雨の降る夏の日、スイス政府の弁護士ユルク・ロイテルトは、マンハッタンにあるニューヨーク州南部地区連邦地検にジュリアーニ連邦検事を訪ねた。ジュリアーニがマーク・リッチへの起訴状を読みあげることになる九月の記者会見の三カ月ほど前のことだった。リッチとグリーンはすでに六月の第一週に家族ともどもスイスへ逃げてしまっていた。それはまったく目立たない、顔を突き合わせての一対一の話し合いであり、今日までそれが行われたことさえ知られていなかった協議だった。ロイテルトの訪問はスイス政府の代理人としての公式のもので、スイスはマーク・リッチ事件を「折り悪く発生した厄介事」と見なしていた。そのころアメリカとスイスは、法律論争をいくつかやっていた。たとえば当時はまだ、アメリカでは禁止されていたインサイダー取引を違法とはしない国が多くあり、スイスもそのなかの一国だった。アメリカとスイスの関係はギクシャクしていた。

スイス経済にとってアメリカはきわめて重要な国だった。たとえば一九八三年のスイスは、アメリカ株式市場への投資が外国との取引の六分の一ほどを占め、その総額は二〇〇億ドル以上にもなった。またスイスにとってアメリカは、ドイツに次ぐ第二の輸出相手国だった。マーク・リッチ事件が世間に刺激的に伝えられるのは自国の利益に反することだったので、スイス政府は両国の顔を立てられる現実的な解決策を模索していた。

一九八三年六月末のその日、連邦検事の執務室に入っていったユルク・ロイテルトは、そのような提案をジュリアーニにする準備を整えていた。ロイテルトはまず、スイス政府は租税犯罪の容疑者の利益を護ることには関心がない、と告げた。だが同時に彼は、スイスは主権を護り、明確な許可を得ていない外国の法執行機関にスイス国内でのいかなる活動も許しはしない、ということをはっきりと伝えた。「スイスの会社はスイスの法律にしたがう」とロイテルトはきっぱりと言った。次いでロイテルトは、マーク・リッチについてどのような証拠をつかんでいるのかとジュリアーニに尋ねた。「わたしたちはずいぶん長いあいだ、マーク・リッチの具体的な容疑が何なのか知らなかった」と、ロイテルトは電話インタビューでわたしに言った。彼はいま、数年間スイス大使を務めたブラジルで、経営コンサルティング会社を経営している。「税金逃れ？　その場合は、スイスの法律によって、司法支援をアメリカに提供することはできない。だが税金詐欺の場合は、支援できるかもしれない、とわたしはジュリアーニに言った」。スイスは、税金逃れと税金詐欺とを区別するユニークな国である。スイスでは、収入や資産を意図的に申告しないのは、犯罪とは見なされず、税金逃れとされ、罰は行政処分だけになる。一方、銀行取引明細、送り状、バランスシートといった書類を改竄したりして、収入を不正に操作した場合は、税金詐欺とされ、刑事罰の対象となる。

一九八三年には、外国の検察当局がスイスに支援を求めるさいの法的根拠となるものが二つあった。一九〇〇年に締結された犯罪人引き渡し条約と、刑事問題国際相互支援法（ＩＭＡＣ）というスイスの連邦法である。ＩＭＡＣは一月一日に発効したばかりの新法で、ロイテルトはその手続きのしかたをジュリアーニに詳しく説明した。ＩＭＡＣによってスイスは、外国との情報、文書、参考人事情聴取内容などのやりとり、税金詐欺の場合には外国の要請に基づく資産押収などが可能になった。いや実は、興味深いことに、ＩＭＡＣに依らずとも、一九〇〇年の犯罪人引き渡し条約だけで、「公文書や私署証書の偽造・改竄、偽造文書の不正使用……詐欺的行為による金品その他の資産の獲得」などの容疑者の引き渡しは可能だった。いま紹介したこの条約の引用部分は、ジュリアーニがのちにリッチへの起訴状に使った言葉にほぼ重なる。

不可解な沈黙

「犯罪人引き渡し条約に依れば、電話一本で充分だった」とロイテルトは当時を思い出す。「スイス在住のマーク・リッチという人物が係わった、重大な詐欺事件または文書偽造事件を立件するつもりだ、とアメリカは言うだけでよかった。公式の犯罪人引き渡し要請書がそちらへ届くまでのあいだ、彼の身柄を拘束していただけないでしょうか、と頼むだけでよかった。そうすれば、事は迅速に進み、スイス警察はマーク・リッチを仮拘禁していたはずだ。わたしがジュリアーニに説明したのは、まさにそういう手順だった。とても和やかな話し合いで、二時間ほど続いた——きわめて率直、非常に友好的、たいへん協力的だった。今回の案件はまさに詐欺事件で、いま説明されたとおりの手順を踏むことができる、とジュリアーニは言ったが、結局、何もしなかった。なぜジュリアーニは犯罪人引き渡し条約を利用しなかったのか？　わたしにとってはそれが今なお謎のままだ」

またＩＭＡＣに依ってジュリアーニは、マーク・リッチ社のビジネス文書を手渡すようスイス政府に求める書簡を送ることもできたはずだ。ＩＭＡＣはスイスの銀行機密法よりも優先される法律なのである。それに、ロイテルトがジュリアーニに説明した両国の相互支援チャンネルは、それまではきわめて有効に活用されていた。なにしろ過去六年間にアメリカ政府がスイスに出した犯罪人引き渡し要請二五〇件のうち、スイス政府が受け入れて実行したのは二四八件、拒否したのはただの一件もない。

客観的に見て、そうした手順を踏みさえすれば、アメリカの検察当局はリッチを逮捕できたはずだし、彼がやった秘密のビジネス活動を暴くこともできたはずである。むろんジュリアーニはそのことを知っていた。一九八三年九月の記者会見で、彼は起訴状をみずから読みあげ、アメリカ当局はリッチらの引き渡しを求めると明言したのだから。ところがジュリアーニ連邦検事は、あとになって戦略を変える。メディアにこの訴訟をもっと大きく取り上げさせる戦略に切り換えたのだ。ジュリアーニはスイス政府に支援を要請しないで、訴訟をエスカレートさせ、騒ぎを大きくする道を選んだのである。リッチを見せしめにして、自分がホワイトカラー犯罪にも厳しいところを、世間に知らしめようとしたのだ。強硬な姿勢で押しまくりたかったのである。

　こうしてこの事件はまもなく大爆発して、スイスとアメリカの史上最悪の外交紛争にまで発展してしまう。二国は公然と非難し合うようになり、その後、両国関係は長いあいだ険悪なものになる。落ち着いた論調の保守系日刊紙『ノイエ・チューリヒャー・ツァイトング』でさえ、ジュリアーニの失敗には戸惑いを隠さない。「なぜアメリカは、この事件のごく初期の段階でスイスに司法支援を求めなかったのか？　地元（アメリカ）の観測筋にとっても、その点がいまだに謎として残っている。そもそもこうした事例では、最初の段階で支援を求めるのがふつうであり、そうしていれば難なく受け入れられていたはずなのである」（『NZZ』一九八四年一〇月一二日付け「マーク・リッチ事件の司法取引」）。国際的に評価されている週刊誌『ディー・ヴェルトヴォッヘ』も、ふだんの親米論調から離れて、次のように書いている。「アメリカが正当な法の手続きをためらっている理由は、完全には明らかになっていない。ニューヨーク州のジュリアーニ連邦検事が、『アメリカ史上最大の脱税』を含む夢の訴訟に仕立て上げようと、できるだけ騒ぎ立てようとしている、と考えられなくもない」（一九八三年九月一二日号「牙をむくバナナ共和国」)。

頑なになったスイス

アメリカ司法省は一九八四年七月になってやっとスイスに司法支援を求めた。ジュリアーニとロイテルトの話し合いから一年がたち、リッチが起訴されてからも一〇カ月がたっていた。そしてそのあとすぐ、アメリカはリッチの身柄引き渡しを要請した。だが、マーク・リッチ社の文書引き渡し拒否に対する一日五万ドルの罰金は、スイスの抗議にもかかわらず撤回されなかった。スイスは速やかに処理して「早ければ三週間後に」要請に応えると約束したが、結局、リッチの身柄引き渡しを拒否し、求められた文書の引き渡しにも応じなかった。スイス警察局が公式に発表した要請拒否の理由は、スイスの法律ではリッチの活動は単なる「会計上の違反」であり、「通貨と通商・経済政策に関する法」に違反しているだけであるから、というものだった。

しかしそれが理由のすべてではなかった。スイス政府はすでにだいぶ前から、リッチ事件というひとつの案件以上のことを心配しはじめていたのである。主権がアメリカに侵害されつつあるということのほうが、スイスにとっては重大な問題になってしまっていたのだ。そこでスイスは「制裁と支援は相互排他的であり、ある外国政府が制裁を課しておきながら司法支援を求めるということはできない」という点を明確にした。一九八四年七月一三日にワシントンのスイス大使館がアメリカ政府に送った秘密文書にも、「スイス国内でのアメリカ当局による一方的な強制行動があれば」司法支援は与えられない、という警告が書かれている。このようにしてスイスは、自国の主権をアメリカが尊重するかぎりにおいてのみ司法支援を与えるということをはっきりさせた。

この件に係わったあるスイス政府高官はわたしにこう言った。「スイスの協力を得たいと思う者はだれであろうと、スイスの法律を無視する強制的手段をとることはできない。一年前ならわれわれも、逮捕の要請に快く応じていたであろう」。ユルク・ロイテルト弁護士は、クルト・フルグラー司法警察相と散歩しているときに「アメリカには望むものを与えてやれ」と大臣にはっきり言われたのを覚えている。それこそリッチの弁護団がいちばん恐れていたものだ。当時スイス政府がアメリカと良好な関係を保ちたがっていたことは、弁護団のだれもがよく知っていた。「身柄引き渡し要請は最悪なことだった」とリッチのスイス人弁護士アンドレ・ヴィッキは言う。「ともかく、引き渡し要請がなかなか出なかったので、われわれはマーク・リッチとピンカス・グリーンの逮捕を避けることができた」

もしジュリアーニが一九八三年に早々と身柄引き渡し要請を出していたらどうなっていたか？スイスの外交官やリッチの弁護士たちの話では、二人は少なくとも身柄引き渡し要請に基づいて確実に仮拘禁されていただろう。ただ、容疑が身柄引き渡しをするのに充分なものであったかどうかについては、なお議論の余地がある。いずれにせよ、ジュリアーニが初期の段階で身柄引き渡し要請を出していれば——そしてリッチが協力を惜しまなかったら——この訴訟はまったくちがったコースをたどっていたにちがいない。だが、自分のキャリアにとって何がベストなのかをつねに知っていた抜け目ない連邦検事ジュリアーニが実際にしたのは、リッチを逮捕できるこの絶好のチャンスをわざと逃してしまうということだった。

アメリカの法的孤立主義

アメリカ当局は仮拘禁の重要性を充分に認識していた。「犯罪人引き渡しが成功するかどうかはふつう、その逃亡犯の仮拘禁ができるかどうかにかかっている」と、アルビン・D・ロディッシュはこの件を念頭において言う。ロディッシュは当時、アメリカ司法省国際局の法廷弁護士だった。「仮拘禁が実行されれば、訴訟の多くは速やかに解決してしまう。仮拘禁に必要となる条件は、完全な犯罪人引き渡しのそれよりもずっと甘い」(下院・政府活動委員会、一九九二)。

ジュリアーニのマッチョ的姿勢がすべての邪魔をした。それはアメリカの法的(および政治的)孤立主義——他国の司法権を無視する傾向——の初期の典型例のひとつで、アメリカを袋小路に追いやる戦略でしかなかった。いまから振り返れば、世界最強の国家がなんでそんな突っ走りかたをしたのかと、驚かずにはいられない。なにしろ、協力関係をつくろうともせず、包括的な戦略も持たず、政治的現実を考慮することもなく、友好国や同盟国を離反させる危険を冒して、ただ強引に突っ走ったのである。

この問題を担当したスイスの外交官によると、ジュリアーニの「〝撃ってから問う〟メンタリティー」のせいで「実りなき膠着状態」となってしまった。一九八三年の夏には大きく開け放たれていた〝チャンスの窓〟は、こうして一年後には閉じられ施錠されたうえ閂までかけられてしまった。ロイテルトによれば、ワインバーグ連邦検事補は「わたしに突っかかってきて、たいへん失礼な態度をとった。わたしがまるでバナナ共和国か犯罪政府の代表であるかのようにね」。これは協力や情報提供をお願いする相手に対する態度とはとても言えない。だから当然、ロイテルトはすぐにこう思う――アメリカの検事たちは「解決法を見つけたいとはまったく思っていないのだ」と。イギリスの経済誌『エコノミスト』の「（アメリカは）まずいときにスイスの反感を買ってしまった。スイスが憤慨するのも無理はない」というコメントは簡にして要を得たものだった（一九八三年一〇月一日号「アメリカの税金を輸出する」）。

スイスは昔から大国に対しても気骨のあるところを見せて独立を勝ちとり保持してきた国であり、圧力に屈するような国ではなかった。それに、アメリカの権益――一九六一年一月のキューバとの国交断絶後はハバナでの権益、一九七九年の大使館人質事件後はテヘランでの権益――を護ってきたスイスにとって、アメリカの行動はとりわけ重大な侮辱と思われた。

マーク・リッチ事件におけるアメリカの行動については、どちらの側にも属さない専門家たちも批判してきた。たとえばアメリカ有数の税の専門家であるJ・ロス・マクドナルドは「マーク・リッチ訴訟を研究すれば……二つの国の協力を不成功に終わらせる方法がよくわかる」と批判した（『アメリカ国際法誌』一九八四年四月号、ロー著「域外管轄権」）。また当時、国務省国際法顧問を務めていたハロルド・G・マイアーは、この事件ではアメリカ当局は「利害のバランスを完全に無視した」と注意を促した。「アメリカが、他の主権国家の法律や政策に反する要求や制裁によって自国の政策を強制し、個人や団体を力ずくで裁判所や政府機関に屈服させようとすれば、両国のあいだに激しい対立が起こり、政治的・経済的友好関係が崩れる可能性がきわめて大きくなる……」（『アメリカ比較法誌』一九八三年秋号、マイアー著「利害のバランスと域外管轄権」）。

こうした行動はアメリカを害するだけだとするマイアーの主張に疑いの余地はない。「国家主権の保護は、個々の国を利するだけのものではないし、それが第一の目的でさえない。それは国際社会全体の利益にもなる。……他の主権国家の政策と、アメリカの法執行を求める主張が直接ぶつかれば、アメリカは必ずその他国の合法的望みに反することを要求するようになる。その場合アメリカの裁判所は『国際法ひいてはアメリカ法も、そうした干渉を許しはしない』という確固たる原則に甘んじなければならない」（「利害のバランスと域外管轄権」）。

イギリスのエコノミストで国際法の世界的権威アラン・ニールも、マーク・リッチ事件のさいにアメリカの法的孤立主義のせいで生じた害悪を浮き彫りにして見せた。「他国の主権を侵害したアメリカの司法権の主張は、アメリカにも大きな災厄をもたらした。……マーク・リッチ事件では、アメリカ司法省が自国の裁判所の書類提出命令にスイスの会社をしたがわせようと躍起になったが、その無理強いはまったく奏功しなかった」（ニール、スティーブンス著『国際ビジネスと一国の司法権［International Bussiness and National Jurisdiction］』一九八八）。

なぜジュリアーニとワインバーグはスイス当局との交渉でこれほど強圧的な態度をとったのか？　チャンスがいくつもあったのに、なぜそれらを掴みとろうとしなかったのか？　なぜ事件をエスカレートさせる道を選び、事態をこじらせたのか？　わたしはジュリアーニにインタビューを何度も申し込んだが、彼は拒否し、文書による質問に答えるのも拒んだ。わたしが苦労して彼のスケジュールに合わせて日程を組んだにもかかわらず。一方、ワインバーグは、自分のオフィスでのインタビュー中に、リッチの身柄引き渡しに関する矛盾点をつかれると、ムッとした顔をして苛立ちをあらわにした。「犯罪人引き渡しはわれわれの仕事ではない」と彼はようやく言った。「犯罪人引き渡しは司法省の仕事だ。あそこのワシントンの国際局がやるんだ」。訴訟がこじれて大きくなって、さぞ嬉しかったでしょうね、と挑発すると、ワインバーグはしばし考え込んでからこう答えた。「スイスのああいう行動はありがたかった」

多すぎるミス

リッチが捕われることもなく自由の身でいられたのは、訴追手続き上のミスによるところも大きい。リッチのスイス人弁護士ヴィッキでさえ、アメリカの検察当局の行動には驚き、そして安堵した。「アメリカ政府は、マーク・リッチの身柄を引き渡さないというスイス政府の決定に異議を申し立てはしなかった。身柄引き渡しを再度要請することもなかった」。どちらも、その気なら簡単にできたことだ。身柄引き渡しの再要請に必要だったのは、ロイテルトがジュリアーニに説明したように、書類の偽造・改竄のようなアメリカでもスイスでも刑事罰の対象となる容疑のリストアップだけだった。

一九九二年になって、精力的な下院・政府活動委員会が、マーク・リッチとピンキー・グリーンが逮捕されなかった理由を解明すべく調査を開始した。そして同委員会も同じ結論に達し、当局の行動に疑問を呈する重大な主張をした。「身柄引き渡しを可能にする容疑を追加する努力も、少ない容疑で引き渡しを実現させる努力も、一切なされなかったようだ。身柄引き渡しをもっと容易に実現させる違法行為を調査する機会があったのに、アメリカ政府はそれを逸した可能性もある」（下院・政府活動委員会）。アメリカ当局はまた、リッチがたびたび訪れたスペインとイスラエルに身柄引き渡し要請をしなかった。リッチはスペイン南部のマルベーリャにある別荘で夏の休暇を過ごすことが多かったし、最初はビジネス関係しかなかったイスラエルにも、慈善活動を推進するために訪れることがますます多くなっていた。

司法省は一九九〇年代前半になっても、リッチがイスラエルの国籍を持っているのかどうかさえ確認できていなかったという事実は、リッチの身柄引き渡しに関する検察当局の中途半端で暗愚とさえ言える取り組みを証明するものである。いや、司法省はまさに、この問題に取り組むのを怠ったのである（下院・政府活動委員会）。司法省は一九八四年にすでにイスラエルに対して、リッチが同国を訪れたさいに逮捕するよう求めたが、それへの答えが返ってきたのはなんと一〇年後のことであり、その答えはノーだった。当時イスラエルの司法長官だったマイケル・ベン＝ヤイールによれば、その要求には「身柄引き渡し要請も、容疑リストや供述書のコピーもついてこなかった。われわれはこの問題を検討し、法的妥当性はないと判断した。リッチ氏への容疑は財務上のものであり、詐欺とは無関係のものだった。したがって、両国間の犯罪人引き渡し条約を適用する事案ではなかった」（『ロサンゼルス・タイムズ』二〇〇一年二月二五日付け「イスラエルにいる全逃亡犯」）。

アメリカ当局はスペイン政府には身柄引き渡しを要請しようとさえしなかった。スペインは自国民の身柄引き渡しを禁じていて、要請しても無駄だと、アメリカ当局は思い込んでいたからだ。そう思い込んで何もしなかった点を、下院の委員会が厳しく批判している。「（リッチらの）国籍取得は犯罪行為があったとされる日時よりもあとのことだったから、国籍が身柄引き渡しの障害にはならないはずだった」（下院・政府活動委員会）。さらに、インターポール（国際刑事警察機構）の米中央事務局がレッド・ノーティス（赤手配書）を出したのは、起訴後三年たってからのことだった。レッド・ノーティスは、身柄引き渡しを目的とする仮逮捕を各国の警察に要請するもので、昔から海外逃亡犯の逮捕に大きく貢献してきた。レッド・ノーティスを出すのが早ければ早いほど容疑者拘禁の可能性は増すというのは、世界中の法執行機関の常識である。検察側がこれほど多くのミスを犯し、ぐずぐずしていたというのは、検察官たち――ジュリアーニ、ワインバーグ、その後任者――はリッチとグリーンを逮捕できなくても何ら不都合はなかったということを証明するものであるように思える。この状況は下院の委員会にもはっきり見えていた。「アメリカは二人の逃亡犯を取り戻そうとする政治的意志を欠いていた」（下院・政府活動委員会）。

推定有罪

マーク・リッチは一度も有罪判決を受けていない。この訴訟が法廷へと舞台を移すことはついになかった。結局リッチがアメリカに戻らなかったからである。検察側が列挙した容疑の妥当性が審理され、判決が下されるということは、ただの一度もなかった。「有罪と証明されるまでは無罪」というアメリカの伝統にしたがえば、リッチは無罪ということになる。

ところが現実はそのまったく逆だった。リッチはメディアにも世論にも裁かれ、多くのジャーナリストや政治家がリッチの推定無罪の権利を侵害する発言をした。こうしてリッチは、容疑者、被告ではなく、詐欺師、国家の敵とされた――法廷で証明された罪状がひとつもなかったにもかかわらず。サンディ・ワインバーグ連邦検事補でさえ、リッチは「汚辱にまみれ腐りきった、世界の大犯罪者のひとりと言ってよい」と評した（『奇妙なマーク・リッチ事件』下院・政府活動委員会・小委員会の公聴会、一九九三）。

本書の目的は、リッチの有罪・無罪を証明することではなく、疑問を呈して、この事件で検察・被告双方が犯したミスを指摘することである。実際の法的状況は、前章で紹介した検事側の主張ほど明快なものではない。それどころか、アメリカのトップクラスの法律専門家のなかには、リッチ事件の捜査と起訴には欠陥があるとの結論に達した者たちもいる。たとえば、元ホワイトハウス法律顧問のレナード・ガーメントとジャック・クイン、元大統領補佐官・副大統領首席補佐官のルイス・〝スクーター〟・リビー、ジョージタウン大学ロー・センター教授のマーチン・ギンズバーグ、ハーバード・ロースクール教授のバーナード・ウォルフマン、元司法副長官補・司法省犯罪局詐欺課長のローレンス・アージェンソン。こうした人々はみな、マーク・リッチはかけられた嫌疑について無罪だと確信している。

彼らはみな、リッチに雇われたことのある法律専門家で、事件を精査し、なかには裁判所におもむいて彼を弁護した者もいる。それでも彼らの主張は真剣に受け止められるべきだ。

五つの欠陥

彼らの結論は、次に掲げる五つの点——起訴状に書かれた容疑について深刻な疑いを抱かせずにはおかない点——に基づいている。後年、ジャック・クインはリッチの特赦をクリントン大統領に請願するさい、このうちのいくつかを援用することになる（第18章参照）。

1．RICO法（違法行為で不正利益を得る腐敗組織に関する連邦法）

リッチ訴訟は、マフィア、麻薬密売、誘拐、殺人とは無関係なホワイトカラー犯罪にRICO法とその財産没収条項が適用された初めてのケースだった。リッチの弁護士たちは、ルディ・ジュリアーニとサンディ・ワインバーグが比較的単純な脱税事案を厳罰が可能になるRICO法訴追に強引にしてしまった点を批判していた。「RICO法はリッチを叩きのめすための大ハンマーとして乱用されたのだ」とジャック・クインは、長い電話インタビューのなかでわたしに言った。アル・ゴア副大統領の首席補佐官を務めたのちビル・クリントン大統領のホワイトハウス法律顧問になったクインはまた、リッチの起訴後に司法省が「議会はRICO法やメール・電信偽造罪を脱税事件に適用する意図はなかった」と判断したことを熱心に指摘した（米連邦検事便覧）。いや、それよりも重要なのは、司法省がRICO法の過度な財産没収を強圧的だと認めたことだ。その結果、司法省は一九八九年に、通常の正当な活動をも不可能にさせるような過度な財産没収や公判前の拘束を求めることを検事たちに禁止した（米連邦検事便覧）。

2．民事であって刑事ではない

リッチの会社に対する告発が民事ではなく刑事であるという点で、この案件が特異であることを、リッチの弁護士たちは強調している。他の同様な案件はすべて、民事裁判で裁かれてきた、と彼らは言う。リッチの弁護団によれば、この案件の争点は要するに価格規制と税金に関するもの。国産原油の販売とオフショアでの外国産原油取引とを連結させているだけだと主張するアメリカの石油会社が、これまでに刑事告発されたことは一度もない。

3．エネルギー省

一九八五年の関連するケースでは、リッチの会社が経理上の便宜のために国産と外国産の原油取引を適正に連結させたことをエネルギー省は認めた、とリッチの弁護士たちは主張している。検事たちはそれとはまったく反対の立場をとり、同様の取引を起訴状で告発した。

4．租税専門教授たちの分析

レナード・ガーメントは、著名な租税法学者であるジョージタウン大学ロー・センターのギンズバーグ教授とハーバード・ロースクールのウォルフマン教授に、起訴状が問題にする取引を独立した立場から分析するよう依頼した。彼らはさらに踏み込んで、そうした取引の結果——連邦所得税関連——について意見を述べた。そしてその分析の報酬として、ギンズバーグ（ルース・ギンズバーグ最高裁判事の夫）は六万六一九九ドルを、ウォルフマンは三万七四五ドルを受け取った。分析結果は次のような驚くべきものだった。「マーク・リッチ社は問題となっているあらゆる件で、連邦所得税に関して正しい処理をしていた。問題の起訴状に記載されている取引に起因する連邦所得税や付加税で、申告されていなかったものは一切ない」。分析報告書はさらに、スイスの会社である二社の収入は、「外国源泉所得」として正しく処理されており、したがって「アメリカ・スイス租税条約によってアメリカへの納税を免除されている」とも述べている。検事たちが「不正控除」と見なしたものは、実は「売上原価」だった。租税を専門とする二人の教授によれば、リッチの会社はいかなる税金も支払う義務はなかった。

5. イラン

リッチはいまでもなお、敵と個人的に取引をしたという非難を浴びつづけている。『タイム』誌はその対敵取引を「最も深刻な容疑のひとつ」とした（一九八三年一〇月三日号「マーク・リッチの大富豪への道」）。だが、よく忘れられる重要な事実がある。それは、マーク・リッチ・インターナショナル（ＭＲＩ）もマーク・リッチ社もスイスの会社だということだ。ＭＲＩは、マーク・リッチ社の完全所有子会社として、一九七八年にスイス法のもとに「正式に（適法に）設立された」。親会社のマーク・リッチ社も、一九七四年にスイスの法律にしたがって正式に設立されたスイスの会社である。ＭＲＩもマーク・リッチ社も、この訴訟が対象とする期間はずっと、両社の本社があるスイスのツークからかなりのビジネスをこなしていた。こうした外国の会社はもちろん、アメリカの会社が所有し運営する海外子会社でさえ、対イラン禁輸措置の対象から明確に外され、イランと取引しても罪にはならなかった。すでに見たように、この例外はジミー・カーターが発した大統領令（１２２０５号）にも明記されていた。さらに、大使館人質事件中にあっても、アメリカの数社が海外子会社にイランとの取引を許したし、軍需請負会社二社にいたっては、禁輸措置を無視して商品をイランへ輸送しつづけ、それが違法とされることはなかった（ＵＰＩの一九八一年九月二八日付けの配信記事）。

「ニューヨーク州南部地区連邦地検はこうした事実と法律を誤解したのだと、わたしは信じています」とスクーター・リビーは下院・政府改革委員会（二〇〇二）で証言した。「ご両人（マーク・リッチとピンカス・グリーン）は、入手できた証拠に基づくかぎり、起訴状にあげられたいかなる罪状においても無罪であると、わたしは信じます」。その後、ジョージ・Ｗ・ブッシュ大統領の補佐官、ディック・チェイニー副大統領の首席補佐官を務めたリビーは、一九八〇年代半ばから後半にかけてリッチの弁護士となった（だが特赦の働きかけはしていない）。「この起訴状は検事たちがつくりあげた法的〝トランプカードの家（砂上の楼閣）〟だと、わたしは今日にいたるまで一点の疑いもなく確信しつづけてきました」とジャック・クインも同じ委員会で証言している。「この起訴には根本的欠陥があります」。クインは二〇〇一年一月にクリントン大統領にあてた手紙でも「マークは無実であり、当時ニューヨーク州の連邦検事になったばかりのジュリアーニ氏の攻撃は、偏見に満ち満ちたはなはだアンフェアなものであった、と確信しております」と書いていて、その考えはいまも変わっていない。

もちろん、クライアントが罪を避けられるようにできるだけのことをする、というのが弁護士の仕事である。だから、こうした論拠を評価するときは、その点も考慮しないといけない。それでも、これらの主張が起訴後長いあいだほぼ完全に無視されてきたというのは、驚くべきことである。メディアにも、そして裁判官にはもっと、無視されたのである（第13章参照）。議論がこれほどなされなかったのはおそらく、世間の見解なるものがすでに形成されてしまっていたためだろう。リッチは間違いなくアメリカ史上最大の脱税詐欺師なのであり、ほかの見方は不公正なものと見なされるようになっていたのだ。なぜかジャーナリストやコメンテーターも、「疑いがある」とか「容疑がある」といった言葉を〝はしょる〟ようになっていた。

一九七〇年代と八〇年代は、ホワイトカラー犯罪や組織犯罪と闘う者がヒーローだった。ルディ・ジュリアーニは、現代のエリオット・ネスとしてタブロイド紙をにぎわした。エリオット・ネスはむろん、テレビドラマ『アンタッチャブル』でも有名になった、あのアル・カポネを叩きのめしたシカゴの伝説的捜査官だ。一方、リッチは、ドライバーがガソリンスタンドで長い列をつくっているときに、石油で大儲けした悪人だった。消費者は石油価格の高騰による記録的なインフレに襲われ、多数のアメリカ国民がリッチの最も重要なビジネス・パートナーであったイランの人質になった。控えめに言ってもリッチは、アメリカ国民の心をつかめるような男ではなかった。長年石油トレーダーをやってきたある人物がぼそっと漏らしたように、「景気が悪くなると、みなさん、だれかのせいにしようと悪者探しを始める」のである。

それに、リッチが簡単に識別できる実体のある個人だったという問題もあった。石油会社のほとんどは無数の匿名株主によって支えられる株式公開企業だったが、彼の会社は非上場なうえ、マーク・リッチという名が冠されていた。そのうえ、そもそも世間はコモディティ・トレーダーをうさんくさい存在と見なす。まあ、アドレス帳に電話一台プラス航空券だけで、何十億ドルもの商品を動かし、何百万ドルも稼いでしまうと思われているのだから、そう見られても仕方ないところはある。

リッチの妨害

当時のメディアには、リッチの側からこの物語を語ろうとする者はひとりもいなかった。これはリッチが最悪のコミュニケーション戦略をとっていたせいでもある。それは当時のメディアの現実をまるで理解していない戦略だった。リッチのメディアへの対応はパラノイアとしか言いようのないものになることもあった。インタビューに応じなくなって久しく、ジャーナリストからの電話に折り返し電話をするという習慣も彼にはなかった。ということは、言うまでもなく、自分について書かれたことに反論もコメントもできなかったということだ。無実を訴えることさえほとんどできなかった。これで世間の人々の目に映るリッチのイメージが確定してしまった。リッチは何かを隠してコソコソしている陰険なトレーダーで、疑惑はみなほんとうだから自己弁護できないのだ、と人々は思いこんでしまったのである。彼の広報アドバイザーたちは時勢に対応することができず、結局は有害無益な存在になってしまった。

この訴訟事件がとんでもない規模にまで膨れあがってしまったのは、弁護団の理解しがたい妨害作戦――とくに初期のそれ――のせいもある。引き延ばし戦術、スチーマートランク事件、マーク・リッチ・インターナショナルの売却およびクラレンドンへの改名……こうしたことに検察当局や世間が納得できるはずもなかった。ジャック・クインはのちにこの状況を次のように要約している。「リッチ氏の弁護団はなんとも残念なことに〝無コミュニケーション・非協力・無交渉〟戦略をとりました」と彼はジュリアーニの後任者のひとりへの手紙に書いている。「その費用は高額だったにもかかわらず、無分別な戦略でした」（メアリー・ジョー・ホワイト連邦検事への手紙、一九九九）。

メディアのなかにも群れから離れてわが道をいく者もいて、きわめてまれではあったが画一的な見解とは異なる意見が発信されることもあるにはあった。イェール大学ロースクール卒で『ウォール・ストリート・ジャーナル』元発行人のゴードン・クロビッツも、そうした自分の意見を表明することを恐れない有力なジャーナリストのひとりだった。「ジュリアーニ氏が初めてＲＩＣＯ法を適用して話題となった訴訟は、再検討する必要がある。それは大金持ちの石油トレーダー、マーク・リッチを起訴して、世に広く知られるようになった一九八四年の案件である。容疑を仔細に検討すると、結局は税金問題ということになる。その核となるのは、リッチ氏が国内所得を不正に外国の子会社に起因するものとしたのかどうかという点だ。繰り返すが、これは単なる税金問題であり、ＲＩＣＯ法の対象になるようなものではなく、通常の民事訴訟になるべきものではないだろうか。リッチ氏はＲＩＣＯ法で裁かれるのを避けて、スイスにとどまりつづけている」（『ウォール・ストリート・ジャーナル』一九八九年一月二六日付け「ＲＩＣＯの破綻した掟」）。

「ルディ・ジュリアーニはＰＲの天才だ」とローレンス・アージェンソンはわたしに言った。ＲＩＣＯ法とイランがなければ、この訴訟は脱税事件の枠のなかに収まりつづけただろうから、比較的速やかに新聞の見出しから消えてしまっていたはずだ。「これらの容疑は起訴を知らせるプレスリリースのなかで巧みに強められ、メディアは容疑と一九八〇年の大使館人質事件を結び付けました」とレナード・ガーメントは書いている（オットー・G・オーバーマイアー連邦検事への手紙、一九九〇年一一月六日）。アンドレ・ヴィッキによれば、イランとの取引に関連する告発には「ひとつの効果しかなく、それは〝売国奴〟マーク・リッチに対するメディアと国民の憤激を煽り立てるということだった」。一九七九年以来ニューヨークでリッチの弁護士を務めているロバート・フィンクは「イラン関連の容疑は最後の最後に付け加えられたもので、それが大当たりした」と言う。「それで感情が一気に燃えあがってしまってね」とフィンクは、シーザーサラダの上で両手を振りながら言った。「あの訴訟はすっかり膨れあがり、異常なほど肥大してしまった。RICO法とイランが激情を掻き立ててしまったんだ。検察はそうやってリッチを追いつめようとしたわけだね」

こうした主張を、クライアントの利益をはかる弁護士活動の一環として、割り引いて考えようとする人もいるかもしれないが、リッチがかけられた嫌疑への大衆の反応を見ると、彼らの主張が正しいのだと思わざるをえなくなる。対敵取引の罪がすべてを変えてしまった。大使館人質事件で爆発した怒りと悲しみがすべて、リッチに雨あられのごとく降りそそいだ。対敵取引の告発がなされたあと、この訴訟を法的観点からのみ考えるということが不可能になった。もはや単なる合法・違法の問題ではなくなってしまったのだ。モラルの問題になってしまったのである。「モラルの法廷には訴訟手続きのルールなど一切ない」と、わが政治哲学の師はよく警告した（リュッベ著『政治的モラリズム〔Politischer Moralismus〕』一九八七）。モラルの問題になれば、もう人々は潔白を証明する証拠など探そうとはしない。世間の評決ですべてが確定する。控訴も許されない。

「彼はツークに逃げて贅沢な暮らしを続けた。イラン人がアメリカ国民を人質にして苦しめている最中に、彼はイランと取引をしていたんだ。善人でないことは確かだ」と言うのはハワード・サフィール。彼は連邦保安官局・作戦部長として一七年間リッチを追いつづけたが逮捕できず、のちにジュリアーニ市長のもとでニューヨーク市警察本部長を務めた（第12章参照）。「イランの件はひときわ目立ちます」と下院・政府改革委員会のダン・バートン委員長は言った。「人質事件の最中にリッチ氏はイランと取引をしていたのです。禁輸措置に違反する行為をしたのです。イランが石油を売るのを手伝ったのです。そうするあいだも、アメリカ国民である人質は、たいへん困難な状況での生活を強いられ、それがとても長いあいだ続いたのです」（二〇〇一）。マーク・リッチ事件がアメリカを揺るがしていたのとほぼ同時期、レーガン政権が秘かに武器をイランに売って、その取引で得られた資金をニカラグアの反共ゲリラ〈コントラ〉の支援に回していたというのは、皮肉としか言いようがない。のちにジョージ・H・W・ブッシュ大統領（父）はこのイラン・コントラ事件に係わった数人に特赦を与えた。そのなかにはキャスパー・W・ワインバーガー元国防長官も含まれていた。

政治的訴訟

リッチと彼の会社は、ビジネス遂行のために、あえて合法・違法の境界線上で活動するということもあった。税金の抜け穴が見つかれば、必ずそれを利用した。資本主義のグレーゾーンの黒に近いところで仕事をすることもあった。リッチは初期の従業員のひとりに雇い入れたその日に「トレーダーは刃の上を歩かねばならないことが多い。足を踏み外さないように気をつけないといけない」と言ったというが、彼自身もそれを忘れずに生きてきた。それでもわたしには、リッチが裁判で実際に有罪になるとは思えない。彼を有罪とするには合理的疑いがあまりにも多すぎるからである。わたしはこの訴訟に直接係わった司法関係者、外交官、その他の人々から話を聞き、極秘文書を含むおびただしい数の文書に目を通して、そう結論するにいたった。

調査の結果はっきりしたように、この訴訟には政治的側面があった。ジュリアーニ連邦検事は、この訴訟が自分の政治家としてキャリアのスプリングボードになることを知っていたのだ。案の定、彼はニューヨーク市長になり、脱落したとはいえ大統領候補指名獲得レースにも出馬した。ジュリアーニの政治家――公人――としてのキャリアは、まさにこの訴訟とともに始まったと言ってよいだろう。その後の歴史を見ればわかるように、この訴訟が急速に膨れあがって、大爆発を起こし、メディアの注目する大事件になったということは、決してジュリアーニの不利には働かなかった。いや、おそらくジュリアーニは、訴訟が膨れあがってこじれることを望んでさえいたはずだ。

ホワイトカラー犯罪の著名な専門家、カーディフ大学教授のマイケル・レビーも、リッチ事件には政治的動機があると見ている。「起訴の決定が政治的理由に左右されるということもある。たとえば、アメリカのコモディティ・トレーダーであるマーク・リッチが、一九八三〜八四年に脱税、その他の詐欺……およびアメリカの禁輸措置後にイランの石油を秘かに買った容疑で、起訴され、訴追された。リッチは結局、罪状のいくつかを認めたが、もし彼が敵と取引していなかったら、果たしてこのような起訴が行われていたかどうか、疑問が残るところではある」(レビー著『詐欺の取り締まり［Regulating Fraud］』一九八七)。

わたしがこの話題を持ち出したとき、サンディ・ワインバーグのタンパのオフィスの室温が、突然、二度ほど下がったように思えた。インタビュー中に、ワインバーグが礼儀正しさを維持しつつも落ち着きを保つのに苦労したときが二、三度あったが、これもそういうときのひとつだった。だがこれは何ら驚くべきことではなかった。わたしが発した問いは、訴訟への根本的批判の核心に一気に達するものだったからである。

「われわれはこの捜査をプロの検事として粛々と遂行した」とワインバーグはなんとか冷静を保って言った。「われわれは公正だった。単なる勝てる訴訟ではなく、圧勝できる訴訟だった。

訴訟のしかたくらい、わたしだって知っている。ジャック・クインが法的〝トランプカードの家〟と言ったそうだが、それならカードはみなエースだったと言い返したい。そもそも、なぜ弁護士たちは、わたしが退任するまで待っていたのか？　そうした主張は、八三年にも八四年にも一切なされなかった。弁護士たちが『これは刑事罰を受けるようなものではなく、単なる民事案件にすぎない』と言いにきたことは一度もない」。では、アメリカ最高の租税法学者と目されているバーナード・ウォルフマンとマーチン・ギンズバーグの分析には、ワインバーグはどう反論するのだろう？「馬鹿げている、たわごとだよ、くだらない、まったく」とワインバーグは答え、込み上げてきた感情を抑えきれなくなって上体をぐっと椅子の背にあずけた。それからわたしの目をまっすぐ見つめた。どんなことを言えば、わたしにいちばん大きな効果をおよぼせるのかと、思案しているようだった。「それに、忘れてはいけない」とワインバーグは言った。「忘れてはいけない、リッチの会社が罪状を認めたということを、彼が逃亡犯であるということを。もしこの訴訟にそれほどの欠陥があるなら、リッチはアメリカに戻って法廷で戦えばよかったじゃないか？　なぜそうしなかったんだ？」

いい質問である。そしてそれに答えられるのはリッチ本人のみ。次章でリッチ自身にその問いに答えてもらおう。

第11章

法を犯したことは一度もない

リッチの声はいつにも増して穏やかだった。「彼は公正な男ではないと思う」とリッチは言い、厳しい視線を投げてよこした。服装はいつもと同じ――ダークスーツ、白いシャツ、赤いネクタイ、そして左手首にキラキラ輝く金のロレックス。二人で会うときはいつもこう。七四歳のリッチは、いまも端正な顔立ちで、若いころはさぞや美男だったにちがいない。若いころの写真は、サイレント映画時代の薄命の美男スター、ルドルフ・ヴァレンチノによく似ている。リッチは、鋭い観察眼をもつ、穏やかな口調で話す寡黙な男であり、ほんの少しだけ舌足らずに発音する癖がある。いつも的確で、的を射る。〝九つの命（しぶとく蘇る力）〟がありそうなところもそうだが、そのほかにも猫に似たところがある。彼は注意深く間合いをとり、飛びかかる準備を整えて待つ。逃げるのかもしれないし、飛びかかるのかもしれない。が、ともかく、準備を整えて待つ。

わたしが天敵であるルドルフ・W・ジュリアーニをどう思うかと尋ねたときだ、リッチがそう答えたのは――「彼は公正な男ではないと思う。彼は自分にしか興味がないんだ。そういうこと」。それは、マーク・リッチという商品トレーダーが自分の訴訟について初めて包み隠さず語った瞬間だった。リッチはわたしの質問をはぐらかそうとも避けようともしなかった。それどころか――二五年ものあいだ〝史上最大の税金詐欺師〟のレッテルを貼られつづけてきた者にしては驚くべきことに――リッチは無実を主張した。むろん節税には最大限努めた、とは言う。だから、言うまでもないが、利益をスイスに移した。税率はアメリカよりもスイスのほうがずっと低いのだ。そしてもちろん、彼の会社も〝振替価格操作〟（商品の企業内移動による節税）を行った。それはどんな国際企業もやっていることだ。リッチは弁解がましくならないように注意しながら、自分が無実であることを強調した。「合法と違法の境界線を越えたことは一度もない。わたしがやったことはすべて、完全に合法だった。法を犯したことは一度もない。悪いことは何もしていない」

スケープゴートが必要だった

マーク・リッチが自分の国際取引活動について進んで話そうという気になったのは、このときが初めてだった。「たしかに敵国との取引が、あの起訴状の最も刺激的な部分だった。だが真実はまったくちがう」とリッチは説明した。「わたしはスイスの会社のためにイランとビジネスしていたのであり、それは完全に合法だった。スイスの会社であるマーク・リッチ社は、昔から、つまりシャーの体制が打倒されて人質事件が起こる前から、イラン国営石油会社の原油を買っていた。そして買った原油は世界市場で転売した。外国に本拠をおく石油会社はみな、革命が起こったあともイラン国営石油会社とのオイル・ビジネスを続けた。アメリカの会社の子会社もね」

そこでわたしは、「では、おっしゃるとおり、ほんとうに無実なら、なぜあなたは『史上最大の税金詐欺師』『国家の敵』といったレッテルを貼られたりしたのですか？」と問うた。リッチは小首をかしげた。生まれつき左頬にある痣がいつもよりも赤くなったように思えた。「それはいろいろ政治的な問題があったせいだと思う。当時スケープゴートが必要だったんだ」とリッチは答えた。「わたしは格好のターゲットだった。個人で、大成功し、大儲けした。それにユダヤ人だった。エスタブリッシュメントにも属していなかった」

まさにそうした理由で自分が「選ばれた」のだとリッチは確信している。同様の取引を頻繁にする会社がほかにあっても、検事たちにとっては、匿名の株主によって支えられる数百の株式公開会社をふるいにかけるよりも、リッチを追い詰めるほうが簡単だったのだと、彼は考えているのである。一九七三年にリチャード・ニクソンが緊急石油配分法を導入したのち、石油転売業者がそれこそ雨後の筍のようにいたるところに誕生した。アラブ諸国が石油禁輸措置をとる以前――つまりオイルショック前――は、石油転売をビジネスとする会社はアメリカには一二社しかなかった。ところが一九七八年までにそれが五〇〇社に膨れあがる。「わたしは選ばれたんだ。自己宣伝というまぎれもない個人的利益を求める人々にね」とリッチは言う。「ミスター・ジュリアーニが訴訟をエスカレートさせ、大げさにしたのは、そうすればもっと自己宣伝ができるとわかっていたからだ。個人的な利益や感情に動かされたため、フェアな解決ができなくなってしまったのだ」

こうしたことを話すマーク・リッチは、ほとんどはにかんでいるように見えた。わたしは彼の友人のひとりから聞いたことを思い出していた。リッチは実はたいへん控えめな――内気と言ってもよい――性格で、パーティーなどでも隅に静かに座っているほうが好きなんだ、とその友人は言ったのだ。ただ静かに座り、葉巻をくゆらせ、ひたすら人々を観察する。マーク・リッチという男は――氷のように冷たい無遠慮なビジネスマンという世間一般のイメージとはちがって――実は控えめを絵に描いたような人物なのである。

はなはだしい過剰反応

リッチ自身の訴訟について話しているうちに、自国の法を他国の法よりも優先させようとするアメリカの体質にも話がおよんだ。ヨーロッパにはこういうジョークがある。「アメリカの三大輸出品目は、ロックンロール、ブルージーンズ、それに世界観」というものだ。「アメリカは自国の国内法を全世界に適用したがる」とリッチは主張する。「スイスが過去のイメージに忠実に行動し、大国にいじめられるままにならなかったことに、わたしは満足したし、いまも満足している」。リッチはこう言って、ドイツ語で「ディー・シュヴァイツ・フェアボイクテ・ズィヒ・ニヒト」と言い添えた。スイスは屈しない、という意味だ。

「アメリカの政治・司法システムには、はなはだしく過剰に反応するという、とてもよく知られた長い歴史がある」とリッチは続けた。「小鳥を大砲で撃つなんてこともよくやる。最近の有名な例は、マーサ・スチュワートとアーサー・アンダーセンだね。アーサー・アンダーセンは、知ってのとおり、アメリカに破壊される前は五大会計事務所のひとつだった。それが一握りの経営幹部のやったことのせいで訴訟に巻き込まれ、破綻に追い込まれてしまった。で、何の罪もない八万五〇〇〇人の従業員も、株主たちも、同じ憂き目を見ることになった」

アメリカの司法システムは信用できないということですか、とわたしが聞くと、リッチはこう答えた。「アメリカの『法の支配』という原則は信じている。ただ残念なことに、人間がつくり適用するものがみなそうであるように、その『法の支配』もまたつねに完全というわけにはいかない。ウィンストン・チャーチルがこう言っている。『正しいことをするという点では、アメリカ人はいつでも信頼できる――ただ彼らが正しいことをするのは、すべてを試みたあとのこと』」

リッチが犯した最大のミス

「わたしが犯した最大のミス?」とリッチはわたしの問いを繰り返した。「それは、検察側の狂信者たちを明らかに侮ってしまったこと、それに弁護士の選びかたを間違えたこと。その前は、警察とのあいだに問題が起こったときは必ず、彼らと話し合い、うまく収めていた。わたしは検事たちに対しても同じようにすることを提案したのだが、当時わたしの弁護士だったエド・ウィリアムズが『検事と話し合うのは最悪、真っ向から対決しないといけない』と言ったんだ。これが大間違いでね、おかげで問題がすっかりこじれてしまった。後悔している」

リッチは突然、言葉をドイツ語に切り換えた。「ディー・オーンマハト」という単語を口にするためだった。意味は「無力」「無能力」。この訴訟事件で最悪だったことは何ですか、というわたしの問いへの答えだった。自力でここまで伸し上がってきた男にとって、稼いだ金も、築きあげたコネ網も、鉄の意志も役立たず、無力の状態に追いやられるということは、まさに耐えがたいことだったにちがいない。「彼は支配するのが、思いどおりに動かすのが、好きなの」とデニーズ・リッチは、訴訟が家族に与えた影響について話しているときに言った。「あのころ彼は手に負えない状態になっていた。したいことができなかったからよ。旅行もできなかった。ふさぎこんでいたわ」。調査報道記者としてわたしは、自分は狂信的なメディアや司法当局の餌食となったと完全に思い込んでいる人々に話を聞く機会も多くあった。そうした人々はみな例外なく、無力感や、自分の考えを聞いてもらえないことや、自分とは正反対の世間の認識に、苦しめられていた。リッチもまさにそうだった。「わたしの評判はずっとよかったのに、この不当な事件のせいで泥をたっぷり塗られてしまった」と彼は言う。

「ディー・オーンマハト」と、もう一度言ってから、リッチはふたたび英語に切り換えた。「それと、公平な裁判を受けられないという思いもあった。なにしろ（検事たちには）さんざんな目に遭わされていたからね。口座をすべて凍結され、ビジネス関係もすべてブロックされた。まさに全面攻撃だった。とても困ったことになった。会社は破綻の危機にさらされた」。この事件がなければ、自分の商品取引企業はずっと大きなものになっていただろう、とリッチは言う。何年かあとに会社を売らざるをえなくなったのも、このアメリカ当局による告発が大きく影響しているという（第17章参照）。

一九八三年九月の起訴で競争相手たちは、リッチの会社は暗礁に乗り上げたのであり、もはや復活は無理だと確信した。犯罪行為のかどで起訴され、数百万ドルの資産を凍結されれば、たいていの会社は破綻してしまう。が、リッチはなんとか踏ん張った。彼の会社は深刻な機能不全におちいったが、どうにか生き延びた。「家族、友人、ビジネス・パートナーが、わたしをずっと支えてくれた。事情をよく知っていて、世間に惑わされなかったからね。ビジネス・パートナーたちは、うちが正直で信頼できる会社であることを知っていた。だからわれわれとビジネスを続けた」とリッチは説明する。

アメリカへ戻らなかった理由

さて、サンディ・ワインバーグが臆面もなくわたしに投げた、あの決定的な問いに答えてもらうときがきた。「もしこの訴訟にそれほどの欠陥があるなら、リッチはアメリカに戻って法廷で戦えばよかったじゃないか？　なぜそうしなかったんだ？」とワインバーグは問うたのだ。その質問をぶつけられるとリッチは、まだわからないのか、という表情を浮かべてわたしを見つめた。そして相変わらず穏やかな口調で言った。「あれほど燃え上がり、不安定になった状況では、公平な裁判を受けるなんて所詮無理だと思ったからだ。とてつもなく不利だった――不当にね」。そして彼はもう一度、受け入れられる限度を超えた訴訟だったという点を指摘した。「ひどい状況だった。信頼できる状況ではなかった。ノーマルな状況ではなかった」

この点については、思わぬところから支持の表明があった。スイスの元司法警察相エリザベート・コップ＝イクレも、同意見なのである。彼女はとても聡明なうえ、控えめで誠実、しかも若いころにアメリカで何年も過ごしたことがあり、大のアメリカびいき。「マーク・リッチは先にメディアに裁かれてしまった。大衆はメディアに煽動されて興奮し、ルドルフ・ジュリアーニは自分の目標を達成しようとした」とコップ＝イクレはわたしに言った。「わたしにはわかっていた――リッチはアメリカでは正義の裁きを受けられないと。彼自身も、フェアな裁判を受けられるとは思えなかった」

「だれもが頭に血をのぼらせていた」と、長期にわたってリッチの弁護士を務めてきたロバート・フィンクは断じた。彼はテーブルの上で手のひらを走らせるような仕種をした。「まるで、だれにも止められない、線路上を突っ走る列車のようなものだった。あたりは、もうどうやってもきれいにできないほど、汚れきっていた。怒り、圧力、脅しが渦巻いていた。マークは悪魔にされた、徹底的にね」

「マークは悪党というレッテルを貼られた」と投資家のマイケル・スタインハルトはわたしに言った。「われわれはみな、もしマークが戻ってきたら、すぐさま拘禁され、もうそのまま出られなくなるのではないか、と思っていた」

「そんなばかな」とサンディ・ワインバーグは言った。こうした批判をわたしが彼にぶつけたときのことだ。「リッチは公平な裁判を受けられたはずだ。そういう悪のイメージを創ったのは彼で、われわれではない。自業自得だ」。とはいえ、検察側がちらつかせた三二五年という刑期には「弁護団のだれもが衝撃を受けた」とローレンス・アージェンソンはわたしに言った。アージェンソンは一九九四年以来リッチの弁護士を務めていて、特赦後の公聴会でも彼の代理人になった。彼は最後に英知とも言える知見を披露してくれたが、それは弁護士、検事、レーガン政権とブッシュ（父）政権の司法次官補と、法曹畑を三〇年間わたり歩いた経験から得られたものだった。「訴訟がシンボルになってしまうと、被告は厄介な状況におちいる」とアージェンソンはインタビューの最後に言った。「ニューヨーク州南部地区連邦地検にとって、マーク・リッチはシンボルになってしまったんだ。あそこの検事たちにとって、マーク・リッチは大金持ち――自分は法を超越していると思い込んでいる一匹狼の億万長者――だった。で、彼らは『この金持ち野郎はなんとしても懲らしめないといけない』と思ってしまった」

もちろん連邦保安官局もこの事件に深く係わることになった。海外逃亡犯を追跡・逮捕してアメリカの裁判所へ連れ戻すというのも連邦保安官局の任務なのだ。逃亡犯の居所がわからないというケースも多いが、リッチの居所はしっかりわかっていた。連邦保安官局はヒンメルリヒ通り（シュトラーセ）28という住所まで知っていた。リッチが当時住んでいた大邸宅は、ツーク湖の素晴らしい眺めを楽しめるバールという村にある森のはしに建っていた。リッチがそうやって公然と生活していること自体に、保安官たちはいきりたち、必ずひっ捕らえて連れ戻してやると誓った。連邦保安官局のハワード・サフィール作戦部長は、特別な問題には特別な解決法が必要であることを知っていた。彼はリッチをアメリカの裁判所に引っ立てるためなら「逃亡犯の人権を侵さないかぎり」何でもやるつもりだった（下院・政府活動委員会、一九九二）。一九八五年一〇月、サフィールはスイスへ向かうため、旅行鞄に荷物を詰めこんだ。手ぶらで帰る気はまったくなかった。「今度こそ」と彼は同僚たちに言った。「今度こそヤツを捕まえてやる」

第12章

マーク・リッチを捕まえろ

なにしろリッチはアメリカから売国奴、逃亡犯と見なされている男である。その〝大悪党〟を逮捕しようとアメリカ当局の担当官たちは、一七年にもわたって、ときにはコミカルになってしまうほど、凄まじい努力を重ねることになる。たとえば、心理的プレッシャーを加える、スイスからおびき出すための策略を弄する、スパイ活動をする、誘拐としか言いようのない行為におよぶ……。そしてそうした作戦の多くは、いままで公になったことのないものである。

一九八五年の一〇月のある朝、ツーク湖は中央スイスの美しい山並みを背景にして霧のとばりに包まれていた。秋にはよくあることで、霧は午後には晴れるはずだった。その朝、ハワード・サフィールは旅行者をよそおってツークに到着した。連れのドン・フェラローン主任捜査官は、有名な麻薬事件〈フレンチ・コネクション〉にも係わった国際的捜査経験が豊富な元DEA（米麻薬取締局）捜査官だった。この二人の連邦保安官は、リッチを捕まえるための巧妙なプランを練りあげていて、彼の邸宅やオフィスの位置が正確にわかる詳細な地図を持参していた。彼らは通りの傾斜度さえ知っていた。事前の調査で、必要な場合には通りにヘリコプターを着陸させることも可能とわかっていた。

リッチを取り押さえ、秘かにスイスから連れ出す、というのがサフィールの計画だった。スイス当局に知られることなく遂行する秘密作戦だった。スイスにとってみれば完全な違法行為である。サフィールは取り押さえた石油トレーダーを「グリューネ・グレンツェ」(緑の国境)――出入国審査官の監視下に常時あるわけではない多数の越境地点からなるスイスの国境――を越えてドイツかフランスへ連れ出したかった。抜かりはなかった。サフィールはスイスに来る前に、ドイツの地元警察へおもむき、この件について話し合っていた。さらにサフィールは、この微妙な隠密作戦に出発する直前、インターポール米中央事務局に、「身柄引き渡しを目的とする」リッチへの〝逮捕状〟をパリ郊外のサンクルーにあったインターポール本部へ送らせた。

『指名手配の国際犯罪者』と題されたその〝逮捕状〟は、一九八五年一〇月九日にインターポール米中央事務局長のリチャード・C・シュティーナーが署名したものだった。それによるとマーク・リッチは「脱税、犯罪行為による金もうけ、対敵取引」等の容疑で指名手配されている「商品トレーダー／ビジネスマン」。そうした罪状で有罪になった場合の罰は最高で「懲役三二五年、一億ドルの没収、罰金」。身体的特徴は、身長一七七・八センチ、体重八一キロ、黒髪、ブラウンの目。添付写真は、唯一のリッチの近影である、一九八四年に『フォーブス』誌に載ったもの。逮捕状にはまた、リッチの「識別特徴」として「左頬にかすかな赤い痣」と記載されていた。

連邦保安官はあらゆる点を考慮していた。段取りはこうだ。リッチを確保してスイス国境を越えたらすぐ、旅行者という偽装を捨てる。リッチは即、フランスかドイツの警察官に逮捕される。だがサフィールは、スイス国内で米連邦保安官として行動することは違法であることも承知していた。スイスの刑法第二七一条が、何人(なんぴと)もスイスの承諾なくして他国の利益を追求する行動をしてはならない、と明記しているのである。これに違反すれば投獄をまぬかれない。サフィールもフェラローンも、リッチの誘拐が重大な法律違反であることをよく知っていた。それでも二人はこの危険を冒す覚悟だった。リッチの逮捕がきわめて重要なことだったからである。

身分を隠した二人の連邦保安官は、目立たないようにしながら、ツークにあるリッチのオフィスビルの前でチャンスを待った。だが、そこまでだった。しばらくすると二人の男が近づいてきて、警察官だと名乗った。警官はサフィールとフェラローンに身分証の提示を求めた。即座にサフィールは偽装がばれたのだと悟った。スイスの警官はきわめて礼儀正しい口調で、アメリカの連邦保安官たちを脅した。「これ以上わが国で活動されるようなことがあれば、逮捕いたします」

連邦保安官はこのタイプの秘密作戦、つまり国に認められた誘拐を「特例引き渡し」と呼ぶ。

これはその後ジョージ・W・ブッシュ（子）の「テロとの戦い」で広く知られるようになるが、起源は一九世紀の賞金稼ぎにある。元ＣＩＡ（米中央情報局）局員エドウィン・ウィルソンのケースは、その最も有名なもののひとつだろう。ウィルソンは武器弾薬の違法輸出に係わった男で、一九八二年に連邦保安官の策略にひっかかり、安全なリビアから出てしまう。だまされて、ある男に会いにドミニカ入りしたところを拘束され、飛行機でアメリカに運ばれた（ナーデルマン著『国境を越える警官［Cops Across Borders］』一九九三）。アメリカの最高裁は一九九二年に、いまでは有名になったウンベルト・アルバレス・マチャイン事件でこの種の拉致をはっきり合法と裁定している。マチャインはＤＥＡ捜査官殺しに係わったとされるメキシコ人医師で、賞金稼ぎたちの手によってメキシコから拉致され、アメリカで裁判にかけられた（無罪判決）。

政権内からのリーク

一九八五年一〇月、そのツーク湖畔での霧深い日、ハワード・サフィールは突然、恐ろしい疑念にとらわれた――政権内あるいはインターポール内のどこかからリークがあったのではないか？　サフィールの勘は間違ってはいなかった。アメリカ当局はいまなお、リークがあったことを公式には認めていないが、この件に係わったスイスのある役人は、スイス政府がサフィールの活動について秘かに情報を得ていたことを明かした。ただ、この密告の情報源が司法省なのか、それとも国務省なのかという点については、まだはっきりわかっていない。当時の駐米スイス大使館の次のような秘密文書を読むと、そのあたりの事情があるていど推測できる。「（アメリカの）高官たちも、政府機関や裁判所が最近やりすぎていることに、ゆっくりとだが気づきはじめている。最高裁が出した非の打ちどころのない素晴らしい判例が、裁判所の決定に他国が反対しているような訴訟ではまったく役立っていないことに、高官たちも気づきだしている。たとえばマーク・リッチ事件でもそうだが、（アメリカの）司法当局は他国のパートナーに対して馬鹿げているとしか言いようのない態度をとる」。マーク・リッチ事件では司法省と国務省がしばしばぶつかったというのは、いまでは公然の秘密である。要するに国務省はスイスと協力する道を選びたかったのに、司法省は単独で思いどおりに事を運びたかったのだ。

サフィールのこの失敗は〈オトフォード・プロジェクト〉という巨大な極秘計画の一部でしかなかった。〈オトフォード・プロジェクト〉の目的はむろん「なんとしてもマーク・リッチとピンキー・グリーンを逮捕すること」だった。そのために、ＦＢＩ（米連邦捜査局）、ＩＲＳ（米内国歳入庁）、司法省国際局、ニューヨーク州南部地区連邦地検、インターポール、連邦保安官局からなる多機関（マルチエージェンシー）チームが組まれた。そして〈オトフォード・プロジェクト〉全体の指揮をとるのは連邦保安官局。連邦政府が追う逃亡者の逮捕は、一九七九年以降は連邦保安官局が受け持つことになった（それ以前はＦＢＩの仕事）。

リッチの追跡拘束をサフィールの命令で担当することになったのは、ケン・ヒル連邦保安官である。リッチが一九八三年にスイスに逃げて以来、ヒルはその件の専属――それのみを担当するただひとりの連邦保安官――となった。そして以後一四年間、そのまま専属担当官（ケース・エージェント）としての任にあたる。この元ニューヨーク市警・警察官は、たぶんリッチの家族よりも、指名手配された商品トレーダーについてよく知っていたのではないかと思われる。ブルックリン橋にほど近い色褪せた煉瓦造りのビルにある連邦保安官局マンハッタン・オフィスから、ヒルはリッチとグリーンの動きを追いつづけた。その任務はすぐに彼の生活そのものとなった。

わたしはフロリダでケン・ヒルから話を聞くことができた。二〇〇八年三月のことだ。彼は一九九七年に退職して、自動車教習所の教官になった。アメリカ合衆国に仕えた期間は三〇年にもおよぶ。六二歳の元連邦保安官にとっては、いまなお〝隠密〟がいちばん大事なようだった。ヒルの公式写真は一枚しか存在しない。しかもそれはウエットスーツにダイビングマスクという格好の写真であり、人相さえはっきりしない。わたしが泊まるタンパのホテルの部屋にヒルが電話してきたのは、午前九時ちょっと前のことだった。

コードネームは〈リドラー〉

「すべてカネなんだ」と、挨拶もそこそこにヒルは切り出した。「マーク・リッチから電話がかかってきたら、こいつで今日儲けられるか、それとも明日儲けられるかと、ヤツは自問しているとと思ったほうがいい。儲けられないとわかったら、即、グッバイさ」。ヒルのコードネームは〈リドラー〉（謎かけ人）だった。彼は一四年にもわたってリッチを追いつづけた。その間、マーク・リッチと何らかの接触があったおびただしい数の人々から情報を得た。マーク・リッチ社の不満を抱く社員にも、リッチの手ごわい競争相手にも、話を聞いた。ヒルの頭のなかにはリッチの固定イメージがしっかりとできあがっている。「子供はいるかね？」とヒルは不意に聞いた。「あの男は子供なのさ。そう、『オレはルールなんかに縛られない、オレは何でもやってもいいんだ』と思っている子供。たしかに天才だよ、それは認める。だがアイツは生まれてこのかた『オレはルールなんかに縛られない』と思いつづけてきた男なんだ。ヤツが敬意を払うものなんてこの世に何もない。ヤツは国も、国民も、法律も馬鹿にしている。たくさんの人々をだまし、利用してきた」

ヒルにとってリッチ事件は単なる与えられた仕事ではなくなっていたのだと、わたしにもわかった。すぐにそれは強迫観念となり、ヒルはとことんのめりこんでいく。「彼はあの事件に途方もない時間を注ぎこんでいた」と司法省のある元職員は言う。最後のほうは、欲求不満があまりにも高じて、燃え尽きてしまうのではないかと同僚が心配したほどだった。それもそのはずである。アメリカ政府のある統計によると、脱税犯が逃げていられる期間は平均三年八カ月にすぎないのだ。ところがリッチとグリーンの場合は、二〇〇一年一月にビル・クリントン大統領に特赦を与えられるまで、実に一七年間も捕われることなく自由の身でいられたのである。

ヒルの話には恨みが深く刻まれていることは容易に感じとれた。たとえばヒルは一九九一年の湾岸戦争中のこんなエピソードも語った。「わたしはエルサレムのホテルにいたピンキーに電話した。イラクがスカッドミサイルをイスラエルに撃ちこんでいる最中のことだ。まだアメリカに戻る気はないのか、とわたしは聞いた」。ヒルは、サンモリッツでスキー休暇を楽しむリッチにスコッチウイスキー一瓶を送りつけたこともある。おまえの居所はいつだってわかっているんだ、というメッセージを送りたかったのだ。「わたしはいくらでもミスを犯せるが、あなたはひとつのミスも犯せない」というお気に入りの格言を、リッチにも思い出させたかったのである。

〈リドラー〉というコードネームを与えられた連邦保安官は、この心理戦を「ミスを引き起こさせる戦略」と呼んだ。〈リドラー〉は、リッチはそのうちきっと――いつか、どこかで、何らかの――ミスを犯すという希望を抱いていたが、リッチがヘマをすることはついになかった。「マーク・リッチは姿をくらますのが得意な〝ステルス男〟ということになっている」とヒルは言う。「だが実際は、ヤツはセキュリティーに大金を注ぎこんでいたんだ。なにしろ基盤となるネットワークがとてつもなく広いんでね、ヤツはだれでも知っていたし、何でも知っていた。金がいくらでもあったから、強大な力を手にすることができた。あらゆるところにセキュリティーの網が張り巡らされていた。だれもが警戒し、怪しいサインがないかチェックしていた。ヤツには必要なものを買うカネがあったんだ。まるで国家に立ち向かうようなものだった」。アメリカの捜査官たちは、リッチ／グリーン事件では珍しくも並々ならない創造性を発揮した。たとえば彼らは、商品トレーダーになりすまし、数十の国に広がるリッチの最重要コネ人脈を監視しつづけようとした。定期的に各地のフライト管理機関に接触し、リッチが定期便に予約を入れていないかどうか確認した。世界中の出入国管理機関に情報提供を求め、ターゲットが現在それぞれの国を訪れていないかどうか調べた。航空図を世界的にほぼ独占しているジェップセン社にさえ協力を求めた。リッチのパイロットたちが珍しい目的地へ赴くための新しい航空図を注文したらすぐ、通報してほしい、と頼んだのである。スイス警察とも連絡を取り合った。スイス警察は公式にはそうすることを禁止されていたが、秘密裏にアメリカの連邦保安官に協力していたのだ。「スイス警察とは友好的な関係にあった」とヒルは言う。連邦保安官はリッチの旅行計画に関する決定的な秘密情報を期待しつづけた。

リッチ、ロンドンの霧に救われる

一九八七年一一月、ハワード・サフィールのスイスでの作戦が失敗してからちょうど二年後、ついにリッチを捕まえる機会が訪れたかに見えた。リッチのビジネス・パートナーたちから定期的に情報を得ようとするヒルの努力がようやく実ったのだ。ビジネス・パートナーのひとりがリッチを裏切り、リッチが次の週末に飛行機でロンドン入りする予定であることを通報してきたのである。搭乗機は自家用ガルフストリームⅣで、チューリヒ・クローテン空港を離陸し、ケント州のロンドン・ビギンヒル空港に着陸することになっていた。

〈リドラー〉ことケン・ヒルはただちにロンドンへ飛び、そこでロンドン警視庁の犯罪人引き渡しセクションだけでなく詐欺を担当する課にも連絡した。こうしてその肌寒い秋の朝、アメリカからやって来た連邦保安官は、イギリスの同僚たちとビギンヒル空港の居心地のよいラウンジに座り、滑走路をじっと見つめながらリッチが到着するのを待った。第二次世界大戦中はイギリス空軍最大の戦闘機基地があったビギンヒル空港も、いまではロンドンまでの便利なアクセスゆえに、おびただしい数にのぼる商用旅行者を受け入れる民間空港となっている。連邦保安官にはもうかなり前から、逮捕が実現した瞬間に当のマーク・リッチに言ってやろうと思っている台詞があった。それは「あなたはミスをひとつ犯した」というもの。ヒルはリッチの身柄確保を即座に報告しようと、当時開発されたばかりの衛星電話を持参してさえいた。

だが、その日もまた、ビギンヒルには霧が立ち込めていた。そして霧は、ヒルがリッチを待つあいだにどんどん深くなっていった。ついには滑走路も霧にすっぽりと包まれ、輪郭がかすかに見えるだけとなった。午前八時、気象庁はグレートブリテン島の半分が霧におおわれているると報告した。数百のフライトが行き先を変更するか、戻らざるをえなくなった。

リッチはまだガルフストリームの機上にあった。あるパーティーに出席するためにロンドンに向かっていたのだが、彼の機もまた「着陸不能」との連絡を受けた。霧が指名手配中のトレーダーに幸運をもたらしたのだ。ガルフストリームはまだヨーロッパ大陸上空を飛行中に引き返さざるをえなくなり、スイスのチューリヒ・クローテン空港に舞い戻った。ヒルは自分の上司、ジェームズ・コミー連邦検事補（のちのジョージ・W・ブッシュ政権で司法副長官。オバマとトランプ両政権でのＦＢＩ長官）を電話で起こし、悪いニュースを伝えた。ニューヨーク時間、午前四時のことだった。「くそっ、霧のやろうめ」とヒルは衛星電話に力なくつぶやいた（『ヴァニティ・フェア』誌二〇〇一年六月号、オース著「スキャンダルの顔」）。

とても用心していた

では、リッチはアメリカ当局が自分を逮捕しようとしていることを知っていたのか？　「まあ、イエスだね」とリッチは言い、オーストリアの牛肉煮込み料理ターフェルシュピッツをひとくち食べた。ツークにあるリッチの行きつけのレストラン『グラースホーフ』で昼食をとりながら話しているときのことだった。そのレストランはオフィスの向かい、通りをひとつ隔てただけのところにあったが、二人のボディーガードがそこまでついてきた。ひとりがわたしたちの前を歩き、もうひとりがうしろを固めた。リッチはいまだに万全のセキュリティー体制をとっているのだ。『グラースホーフ』（リッチの会社がピンカス・グリーンをはじめとする正統派ユダヤ教徒の社員にコシェル料理を食べさせるために買い取ったレストラン）には横の入り口から入り、わたしたちは個室に落ち着いた。支配人がやってきて挨拶し、みずから給仕してくれた。わたしたちはリッチのお気に入りのワインを飲んだ。そう、前にサンモリッツのシャレー風ヴィラでふるまわれたＣＶＮＥのリオハ・インペリアル・レセルバ２０００だ。「わたしは用心していた」とリッチは言った。「用心していたので、彼らが何度か試みたことはわかった」

そしてリッチは、まるでスパイ小説の一節であるかのような話をしてくれた。一九九二年の晩夏のことだった。リッチはだいぶ前から知っているイスラエル人の訪問を受けた。彼がひとりのロシア人を紹介してくれた。そのロシア人はリッチとビジネスをしたがっていて、大規模な石油取引もしたいのだという。「とても魅力的な話のように思えた」とリッチは言った。一九九一年一二月にミハイル・ゴルバチョフが大統領を辞任し、ソ連は同月二五日に公式に消滅した。ロナルド・レーガンがかつて「悪の帝国」と呼んだ共産主義国家は、文字どおり存在することをやめたのだ。新生ロシアの大統領になったボリス・エリツィンは、すぐさま経済改革に乗り出した。ソ連時代の価格統制に終止符を打ち、国の歳出を削減し、一九九二年の前半に早くも開放貿易体制を導入した。こうしてロシアは世界史上最大の民営化を開始した。これを巨大なビジネスチャンスと言わずして、いったい何をそう言うのか？

「そのロシア人のビジネスマンが、契約書にサインしにモスクワまで来てもらいたい、と言ったのだ」とリッチは話を続けた。モスクワ行きに反対する理由はまったくなかった。リッチは取り持ってくれたイスラエルの知人を信用していた。彼はイスラエルの国内情報機関シンベトの元機関員で、いまはリスク・コンサルティング会社のノール社のためにロンドンで働いていた。「お時間があまりないようでしたら、こちらから自家用機を差し向けることもできますよ。ロシアの新政府はあなたに関心があるのです」と、そのロシア人はさりげなく言ったという。そこで二人は契約の日程を話し合い、一九九二年九月の第二週にモスクワで会うことにした。

九月一日、アメリカ東部夏時間の午後八時五六分、ＦＢＩは「警察・部外秘」とマークした次のような極秘ファックスをインターポール・ロシア中央事務局へ送った。「ＦＢＩは、リッチが一九九二年九月六日か、そのあたりに、モスクワへ赴くという信頼できる情報を入手した。リッチは一九九二年九月七日にモスクワで予定されている会合に出席することになっており、一九九二年九月一一日まで滞在する可能性がある。滞在先はモスクワのメトロポール・ホテルとのこと」。ＦＢＩは地元のロシア警察にも、リッチがほんとうに同期間メトロポール・ホテルに滞在することになっているか否かの確認を依頼した。司法省国際局は仮逮捕状を発付した。ロシア警察にはまた、リッチが偽名でホテルを予約している可能性があるので「インターポールにある写真の利用が必要不可欠」との情報も伝えられた。ＦＢＩはさらに、あらゆることを考慮して、ロシアの同僚たちに次のように注意を促した。「リッチは武装していて危険と考えるべきである。旅行には複数の武装ボディーガードが同伴するようで、それに加えて、制服武装警護団が雇われることもあり、彼らは車列をつくってリッチとともに移動すると言われている」

アヴネル・アズレイ

「飛行機を差し向ける?」。リッチからモスクワ行きを知らされたときアヴネル・アズレイは、耳をそばだてて一語も聞き洩らすまいとした。「それは怪しい」。この話をアズレイから聞いたのは、スイスのほぼ中央に位置するルツェルンの中心部にあるスタイリッシュなホテルでコーヒーを飲んでいるときだった。「わたしは一度しか信用しない」と彼は、インタビューが始まる前に警告した。彼はわたしについてあらゆることを知りたがった。充分な情報を得てやっと、わたしに質問するのを許した。アヴネル・アズレイは顔立ちの整った七〇代前半の男で、髪はシルバー、温かそうな目をしていた。彼はリッチのセキュリティーを長年にわたって担当してきた。要するに、疑り深くなり、〝正しい〟質問をするのが仕事になっていた。「だれがロシアであなたを護るのです?」とアズレイはリッチに問い、不安の理由をあげた。「ソ連帝国が崩壊したばかりで、あそこはいわば無法状態です。それに忘れてはいけません、彼らはアメリカを喜ばせるためなら何でもするということをね」

リッチはしぶしぶモスクワ行きをとりやめた——のちにそれが賢明な選択だったとわかる。アズレイの直感がまたしても的中したのだ。すべてがリッチをロシアへおびき出すための巧妙な仕掛けだったことを、彼はのちに知る。元情報機関員のイスラエルの知人さえ、知らぬまにアメリカの捜査官に利用されていたのだ。彼らはリッチのネットワークにスパイをひとり潜りこませることに成功していたのである。リッチはあやうく、ケン・ヒルが渇望していたミスをひとつ犯してしまうところだった。「われわれはヤツを身柄引き渡しが可能な国へおびき出そうとした」とケン・ヒル元連邦保安官は打ち明ける。「リッチは間一髪で何度も切り抜けた？　イエス、むろんわれわれはそう思っている」

リッチが世界最強国の捜査官の追跡をほぼ二〇年にわたってかわすことができたのは、アズレイの鋭い直感と経験によるところが大きい。アズレイは完璧なセキュリティー担当者だった。彼はイスラエル国防軍大佐からモサド幹部局員へと転身し、イスラエルと外交関係がなかった一九七〇年代のスペインで秘密活動に従事した。その後、諜報の世界では最も難しい地域であるレバノンへ転任し、ベイルートで極秘基地を運営した。レバノンへの出入りは海を利用する密出入国だった。アズレイが、のちにイスラエル首相となるエフード・バラクを知ったのはこのころだ。バラクは当時、イスラエル軍諜報機関の長だった。

モサドを辞したのちアズレイは、一九八三年から八四年にかけて、あるスペインの銀行にバスクのテロリストたちとの取引のしかたを助言した。マーク・リッチに紹介されたのはそのときだった。リッチはジュリアーニに起訴された時期にアズレイを雇うことになったわけだ。「彼にはセキュリティー問題があった。産業スパイ問題もあった」とアズレイは当時を思い出し、セキュリティーの脆弱性評価をどのようにして行っていたのかを簡単に説明してくれた。「魔法のようなものではない。それぞれの状況を正確に評価するということ。たとえばマークがどこかへ招待されたとする。するとわたしはマークにこう尋ねる。『どのようにして招待されたのか？　招待主はだれか？　招待を勧めたのはだれか？　招待の理由は？　招待されて当然だと思うか？』。要するに、もっともらしく思えることを、きちんと評価しなおす」。アズレイは最高のセキュリティー・諜報ネットワークにアクセスできた。ヨーロッパで活動する多数の諜報員を個人的に知っていた。過去に彼らと協力し合ったことがあるからだ。

行ったら逮捕されてアメリカに引き渡されてしまう国がたくさんあることをリッチはよく知っていた。だから旅行するときは、とても用心することになる。定期便があるところへ行くときも、それに乗るのは避けた。できるだけ自家用ジェット機に乗るようにした。だが自分の自家用機は絶対に使わない。危険すぎたからだ。機の登録番号がまるで点滅する赤色灯のように世界の警察当局に警告を発することになるからである。南米やカリブ海に飛ぶときは、機がアメリカ領空に入らぬよう神経を尖らさなければならなかった。ホテルに宿泊するときは必ず偽名を使った。一時期、スイスで防弾仕様のメルセデスに乗っていたこともある。少人数の警護団――最初は実戦で鍛えられたイスラエル人、のちに特別訓練を受けたスイス人――がどこにでもついていった。高性能の監視システムが、リッチ邸に近づくすべての車のナンバープレートとドライバーを記録し、登録した。妙なところが少しでもあれば、即座に地元警察に通報された。この監視システムのおかげで、リッチ邸に侵入しようとしたカナダ人を阻止することもできた。そのカナダ人はマーク・リッチに関するメディア報道に憑（と）りつかれた精神障害者で、自分の両親を殺害してもいた。

哀れをもよおす努力

要するに、リッチ個人のセキュリティー・チームのほうが、アメリカ政府の多機関・特別任務班（マルチエージェンシー・タスクフォース）よりも優れていたということだ。一九八七年の秋、特別任務班の一員だった連邦保安官が、あと一歩のところでリッチを取り逃がした。リッチはフランスでアフリカのある国の石油相と会うことになっていたのだが、土壇場でキャンセルしたのだ（『リガーディーズ』一九九〇年、カピタス著「マーク・リッチの主権国家」）。ビジネス・ミーティングを餌にしてリッチをだまし、ドイツのデュッセルドルフにやって来させようとした策略もあったようだ。だが彼の乗った自家用機はついに到着せず、「アメリカの捜査官たちは空港でやきもきするばかりだった」（『ウォール・ストリート・ジャーナル』二〇〇一年一月二九日付け）。一九九一年九月にはＦＢＩとインターポールがフィンランドでリッチを逮捕しようとした。リッチがフィンランドの石油化学会社ネステの株を大量に買いにヘルシンキにやって来ると、同社の重役ペルッティ・ルオホが捜査官たちに通報したのだ（下院・政府改革委員会、二〇〇二）。ルオホはリッチの旅程を提供すると約束した。フィンランド警察は週末をまるまる使って、旅客機の乗客名簿とパスポートを熱心にチェックしたが、リッチの名前を見つけることはできなかった。リッチの飛行機はどこかから警告を受けて間一髪のところでスウェーデンへと進路を変えたのだと、連邦保安官局はいまでも信じている。

リッチが大規模な取引をしにジャマイカに向かうという飛び切りの情報を得たこともあったが、このときも「一、二日の差で取り逃がしてしまった」とハワード・サフィールは言った(ドーソン著「マーク・リッチの二重生活」[www.msnbc.msn.com/id/3071886]、二〇〇一年二月一二日)。『グラースホーフ』での昼食中にこの話を出すと、リッチは笑い声をあげて首を振った。「それはちがうと思う。わたしは一九六六年にジャマイカに行ったことがある。最初の妻との新婚旅行でね。ずっと雨が降っていて、わたしはウニを踏んづけてしまった。以来そこには一度も行っていない」

リッチとグリーンを捕縛できぬまま明らかな失敗ばかり重ねたため、捜査官たちはどんな手がかりにも必死で取りすがるようになってしまった。その結果、マーク・リッチの追跡はときとして哀れみをさそうほど惨めなものになってしまう。警察の秘密文書を見るとそう思わずにはいられない。一九九二年五月五日、あるアメリカ国民が、モスクワのシェレメチェボ国際空港ターミナルFで、「ミスター・リッチ」を歓迎するプラカードを見たと思った。彼は律儀にもそれを警察に通報した。「ようこそ、ミスター・リッチ」と書かれたプラカード? 司法省国際局長のメアリー・ジョー・グローテンラースにとってはそれだけで充分だった。彼女は翌日、インターポール・ロシア中央事務局のボリス・センチュコフに電話した。「緊急かつ重大――警察／裁判所・部外秘」とマークされた警察記録によると、グローテンラースはリッチが実際にモスクワにいるのかどうかの確認をセンチュコフに求め、「この緊急かつ重大な件でご支援いただければ、まことにありがたく存じます」と言った。だが、何の成果も得られなかった。

一九九二年二月二一日付の「緊急」とマークされたファックスも、アメリカの捜査当局の素晴らしい活躍を明らかにするものではない。それはインターポール米中央事務局のドナルド・S・ドノバン副局長が、連邦保安官局のドン・ウォード副局長に送ったもので、内容は「当方の刑事警察部門が、上記対象（マーク・リッチ）がマーク・リッチ社の支社を以下の場所に構えたことを発見した――チェコスロバキア、プラハ1、シュテパンスカ通り34」というものだった。これもおそらく、緊急かつ重大な秘密情報だったのだろうが、実は六カ月前にプラハの商業登記簿に掲載されたもので、すでに公にされていたものだった。

藁にもすがる思いで、連邦政府の捜査官たちは、ヨーゼフ・ラングにも支援を求めた。元トロツキストで現在はスイスの極左政党の一員である国会議員ラングは、スイスではリッチ批判で有名な人物だった。彼はかつてアメリカを「戦争屋」、その大統領を「死刑に値する野蛮人」と、非難したこともあった。だがFBIは、「敵の敵は友」というアラブの格言にしたがって、一九九二年にラングに接触した。マンハッタンのフェデラル・プラザ26（連邦合同庁舎ビル）の一四階にあるFBIニューヨーク支局本部にラングは招かれた。そこでラングは二人の捜査官から、チューリヒの空港で働く整備士を取り込んで情報提供者に仕立て上げてもらえないだろうかと、しつこく頼まれた。捜査官はリッチが出国する日時を通報してほしかったのである。『できない、わたしは政治家であって私立探偵ではない』と言わざるをえなかった。それにそんなことはスイスの法律に反することだ」とラングはそのときのことを語る（『オブザーバー』二〇〇一年五月一三日付け「リッチ・リスト」）。FBI捜査官はリッチの首にかかる七五万ドルの報奨金を何度も口にしたが、スイスの政治家の気持ちが揺らぐことはなかった。

報奨金の正確な金額は一度も公表されなかったが、報奨金が存在するという事実は世界中に知れわたっていた。アメリカ政府が《ヴォイス・オブ・アメリカ》で「国際犯罪警報」を世界中に放送していたからである。「国際犯罪警報」は聴取者にこう約束した。「アメリカ政府はマーク・デイヴィッド・リッチの逮捕に結びつく情報の提供者に報奨金を支払います。どのような通報も調査され、すべての情報が秘密にされることを保証します。必要かつ妥当な場合、情報提供者を居住地変更にて保護します」。これでリッチは、賞金稼ぎ、誘拐犯、嫉妬深い競争相手のターゲットとなった。ヨーロッパのテロリストたちが金のためにリッチを捕まえてアメリカ当局に引き渡そうとしている、という噂さえ流れた。

アメリカ政府が一九八四年から九〇年までにリッチを逮捕するために費やした仕事量は、「公務員給与等級13以上」（経験一・五年以上）レベルによる一九・二人年だった。「人年（マン・イヤー）」は一人が一年間にこなせる仕事量だから、六、七年で一九・二人年ということは、その間ずっと三人がフルタイムでリッチを追いかけていたのと同じになる。同期間、旅費だけでも五万五〇〇〇ドルが費やされた（下院・政府活動委員会・小委員会の質問に対する司法省の答え、一九九二）。

それでも何の成果もあげられなかった。リッチはつねに、追跡者たちよりも一歩か二歩先をいっていたのだ。彼はビジネス上の成功も、富も、アメリカ当局への嘲りさえ、隠そうとしなかった。彼が五〇歳の誕生日をルツェルンのグランド・ホテル・ナショナルで祝ったとき、スイスで最も有名な道化師が二人、ステージにあがって奇妙なボクシングを始めた。背中にマーク・リッチのロゴをつけた道化師が、どでかいゴムのハンマーを持って、ニューヨーク市警の警察官に扮したもうひとりを追いかけまわしたのだ。世界各地から誕生パーティーに駆けつけた三百人のゲストたちは、このドタバタ喜劇に大笑いした。

秘密の保護？

これには追跡者たちも激怒したにちがいない。リッチは武装強盗犯ヴィクター・ゲレナや、中絶クリニックおよびアトランタ五輪公園を爆破したエリック・ルドルフとともにFBI最重要指名手配犯リストに載せられていたが、ビジネスを世界中で続けることができていた。彼は警察文書にも記載されているように「広範囲に」旅をし、スペイン、ポルトガル、ベルギー、ボリビア、イギリス、東欧、イスラエル、スカンディナビア諸国、旧ソ連を訪れた。

「いったいぜんたいなぜ、世界最強の政府が、悪名を轟かす逃亡犯を捕まえることができないのか?」と、ロバート・E・ワイズ下院議員(民主党・ウェストバージニア州)は憤慨して問うた。「そいつは、一五のコンビニで強盗を働いて海外逃亡し、マルセイユの波止場でぶらぶらしている悪党ではない。スイスの高層ビルのオフィスから、まったく安全に、ビジネスを展開しているマーク・リッチだ。いったいなぜ、この件に高い優先度が与えられなかったのか?」。こうした問いがきっかけになって、当時ジョン・コンヤーズ下院議員(民主党・ミシガン州)が委員長を務めていた下院・政府活動委員会が公聴会をひらくことになった。

リッチがあまりにも長いあいだ追跡をかわすことができたので、だれかに保護されているのではないかという疑いも生まれた。スイスでリッチを拉致するというハワード・サフィールの秘密計画がスイス警察に漏らされたことを考えると、やはりそれは事実であったのだろう。リッチ(あるいはリッチの取り巻き)はどこかから頻繁に情報を得ていて、逮捕をまぬかれていたのだ、と考えるのが自然かもしれない。ただし、いずれの側もそれを公式には認めていない。「モサドがヤツを助けていたと、わたしは確信している」とケン・ヒル元連邦保安官はフロリダでわたしに言った。スイスの元国連特使で国会議員のジャン・ツィーグラーは「(リッチは)スイス政府の、とくに司法警察省の保護を秘密裏に受けていた」と述べている。

リッチを一四年にわたって追いかけたケン・ヒルは、この点については一点の疑いも持っていない。この元連邦保安官は、リッチが多くの国々にとって貴重なビジネス・パートナーとなっていることを理解しているのだ。リッチはあまりにも重要な存在なので、そうした国々は彼をアメリカに引き渡すわけにはいかないのである。そんなことをしたら、いままで享受できたサービスを受けられなくなる。「ヤツはヨーロッパやアジアの多数の国々にコモディティを供給するキー・プレーヤーだからね」とヒルは言った。「だからさ、一〇億ドルを貸したり借りたりできる者たちはこの地球上にもほんのわずかしかいないんだ。それは入会がきわめて難しい会員制の超高級クラブ、きわめて強力なネットワークなんだ。そこに入れた者はセーフティーネットで護られることになる。ヤツはいろんな（情報）機関の保護を受けていたにちがいない」。

なるほど、こういう話を聞くと、アメリカの協力の要請に応えなかった国がたくさんあったのもうなずける。アメリカ当局は数カ国――いずれもインターポール加盟国――にリッチの仮拘禁を要請したが、それに応えた国はひとつもなかった。「リッチは多数の国に強大な影響力を有していたので、捕まえるのは難しかった」とハワード・サフィールも証言している（下院・政府活動委員会）。

わたしを破滅させるキャンペーン

「他の国々はアメリカと同じ見方をしなかった。だから〝わたしを破滅させるキャンペーン〟

の道具になることを拒否した」とリッチは静かに言った。「情報が漏れてきて、あなたは護られていたのですか？」という問いへのリッチの答えは、きわめて簡潔なものだった。「たぶん」とリッチは言い、ニヤッと笑ってワインをひとくち飲んだ。

政府の国際的な活動を当然知っている国務省の役人が、当時リッチと直接連絡を取り合っていたという事実を知る者は、いまになってもほとんどいない。リッチが逃亡犯とされ、他の政府機関に追いかけられていたときに、国務省は彼に接触していたのである。この点についてはあとの章でもう少し詳しく紹介する。中東というアメリカにとって戦略的にきわめて重要な火薬庫のなかでは、リッチはまさに外交官の役割を果たしうる存在だったのである。

リッチを追う者たちもそのことには気づいていた。なかでもハワード・サフィールは、遠慮なくきっぱりとその点を指摘している。「法執行の最大の障害は、国務省の官僚制を突破しなければならないということでした」と彼は下院・政府活動委員会で証言している。サフィールはさらに、「政策的制限」を批判し、自分の考えでは逃亡犯の逮捕に失敗したのは政府の最高レベルの支援がなかったからだと思う、と述べた。「もし政府の最高レベルで、あらゆる手段を利用してマーク・リッチとピンカス・グリーンを逮捕するのだという政治的決定がなされていたら、われわれは二人をすみやかに捕縛することができていたでしょう」とサフィールは言った。政府活動委員会も同じ結論に達した──「アメリカは二人の逃亡犯を取り戻そうとする政治的意志を欠いていた」。同時に、アメリカはこの事件を解決しようとする政治的意志をも欠いていた。

第13章 秘密交渉

一九九二年七月二八日、錚々たるメンバーがチューリヒで一堂に会した。その顔ぶれにふさわしく、会う場所にはチューリヒ一のホテル、ドルダー・グランドが選ばれた。ドルダー・グランドはチューリヒ湖を見晴らす高台に、スイス・アルプスの万年雪を背景にして建つ夏向きの最高級ホテルだ。リッチに雇われていた有力なコネをもつワシントンの弁護士、レナード・ガーメントが、もう一度検事たちを説得して事件の解決法を話し合うべきときがきた、と判断したのである。

サンディ・ワインバーグがマーク・リッチ事件を担当してから一一年の歳月が流れていた。その間、この事件を担当する連邦検事も連邦検事補も代わった。ワインバーグは一九八五年に連邦検事補をやめ、フロリダで弁護士となった。リッチ事件が最上のスプリングボードとなって、会社法専門の弁護士としてとても実入りのよいキャリアのスタートを切ることができたのだ。ちなみにワインバーグはいまだにこの事件を自己宣伝に利用している。彼がパートナーを務める法律事務所のウェブサイトには、次のような弁護士紹介文がある。「三二歳のとき検事として、国際投資家マーク・リッチと彼の商品取引会社ネットワークに対する告発を指揮し、それはアメリカ史上最も有名な脱税事件となる。ワインバーグ氏はリッチの複雑な税金詐欺の仕組みを解明し、わが国有数の弁護士事務所に所属するベテラン弁護士からなる彼の弁護団と闘い、勝利をおさめた」。一方、ジュリアーニは、公職を辞したのち一九八九年のニューヨーク市長選に出馬するも落選、ある弁護士事務所のパートナーとなった。四年後には当選してニューヨーク市長になる。

リチャード・ニクソンのホワイトハウス法律顧問を務めたこともあるレナード・ガーメントは、彼らの後任者が先任者よりも事件を冷静にながめられることを期待していた。後任者がリッチの起訴に含まれる基本的弱点に気づいて、譲歩する気になっていることを、ガーメントは期待していたのだ。一九九〇年一一月、ガーメントはジュリアーニの後任者オットー・G・オーバーマイアーに接触した。「この争議は、付随する脅しや宣伝とともに、適正な規模をはるかに超えて異常なほど膨れ上がってしまいました」とガーメントはオーバーマイアーへの二〇ページにもなる覚書に書いている。「この訴訟には憂慮すべき点がたくさんありますが、その中心となるものは犯罪行為ではない取引を刑事罰の対象としていることです。前例のないRICO法適用の結果、被告は裁判前に連邦地検の告発に降伏せざるをえなくなりました。……こうした訴訟の状況、それがもたらす重大な結果、法執行上のきわめて重要な問題点を考慮いたしますと、再検討が必要と判断せざるをえません」

マーク・リッチとの秘密の会合

オーバーマイアーはこの訴訟問題についてガーメントと話し合うことを承知し、マーク・リッチ本人に会いにスイスまで出かけようという気にさえなった。アメリカの連邦検事が被告と交渉するために外国に出かけるというのは、きわめて異例のことだった。当然リッチは、オーバーマイアーとなら交渉できるかもしれない、という希望をもった。オーバーマイアーだけでなくジェームズ・コミー連邦検事補も来るということを知って、この期待はさらに強まった。

こうしてオーバーマイアーとコミーは、一九九二年七月二八日（火曜日）の昼食時に、チューリヒのドルダー・グランドで、マーク・リッチ、レナード・ガーメント、リッチのスイス人弁護士アンドレ・A・ヴィッキと、ひとつのテーブルを囲むことになった。本題に入る前に、敵同士なかよくツルヒャー・ゲシュネッツァルテス・ミット・レースティを食べた。「子牛フィレ肉のマッシュルーム・クリームソース煮・ハッシュブラウン添え」というチューリヒ料理である。昼食後、ガーメントとヴィッキがクライアントの立場をはっきりさせた（第10章参照）。「『史上最大の脱税事件』という宣伝がなされていたので、わたしたちは検事たちに〝ウォルフマン－ギンズバーグ租税分析〟を再検討するよう求めた。もう一度（租税法）学者たちの分析を持ち出して、ニューヨーク南部地区の地検に自分たちの見解に欠陥があることを理解してもらおうとした」とヴィッキはそのときのことをわたしに話した。「彼らに話すのは簡単だった」とリッチは思い出す。彼の側はあらためて主な四つの大主張点を披露した。

①リッチの会社は全収入を正しく申告し、税控除額も適正だった、という租税法学者たちの結論。
②〝過酷な〟犯罪組織法の適用は本件では不適切な〝大ハンマー〟である、とする弁護士たちの見解。
③この種の訴訟はすべて、刑事裁判ではなく民事裁判で処理されてきた、という事実。
④エネルギー省は関連するケースで、リッチの会社から説明を受け、地検が告発している取引は適正なものだと認めた。

「オーバーマイアーとコミーは辛抱強く耳をかたむけていた」とリッチは言う。「最初はうまくいきそうに思えた」。友好的な雰囲気だったとは言えないにしても、一一年間で初めて互いに敬意をもって話し合いができたのだ。翌日もう一度会う約束まで交わされた。「われわれの自由にはならんのです」とオーバーマイアーは言った。政府が逃亡犯との交渉を厳しく禁じているのです、と連邦検事は言った。リッチがまずアメリカへ戻って裁判にかけられるということが大前提で、それがなされないかぎり問題となっている脱税告発の正当性を再検討することはできない、というわけだった。結局はオーバーマイアー連邦検事の立場も、ワインバーグやジュリアーニのそれと同じで、刑務所に入る覚悟をしてもらわなければ、その他の条件を話し合うことはできないし、連邦地検は下される判決についていかなる保証もすることはできない、というものだった。

刑務所暮らしは一日たりともごめんだ

ガーメント自身、検察側の交渉拒否にがっかりしてしまったが、リッチを励まそうとした。彼のクライアントには二つの選択肢しかなかった。いちかばちか裁判にすべてを賭けるか、それともいくつか有罪を認めて短期の刑期に甘んじるか。「二、三カ月ですよ」とガーメントはリッチに言った。

「贅肉を落とせます。どうということはありません。手錠をかけられることもない。すぐ出てこられます」（『ニューヨーク・タイムズ』二〇〇一年四月一一日付け「特赦をたくらむ」）。するとリッチはすぐさま言い返した。「一日だっていやだ。刑務所暮らしは一日たりともごめんだ。わたしは何ひとつ罪を犯していないんだ」。リッチには、子供のとき両親といっしょにモロッコの収容所に入れられた経験がある。それがトラウマのひとつになっていて、刑務所には絶対に入りたくないのだ、と親友たちは言う。なぜアメリカへ戻ることに同意しなかったのですか、とわたしが問うと、リッチは「性に合わない」と答えた。「わたしは無実なのだ。自由でいたい」

それでもリッチはあきらめようとはしなかった。決してあきらめなかったからこそ、彼は世界史上最も成功したトレーダーのひとりになれたのである。彼にとって、ノーは決して〝最終的なノー〟ではなかった。リッチはつねに長期的に考えた。自分の訴訟問題についてもその点は変わらなかった。「しばらくようすを見てから、また試みよう」というわけである。連邦検事や連邦検事補が代わるたびに、彼の弁護士たちが接触を試みた。マーク・リッチ事件を担当した検事たちの名前を並べると、アメリカ司法・紳士録のようなものができあがる。

一九九三年にオーバーマイアーが辞めると、メアリー・ジョー・ホワイトがニューヨーク州南部地区連邦地検では初めての女性の連邦検事となった。同年、彼女は世界貿易センター爆破事件の訴追を指揮し、成功をおさめた。さらに彼女は後年、クリントン大統領がリッチに与えた特赦をめぐる調査を担当してもいる。「いまが建設的な対話をするときだという意見にあなたが同意されることを、わたしたちは期待しております」とジャック・クインは話し合いを求める手紙に書いている（ホワイト宛て、一九九九）。しかし、その希望は打ち砕かれた。

イラン・コントラ事件の捜査で重要な役割を演じたジェラード・E・リンチが、ニューヨーク州南部地区連邦地検の刑事部長になると、彼は例の租税分析をした教授のひとりであるバーナード・ウォルフマンから一通の手紙を受け取った。そこにはこう書いてあった。「ギンズバーグ教授とわたしは、あなたのご都合のよいときに、わたしたちの見解について話し合えれば幸せだと考えております。あなたがそうする機会を与えてくださることを願っております」（一九九〇年一二月七日）。リンチはその機会を与えなかった。

パトリック・フィッツジェラルドも、連邦検事補のときに手紙を受け取った。彼はのちに、特別検察官として司法省によるファレリー・プレイム・ウィルソン事件（政権中枢がＣＩＡ［米中央情報局］要員暴露漏洩をしたとされる事件）の捜査を担当し、一躍有名になった。「わたしたちが求める話し合いは、明瞭かつ重大な問題に関するものであります。多少のお時間を割いていただければ、地検の方針に抵触することもなく、その問題の解決は可能になると断言できます」とリッチの弁護士ローレンス・Ａ・アージェンソンはフィッツジェラルドに書き送った（一九九四年六月二七日）。フィッツジェラルドはこの要請をはねのけた。

逃亡犯とはいっさい交渉しない

リッチの弁護士たちが同じ論拠を何度も繰り返し示したのとちょうど同じように、検事たちも同じ理由でリッチ側の要請をしりぞけつづけた。「証拠について徹底的に話し合えば、われわれがあなたのクライアントの有罪を証明できることがおわかりいただけるはずです。したがって話し合っても、ほとんど何も変わらないと、われわれは確信しております」とフィッツジェラルドはアージェンソンへの返信に書いている（一九九四年六月二七日）。「いずれにせよ、あなたのクライアントは逃亡生活を続けることでしょう——きっとまた弁護士を代えたりして。それゆえ、訴訟へのメリットという点を考えた場合、話し合いは不適当かつ無意味と言わざるをえません」

「刑事罰について逃亡犯とは交渉しないというのが、われわれが厳しく守り通している方針です」とメアリー・ジョー・ホワイトはジャック・クインへの返信に書いている（二〇〇〇年二月二日）。「そのような交渉を行えば、被告に逃げつづけようというインセンティブを与えることになります。被告に不適切な余裕を持たせ、自分が求める条件が認められない場合は、あるいは認められるまでは、逃亡していようと思わせてしまうことになります」。思慮深く、ユーモアも解するアンドレ・ヴィッキは、このホワイトの返事にはいまもって腹が立つ。「そんな方針はない。事実は逆だね。ニューヨーク南部地区の地検でもどこでも、帰国して裁判を受けようとしない刑事訴追された個人との交渉・取引に応じてきた」とヴィッキは言う。

驚くべきことに、繰り返し拒否されて失望するだけに終わるニューヨーク州南部地区連邦地検への働きかけに、リッチは駄目でもいいという気持ちで、莫大な時間と資金を注ぎこみつづけた。弁護士費用だけでも数百万ドルにのぼる。弁護士ひとりが五万五〇〇〇ドルの報酬を受け取るのも珍しいことではなかった——月額である。

「双方の個人的な利害や感情が、フェアな解決の邪魔をした。わたしは試みつづけたが、成果はなにひとつ得られなかった」とリッチは、まるで宝くじの結果でも話すように、事もなげに言った。では、いったいぜんたいなぜ、努力しつづけたのか？「それがふつうだよ」と彼は言う。「わたしは無実なんだから」。「あなたはこう自分に言い聞かせることもできたのではないですか――」とわたしは食い下がった。「『スイスにいれば安全だ、ビジネスはうまくいっている、アメリカの訴訟のことは忘れて先へ進もう』と」。「そうしようと何度も思った。でも、できればきちんと片をつけたい、という気持ちが消えなかった」とリッチは答えた。片をつけて得られる利益といいますと？と、わたしはさらに問うた。「完全に自由になれるじゃないか」と彼は言った。「いまのようにね」。ニューヨーク州南部地区連邦地検の検事たちは、なぜああまで頑なだったのでしょう？「交渉・取引による解決では、欲しかったものが何も得られなかったからじゃないかと、わたしは思う」とリッチは穏やかな口調で言い、当時検事たちに感じていた激しい怒りなどおくびにも出さなかった。「マークはもうほんとうに困り果てていた。どうして自分がこんなにそしられ、言い分を聞いてさえもらえないのか、まったくわからなかった」とローレンス・アージェンソンは打ち明ける。

懲罰時代

マーク・リッチの弁護士たちは、ニューヨーク州南部地区連邦地検が実行したようなアメリカの訴追行為への不満を隠そうとしない。「この真実が地検にとってはどうでもよかったということ、そして、政治システム全体が検事たちにこれほど勝手な行動を許したという事実は、ウォーターゲート事件後にわが国の政治がおちいった危険な状態を如実に示す証拠のひとつである」とレナード・ガーメントは〝懲罰時代〟に言及しつつ書いている。「あらゆる政策問題にスキャンダルというレッテルが貼られ、政府との係争はすべて刑事事件と見なされた、ポストベトナム、ポストウォーターゲートのアメリカ政治の渦巻きのなかに、（マーク・リッチもまた）運悪く引きずり込まれてしまったのだ」（『懲罰時代にマーク・リッチを弁護する［Representing Marc Rich in a Vindictive Time］』二〇〇四）。問題の連邦検事たちにとっては「ミスが犯されていないかどうか再検討するよりも、地検の威信を保つことのほうが、はるかに大事だった。そのような重要な訴訟で、もし間違いを犯していたということになったら、評判と影響力は確実に低下する」とロバート・フィンクは言う。

マーク・リッチはほぼ二〇年間、ＦＢＩ（米連邦捜査局）最重要指名手配犯リストに載せられた。彼の名は二〇〇一年一月二一日——ビル・クリントンが彼に特赦を与えた翌日——にようやくリストから取り除かれた。指名手配リストに載せられていたせいで、リッチの事業活動は難しくなりはしたが、ストップすることはなかった。「事実は噂とはちがう。わたしはかなりの国に出かけることができた。だから窮屈な思いはあまりしなかった」とリッチは言う。これには彼もたいへん満足していたようだ。

第14章

成功の秘密――アンゴラから南アフリカまで

だれもが驚いた。「ビジネス界の七不思議のひとつ」にほかならない、と言う者さえいた（『フォーチュン』一九八八年八月一日号「なぜマーク・リッチは以前にも増してリッチになったのか？」）。リッチは世界最強国に追われ、取引をあらゆる手段で邪魔されたにもかかわらず、会社を拡大させつづけることができ、ついには世界最大にして最も成功した独立系の石油・金属商社をつくりあげてしまったのだ。ニューヨークで起訴された七年後の一九九〇年、彼は一二八カ国でビジネスを展開し、世界中に四八の事務所を構え、一二〇〇人の従業員を抱えていた。一日に売り買いする原油量は、クウェートの日産量よりも多い、一五〇万バレルにものぼった。リッチが治める商品取引帝国は、年間売上高三〇〇億ドル、年間利益二億ドルから四億ドル、という規模にまでなった。そしてリッチ個人の資産は推計一〇億ドル。『フィナンシャル・タイムズ』紙は、「世界史上最も富み栄えた最強の商品トレーダーのひとり」と、ほとんど畏敬の念をこめて書いている（一九八八年九月一日付け）。

マーク・リッチ社の行く末について途方もなく楽観的だった者たちでさえ、ここまで成功するとは思っていなかった。五年前には、リッチの訴訟沙汰と逃亡生活ゆえに、評論家もテレビのコメンテーターもビジネスピープルもみな一様に、リッチは〝終わった〟と見なしていたのである。会社設立当初からのパートナーのひとり、ジャック・アチュエルも、〝終わり〟は近いと確信し、会社を去ることにした。以来アチュエルとリッチは言葉をひとことも交わしていない。というわけで、予想をくつがえすリッチのカムバックは、商品取引の世界に計り知れない衝撃を与えた。

リッチはどうやってそれを成し遂げたのか？　どうやって競争相手を打ち負かすことができたのか？　ほかの者たちとはどこがどうちがうのか？　なぜ彼のほうが強かったのか？　マーク・リッチの成功の秘密を解明するには、こうした問いに答えることがぜひとも必要になる。リッチの語られざる成功の真相に迫るため、わたしは三年をかけて、五つの大陸に散らばる数十人におよぶ商品トレーダーたちにインタビューした。その三年間（二〇〇六～二〇〇八年）に世界――とくにアメリカ――は、何十年ものあいだ絶えてなかったドラマチックな変化にみまわれた。二〇〇八年に始まった金融恐慌は、最も悲観的な者たちしか考えてなかった展開のしかたをした。一八五〇年に創立された名門投資銀行リーマン・ブラザーズが破綻し、それはアメリカ史上最大の倒産となった。ゴールドマン・サックスやモルガン・スタンレーも投資銀行としてのステータスを失った。まさにひとつの時代の終わりだった。

長期思考だ、愚か者め！

あのクレイジーな期間を振り返り、ここ何十年かのあいだで最悪だった金融危機の根本的原因を探ってみると、ひとつの答えがくっきりと浮かび上がってくる。一九八〇年以来、金融機関の経営陣のあいだにはびこっていた短期思考というやつだ。当時、四半期の利益以上に重要なことは何もないように思えた。何十年にもわたって培われた経済的常識が、もはや重要とは見なされなくなっていた。二、三〇％の株式配当？　二桁の利益成長率？　リスクの高いレバレッジ投資で手早くもうける？　高額報酬？　かつては異常なことと見なされたこうしたことがすべて、あたりまえのことのようになっていたのである。歴史が繰り返し教えてくれているように、うますぎる話はそのうち破綻する。しかし、それがマーク・リッチとどんな関係があるというのか？　一見ないようにも思えるが、よく考えると大ありなのだ。すでに見たように、リッチの会社はさまざまな意味で、次の四半期の向こうまで見通すこともできなかったような没落ビジネス・エリートとは正反対の存在なのである。原油価格が新記録を打ち立てるような時代には、一本の電話で数秒のうちに何百万ドルもかせぐ男、といったような商品トレーダーの神話が生まれもする。だが現実は、それとはまったく違うものなのだ。商品取引というのは実は、利益幅の小さい資本集約的な厳しいビジネスなのである。通常の時期なら、二、三％の利益を上げられれば大満足ということになる。利益幅がそれよりもかなり大きくなるのは、一九七三～七四年と一九七九～八〇年のオイルショック期間のような不安定な時期のみである。

商品取引のような市況ビジネスでは、トレーダーとして成功するにはたえず遠い未来まで見通していなければならない。「成功の秘訣――大金をつかむ秘訣――は長期思考」とリッチは言う。鉱山を買い取る交渉のために南アフリカに六カ月滞在？　融資金の回収を確実にするためにキューバに六カ月滞在？　完成に何年もかかる製錬所に融資？　こうした行動は、四半期の利益にしか頭がいかないような会社には考えられもしないことだろう。　長期思考が事実上忘れ去られているビジネス分野もある。一方、同族会社には、ひとつの世代が必ず次世代のことを考えるという昔ながらの長所がある。この長期思考こそ、リッチの成功の最も重要な秘密だと、わたしは信じている。彼が長い年月にわたってとってきた戦略や行動の多くも、この長期思考によって説明可能だ。

リッチはつねに長期契約をとることをめざしてきた。経済的観点から言うと、新しい市場を開拓し、コネをつくり、契約の交渉をするには、かなりの費用がかかる。だが、ひとたびビジネス関係が確立されれば、いわゆる取引費用の多くがもはやいらなくなる。その関係が長ければ長いほど、限界費用が少なくなり、利益は大きくなる。「新しい国に乗り込んで、一〇〇万ドル稼ぎ、すぐに帰ってしまう、なんてことは、わたしたちはしなかった」と、一九七〇年代にリッチの下で働いてアフリカの市場を開拓したトレーダーは言った。「わたしたちは、そこにずっと居つづけるということを相手に信じさせたかった。それが成功のたいへん重要な基盤になった」

賄賂

下院・政府改革委員会は、リッチの成功についてまったくちがう見方をしている。第2章でも紹介したように、同委員会は「現地の腐敗した役人への組織的な賄賂およびリベートに依存する」商品取引帝国をつくりあげたとしてリッチを非難した。同委員会はさらに、リッチは「法的・倫理的制限にまったく縛られず、人の道を踏みはずしさえして、ビジネスを推し進め」、財を成した、とも主張した。「リッチの場合、関心があるのは金儲けだけで、そのためなら手段を選ばない」と、彼の会社で働いたことがあるスイス人トレーダーはわたしに言った。「リッチには罪の意識なんてまったくない」とアルミ産業の競争相手は言った。「才気だけではあれほどの金は儲けられない。わたしが彼みたいに魂まで売り渡さないということは、業界の者ならみんな知っていた」

「それはちがう」とリッチは、こうした非難について意見を求められたとき、憤慨するふうもなく言った。たしかにマーク・リッチ社は、賄賂――莫大な賄賂――を利用しなければ、ここまでビジネスを拡大することはできなかっただろう。中東やアフリカで働いたことのある者ならだれでも――会社の行動規範に反してでも――アン・プチ・カドー（ちょっとしたプレゼント）、スイートナー（甘味料）、バクシー（チップ）などと呼ばれる賄賂を与えなければ、そもそもビジネスなどできないことを知っている。A・クレイグ・カピタスの『メタル・トレーダー』（新潮社）に引用された匿名トレーダーの話では、リッチの会社はNIOC（イラン国営石油会社）の理事に一二万五〇〇〇ドルの賄賂を贈ったという。また同書によると、ナイジェリアの運輸相は一〇〇万ドルの賄賂を受け取って、政府がリッチとのビジネスを継続するように取り計らったという。リッチはこうした賄賂（および他の賄賂）の詳細については語ろうとしないが、贈賄を許可したことはあるかと問われれば、ノーとは答えない。「賄賂を払って初めて、だれもが納得できる価格でビジネスができるようになった」とリッチは主張する。「その価格は、売る国または買う国の政府にとって決して不利なものではない」

第三世界でビジネスするために役人や政治家に賄賂を贈るというのは、ふとどききわまりない極悪非道な行為とは言えなかったとしても、倫理規範は個人でそれぞれちがうので、道義的に問題あり、と見なされてもしかたない。それでも贈賄は間違いなく〝常識〟で、商品トレーダーだけがやっていることでもなかった。他国の役人に対する贈賄は、アメリカでも一九七七年に海外腐敗行為防止法が成立するまでは合法だった。そしてスイスでは二〇〇〇年まで合法だった。以前はスイスを初めとする多数の国々の会社が、賄賂を「必要経費」として税申告のさいに控除できたのである。リッチの弁護士たちは、こうした腐敗について問われれば、彼はスイスの法律を破ったことは一度もないと主張する。ナイジェリア、ザイール（悪名高い二大腐敗国）といったアフリカ諸国で仕事をしていたあるトレーダーは、わたしにこう言った。「基準になるのは法律で、道徳ではない。トレーダーとしてやっていくには、自分の持っている道徳観に縛られないようにしないといけない。それができなければ、会社を去るしかない」

リッチの場合、腐敗した役人のおかげで、競争相手よりも早く取引をまとめられたということはあったかもしれない。たしかに賄賂のおかげで競争相手に勝つこともあっただろう。しかし、リッチの成功の原因をそうした行為のみとするのには無理がある。リッチが商品取引を何十年ものあいだ支配できたのは、単に賄賂を利用したからではない。「賄賂を使えばトレーダーとして成功するというわけではない。賄賂に頼るトレーダーはそう長くは生き延びられない」と、匿名を希望した世界有数の商社の幹部は言う。アルジェリア国営石油会社ソナトラックの重役スリマン・ブーゲラによれば、「（リッチは）すごい才能の持ち主だったので生き延びられた」（『フォーチュン』誌一九八六年一二月二二日号「リッチのライフスタイル」）。

ミスター・リッチの才能

リッチの才能については、すでにいくつか紹介した。リッチは競争相手よりも素早く、アグレッシブだった。他のトレーダーよりも早くトレンドに気づき、新市場を創出することができた。リッチ自身はこの才能——好機に気づく能力——を自分の最も重要なスキルととらえている。一九七〇年代半ばから後半にかけて、石油価格は上昇しつづけるという予測のもとに、イラン、ナイジェリア、アンゴラ、エクアドルと積極的に長期契約を結んでいったのは、やはり天才のなせる業と言わざるをえない。

リッチと取引した国々は彼が提供するサービスを高く評価したので、体制が変わってもリッチとの契約を反故にせずビジネスを継続する国がいくつもあった。たとえば、フィデル・カストロの共産主義革命後のキューバ、ホメイニのイスラム革命後のイランがそうだったし、アパルトヘイト後の南アフリカだってそうだった。ただ、こうした体制転換後のキューバやイランとの関係を維持する能力は、アメリカの外交政策とはまったく相いれないものだった。

リッチはほかの人々が踏み入るのを恐れる場所——あるマーク・リッチ社の社員の表現では「旅人が少ない道」——に入っていった。市場がまだ開拓されていないアンゴラ、ザイールといった国々では、地理的意味でそうだったが、彼はそれに加えて道義的・法的意味でもそういうことを行った。つまりリッチは、良心の呵責に苛まれることなく、キューバ、イラン、アパルトヘイト下の南アフリカ（三国ともアメリカや他の国々の禁輸措置の対象）と取引した。そしてこれらの国々との取引は、リッチにとってはたいへん儲かるものだった。三国とも、危険を冒してまで自分たちの要求を満たしてくれるリッチに、喜んでプレミアムを払ったからである。こうしてリッチはたちまち「カネのためなら何でもする男」との悪名を授かった。

リッチはいわば、表向きは互いに係わりを持ちたくない者同士をビジネスに引っぱりこむ仲介者だった。たとえば、イランとイスラエルの、アラブ諸国と南アフリカの、共産主義者と資本主義者のあいだをとりもつビジネスを成立させた。今日まで秘密にされていたこの種のビジネスの例がもうひとつある。マーク・リッチは、ダニエル・オルテガ率いるサンディニスタ政権下のニカラグアに頼まれて、同国がリビア、アルジェリアといった「社会主義兄弟国」から受け取った安い石油を世界市場で売った、というのだ。「わたしは石油が欲しかったし、向こうはカネが必要だった」と、一九八〇年代にその取引に係わったマーク・リッチ社の社員はわたしに言った。これもまた商品取引に特有な逆説的な状況と言えるだろう。商品取引には一見しただけではよくわからない複雑な側面がたくさんあるという事実をよく示すエピソードなのである。左翼はリッチを第三世界の搾取者と非難したが、同じ左翼系の人々の多くが「自由の戦士」と理想化するサンディニスタの財政を支える手助けをしたのもまた、リッチの会社だったのである。

アイン・ランド

商品トレーダーたちに仕事について尋ねると、「商品取引の基本はサービスを与えること」という答えを繰り返し聞かされることになる。「商品取引はサービス・ビジネス。売り手と買い手を見つけて仲介し、サービス料を稼ぐというのが、わたしたちの仕事だ」とリッチ自身も言っている。リバタリアニズムの哲学者アイン・ランドは「正しい取引は、価値を与えて価値を受け取るという原則にしたがうもの」（『答え［Answers］』二〇〇五）と書いているが、商品トレーダーがやるべきことはまさに、その取引の原則を実現すること、と言ってもよい。

アイン・ランドの哲学はリッチの人生に大きな影響をおよぼした。彼女が提唱した「合理的エゴイズム」は、自分の人生を最も価値あるものとし、自己の幸福の獲得を最も重要な目的とするものだった。「利己主義というのは、他人にはいかなることも強制することなく、自分自身の判断にしたがって生き、自分自身の生産的努力によって生きるということ」とアイン・ランドは『利己主義という気概』（ビジネス社）に書いている。アイン・ランドはまた、一九五七年に出版されたモデル小説『肩をすくめるアトラス』（アトランティス社）で、ビジネスピープルを自分の意志でさまざまなものを創造して繁栄をもたらす、勇気ある「資本主義のヒーロー」として描いている。主人公のひとりハンク・リアデンは、一介の労働者から身を起こして、アメリカ最大の製鉄会社の経営幹部にまでなる実業家だが、国が定めた販売規制法にしたがわなかったかどで裁判にかけられ、メディアから「貧欲な社会の敵」と糾弾される。どこかで聞いたような話ではないか。そう、リッチの運命と驚くほど似ている。

「価値を与えて価値を受け取る」。リッチと彼が率いるトレーダーたちは、この原則を完璧に実行し、それによって欲しい長期契約を獲得したのだ。「マーク・リッチのところの人々はいつも、事前融資、コネ、銀行口座といった対案を提供する用意があった」と、ガーナの実業家はわたしに言った。マーク・リッチ社は、このやり方を推し進め、すぐに発展途上国で投資銀行のような役割まで演じはじめた。信用度が低いために、通常の金融市場で資金を得るのが難しい国があったのだ。そうした国は、資金を貸してくれる者を見つけることができても、法外な金利を要求された。そこでリッチの会社が、ジャマイカ、ザイール、南アフリカ、ナミビア、アンゴラで、鉱山施設、製錬所、製油所、石油掘削施設の建設に必要となる資金を提供した。その見返りにリッチが求めたのは、その国が生産する全コモディティを売る権利――一年以上の独占権――だった。

「あなたがたはわたしたちを必要とし、わたしたちはあなたがたを必要としている。そういう関係を築かないといけない」。これは、リッチのトレーダーのなかでも最も成功した者のひとりが、未来の顧客に接触するときの姿勢を説明するのに使った言葉だ。長期契約をとるために貴重なサービスを提供するというこの戦略は、とくに次の四カ国とのリッチの取引にはっきりと見てとれる。共産主義体制下のアンゴラ、社会主義と経済的自由主義が交互に政権をとったジャマイカ、アパルトヘイト下の南アフリカ、世界最貧国のひとつである東アフリカのブルンジ。これら四カ国はあらゆる種類の政体を網羅していると言えなくもない。そうした四カ国に、リッチはまさに彼らが拒否できないような提案をしたことになる。

謎の人物、ムッシュー・ヌドロ

ムッシュー・ヌドロは一九八〇年代前半にＮＩＯＣの〝知人〟としてその名を知られた人物で、ブルンジ人の黒人だった。ブルンジは東アフリカに位置する最貧国で、もともとはドイツの植民地だったが、その後ベルギーの委任統治領になり、一九六二年に独立した。ムッシュー・ヌドロは、ブルンジのためにコモディティを買い入れる国営商社コブコの重役だった。そしてコブコのオフィスは、ＮＡＴＯ（北大西洋条約機構）本部もあるベルギーの首都ブリュッセルの大使館地区の中心部、マリー・ドゥパージュ通り7にあった。

イランの役人たちはムッシュー・ヌドロの声しか知らなかった。彼はブリュッセルからテヘランのＮＩＯＣ本社に頻繁に電話を入れた。もしイランの役人たちがムッシュー・ヌドロに実際に会う機会があったら、彼らはびっくりしたことだろう。ムッシュー・ヌドロは実はブルンジ人でも黒人でもなかったからだ。彼はマーク・リッチの下で働く白人トレーダーで、ブルンジ人のふりをしているだけだった。コブコにしても、だれもが信じていたようなブルンジの国営会社ではなかった。コブコの実体は、リッチの会社とブルンジ政府が五〇％ずつ出資した合弁会社だった。

それは革命後のイランと取引するために設立された会社だった。のちにムッシュー・ヌドロの役を演じるトレーダーが、仲介者を通してブルンジ政府と接触し、なんとも独創的な取引を持ちかけたのである。ブルンジはイラン革命政府に石油供給の長期契約を結ぶよう働きかけるべきだ、というのだ。いまも実名公表を望まないムッシュー・ヌドロは、合弁会社がこの取引から得た利益について熱をこめて語った。「ブルンジの代表団が石油契約を交渉するためにテヘランまで出かけていった。わたしは裏で代表団に指示を与えた。ブルンジのような最貧国がイランのイスラム政権に有利な支払い条件を求めることは可能だと、わたしは判断したんだ。わたしは代表団にこう言うように指示した――『OPEC（石油輸出国機構）公式価格で支払うが、支払い期日を現物受け取りの一年後としてほしい、そうでないと支払えない、それから無利子でお願いしたい』」。ムッシュー・ヌドロは、イランがコーランに書かれているルールに基づくイスラム経済を発展させていることを知っていたのだ。コーランでは、利子をとってはならないとされている。長い交渉のすえ、イランはついに、ブルンジ代表団が提案した取引条件に同意し、二国は原油供給の長期契約を結んだ。

リッチは、ペルシャ湾に面するイランのバンダル・アッバース港から原油を積み出すためにタンカーをチャーターした。原油はそのタンカーによってケニアの製油所へ運ばれるのだとＮＩＯＣは信じていた。原油はケニアで精製され、今度はタンクローリーで内陸国のブルンジへ運ばれ、そこで経済を動かして同国の発展を助ける、ということになっていたのだ。ところが現実はまったくちがっていた。「いやあ、大儲けしたよ」とムッシュー・ヌドロは、ヨーロッパのある国の首都にある自分のオフィスでわたしに言った。そして、椅子の背に上体をぐっとあずけ、タバコの煙を深々と吸い込んだ。「ふつうなら原油を受け取ったら三〇日以内に支払いを済ませないといけない」と彼は説明した。「だが、この取引の場合、支払いは一年後でよかった、しかも利子を払う必要もなかった」

リッチの会社にとっては、まさに一石二鳥だった。その〝二鳥〟とは何かというと、まずOPEC公式価格（ふつうスポット市場価格よりも安い）で原油を買えるということ。そしてもうひとつは、支払いは一年後でよいということ。買い手のほうは通常の期間内に代金を支払わなければならなかったから、売り手のリッチの会社はその支払い期間の差でも利益を上げることができたのである。なにしろ一九八〇年代前半は、プライムレート（最優遇貸出金利）がなんと一八％もの高率だったのである（ちなみに二〇〇九年二月のそれは三・二五％）。つまりリッチは価格に一八％ものプレミアムをつけて売っていたようなものなのだ。実際にブルンジまでとどくのは、買い入れた石油のほんの一部にすぎなかった。石油の大半はマーク・リッチ社がスポット市場に出して高値で売ってしまった。交渉のテーブルでは、マーク・リッチ側もブルンジ側も、高笑いしながらこの途方もない商取引をとり結んだ。双方が高笑いしながらできる取引――それこそリッチが理想とするものだった。「われわれはブルンジから石油を流してもらいたかった。ブルンジはカネが欲しかった。で、どちらも大儲けした」とムッシュー・ヌドロは打ち明けた。そして言葉をフランス語から英語に切り換えて「あのアフリカ人たちはビジネスのしかたを知っている」と言い添えた。

アンゴラの不条理

南西アフリカに位置する石油に富むアンゴラは、最大級の〝冷戦パラドックス〟の舞台となった。一九七五年にポルトガルから独立すると、アンゴラはたちまち激烈な内戦に引きずりこまれ、二七年ものあいだ戦乱の地と化す。資本主義の西側と共産主義の東側の代理戦争の場となったのである。ＭＰＬＡ（アンゴラ解放人民運動）が打ち立てた共産主義政権が、独立後の権力をにぎり、ソ連とキューバから資金援助を受けた。その政権に反旗をひるがえしたＵＮＩＴＡ（アンゴラ全面独立民族同盟）は、資金面でもイデオロギー面でもアメリカと南アフリカの支援を受けた。

アメリカの石油会社ガルフ・オイル（現シェブロン）は、一九六八年以来、アンゴラの小さな飛び領土カビンダの沖の南大西洋で、石油生産を続けていた。共産主義勢力が権力をにぎると、外国の石油会社のほとんどがアンゴラを去り、そうした会社に所属する石油のエキスパートたちも引き上げて、生産施設は国有化された。だがガルフ・オイルはとどまり、ＭＰＬＡ政権を受け入れ、共産主義者たちに協力するようになった。こうしてアメリカの石油会社がＭＰＬＡ政権の国庫収入のかなりの部分を稼ぎ出すという異様な事態となり、カビンダのガルフ・オイルの石油生産施設は反乱武装勢力ＵＮＩＴＡの最大のターゲットになった。ＵＮＩＴＡは

ＭＰＬＡ政権最大の収入源を破壊したかったので、飛び領土への攻撃を頻繁に繰り返した。

そこで、フィデル・カストロがＭＰＬＡを支援するためにアンゴラに送り込んだキューバ部隊が、カビンダに駐留することになった。共産主義キューバの兵隊が、資本主義国アメリカのペンシルベニア州ピッツバーグに本拠をおくガルフ・オイルの石油生産施設を、アメリカに資金援助されたＵＮＩＴＡの攻撃から護ることになったのである。

一九七六年、共産主義政権はアンゴラ国営石油会社ソナンゴルを設立した。ソナンゴルはアンゴラ石油の生産・販売の独占権を有したが、専門知識のある経験豊かな人材を欠いていた。エキスパートの大半はすでに国から出ていってしまい、残っているのはガルフ・オイルの専門家だけだった。アンゴラ政府がみずから石油を市場に出して売るつもりなら、独立系の経験豊富な仲介者が必要になる。アンゴラ政府はうってつけの仲介業者をスイスのツークに見つけた。

「わたしたちはかなりのあいだアンゴラの専属エージェントをやった」とリッチは、ツークのオフィスでコーヒーを飲みながら説明してくれた。ソナンゴルがアンゴラとマーク・リッチとの合弁会社であることは今日まで秘密にされてきた。アンゴラでもリッチは「ウィン・ウィン」の――つまり双方が同様に利益を得られる――状況をつくりあげたのだ。「アンゴラ人は国際石油市場で経験を積みたかった」とリッチは言う。リッチのほうは金を稼ぎたい、それだけ。リッチがしたいのはそれ。だからここでも「価値を与えて価値を受け取る」という関係が成立した。

そしてこの合弁事業はさらなる奇妙な事態へと発展する。アメリカの石油会社エクソン（現エクソンモービル）が、ガルフ・オイルのアンゴラでの成功に気づき、アフリカの石油取引に参入しようとしたのだ。エクソンの幹部がソナンゴルの代表との話し合いを求め、双方が会うことになった。エクソン側はアンゴラの国営会社にマーク・リッチ社が参加していることをまったく知らなかった。会議室の席について待っていたエクソンの代表たちは、当然、共産主義者で黒人の役人がやって来るものと思いこんでいた。ところが部屋に入ってきたのはピンキー・グリーンで、親しげに「やあ、どうも」と挨拶したのだ（カピタス『メタル・トレーダー』［新潮社］）。エクソンの幹部たちは唖然としたのではないか。

リッチはまた、共産主義国家アンゴラが、単独では獲得できなかったにちがいないもの――それなしでは石油取引を始められなかったにちがいないもの――を得られるよう取り計らいもした。つまりリッチの会社は、資金問題を解決するのが得意で、それが強みになっていたのだ。アフリカでは有数の商品取引のエキスパートはわたしにこう言った。「アフリカでビジネスをする場合、価格だけで勝負したのでは成功しない。相手の資金問題をも解決してやらないといけないんだ。資金問題が解決できれば、どんな競争相手にも勝てる。それこそキングになれる」

マーク・リッチ社がソナンゴルに係わったのは一九八三年まで。それからは、充分に学んだアンゴラが、みずから商社を設立して、マーク・リッチ社が果たしていた仕事を自分たちだけでこなせるようになった、というわけである。アンゴラはリッチとの合弁事業のおかげで、アフリカで第二位の産油国になった。「彼らは市場について何も知らなかった。われわれが一から教えたんだ。ほんとうさ。で、われわれがやったことを真似ることができるようになった」とマーク・リッチ社の幹部社員のひとりは言う。「われわれが彼らにビジネスの秘訣を教えたんだ」

ジャマイカに夢中

一九八九年二月一〇日、ツークのマーク・リッチ社のジャマイカ担当セクションは不安に呑みこまれた。カリスマ性のある政治家マイケル・マンリーが、キングストンで首相に選ばれたからだ。社会主義を標榜する彼の人民国家党が、地滑り的大勝利をおさめたのである。リッチの部下たちは最悪の事態を覚悟した。「わたしたちは、マンリー配下の者から電話がかかって『スイスにとどまれ、ジャマイカには戻ってくるな』と言われるのを待っていた」と、そのとき暗澹たる未来に絶望を募らせたトレーダーのひとりは言う。当時、マイケル・マンリーはヨーロッパの左翼のヒーローだった。この元組合専従者は、アメリカを帝国主義的だとして過激な表現で非難し、共産主義キューバを国造りのお手本として公然と称賛した。そして、ジャマイカの自然資源の活用のしかたを、選挙戦の争点のひとつにした。ジャマイカは世界有数のボーキサイト生産国なのである。マンリーはジャマイカのマーク・リッチへの協力を強く批判していた。

リッチは石油取引で名を馳せたが、すでに見たように彼の会社は、アルミから亜鉛まで、さまざまな金属・鉱物をも売買していた。ボーキサイトはアルミニウムの原料となる酸化アルミニウム（アルミナ）を含む鉱石で、リッチはその取引だけで会社の収益の四分の一ほどを稼ぎ出していた。実際に業務にあたったのはマーク・リッチ・インターナショナルの後身クラレンドン・リミテッド。クラレンドンはすでに何年にもわたってジャマイカ政府と直接取引していた。ところが「リッチとの取引をすべて停止し、彼の会社と政府との契約をしっかり見直す」と国民に約束していたマンリーの人民国家党が政権をとってしまったのだ。党大会には〝手を血で濡らしたマーク・リッチ〟を写真の切り貼りで描いたプラカードも登場した。リッチは典型的な搾取者、〝外国の寄生虫〟として糾弾されていたのである。

だから、マンリーのジャマイカ国会での初答弁には、リッチを批判していた者たちは大いに失望した。一九八九年三月の予算審議中にマンリーは、「マーク・リッチの件」では判断ミスをしていたことを認めたのだ。政府は「もちろん」リッチとの契約を尊重する、と明言したのである（『アメリカン・メタル・マーケット』一九八九年三月八日号「ジャマイカ、アルミナ契約に注目」）。世界中のリッチ批判者――とくに、マンリーとは親密な関係にあった反アパルトヘイト運動の活動家たち――はがっかりした。彼らはマンリーが速やかにリッチと手を切ることを期待していたのである。なぜマンリーはそんな信じがたい一八〇度転換をやったのか、と彼らは自問せざるをえなかった。

リッチの事業に係わったある銀行家が、その問いへの明快きわまりない答えを教えてくれた。「マーク・リッチはジャマイカを救ったんだ。救済したんだ」と彼は言う。当時、つまり一九八九年の春、ＩＭＦ（国際通貨基金）の職員がキングストンに滞在して、ジャマイカ政府の財政を検査していた。ＩＭＦがさらに融資するかどうかは、その検査の結果次第だった。カリブ海に浮かぶ島国ジャマイカは、麻薬常用者が麻薬に依存するように、外国からの借金に頼りきっていた。まさに借金漬けで、国際収支は大幅な赤字、ジャマイカ・ドルの価値はどんどん下がりつづけていた。だから一九八九年の春、ジャマイカはＩＭＦの検査官の試験に落第するかに見えた。最も重大なことは、ＩＭＦが利息の支払いとさらなる借り入れに必要と考える外貨準備高を、ジャマイカが維持できていないという点だった。ジャマイカの外貨不足は四五〇〇万ドルにのぼり、新政権は早急にその穴埋めをする必要に迫られていた。早いところなんとかしないと、ＩＭＦからジャマイカへの資金の流れがストップしてしまうのだ。ストップしてしまえば、ジャマイカは支払いができなくなり、経済は計り知れないダメージを受け、国民は困窮する。

社会主義者だって、貧すれば選択の余地はなくなる。首相の座につくとすぐマイケル・マンリーは、クラレンドンの経営幹部と話し合いを始めた（『アメリカン・メタル・マーケット』一九八九年七月六日号「ジャマイカのマンリー、攻撃をやめる」）。クラレンドンの幹部たちは資金を貸し付けてジャマイカを助けるというリッチのアイディアを検討し、それでは解決にならないことに気づいた。外貨準備高の不足を補うために他国から借金することをＩＭＦが禁じていたからである。だから通常の貸し付けでは駄目だった。だがリッチの部下たちは、ちょっとした〝会計操作〟で問題を解決できると考えた。彼らはジャマイカがどうしても必要とする四五〇〇万ドルを、貸付金としてではなく、未来の酸化アルミニウム供給に対する前払い金として与える、という提案をしたのである。これでジャマイカは救われた。ＩＭＦは政府の財政状態を合格と判定し、新たな融資を認めた。

リッチはこうしてマンリーを事実上買収し、ジャマイカを人質にとったのだ、と批判する者たちはいる。だが当時の状況はそれは厳しいもので、いかなる銀行も、また国際機関も、むろん会社も、ジャマイカには一セントたりとも貸そうとはしなかったのである。なにしろジャマイカは四〇億ドル以上の負債に苦しみ、信用などこれっぽっちもなかったのだ。「他社だったら、こんな状況のジャマイカに金を融通するなんてクレイジーだということになっていただろうが……」と、ジャマイカとの交渉に重要な役割を果たしたリッチの部下は言う。「わたしたちは取引相手を失望させるなんてことは絶対にしない。損を覚悟で取引することもある」。言うまでもないが、リッチの部下たちは慈善感覚でジャマイカを助けようとしたわけではない。「わたしたちにとっては、どんな状況もチャンス。わたしたちは手早く儲けようとはしなかった。継続できるビジネス関係を求めていた」

リッチの会社は、市場参入や市場シェア拡大が可能になるなら、最小の利益幅にも甘んじたし、ときには一時的損失を出すこともいとわなかった。商品取引――とりわけアルミ取引――は、周期的なビジネスである。高値の期間が一、二年あって、そのあと安値の期間がそれよりも長くつづく。そのサイクルを巧みに利用しようとするトレーダーは、厳しい〝日照り〟のときはぐっと辛抱し、投資さえする。そうしておけば、値がふたたび上がりはじめたとき、利益をたっぷり得られる。ジャマイカにおけるリッチのアルミ取引は、この戦略の最好例だろう。

リッチは、ＩＭＦとのトラブルの四年前にも、ジャマイカに救いの手を差し伸べたことがあった。一九八五年、アルミの価格が一トン当たり一〇八〇ドル（数年来の最低価格）にまで下がった。一方、石油価格は急騰し、複雑でエネルギー集約的なアルミ生産がさらに一段と高コストになった。航空機・自動車産業へのアルミ供給がおもな事業である、アメリカのアルミ製造会社アルコアは、ボーキサイトから酸化アルミニウムをとりだすジャマイカの施設を閉鎖しようとした。生産コストが上昇して、よそから酸化アルミニウムを買ったほうが安上がりになったからである。

だが、おもな収入源が観光とボーキサイトしかないジャマイカにとって、そのアルコアの施設の閉鎖は、大惨事以外の何ものでもない。ところがそれがリッチにとっては絶好のチャンスとなった。部下たちがただちにエドワード・シアガ首相に接触した。「われわれは自分たちがどうしたいのかはっきりわかっていた。あらゆることをカバーできる計画があった」とリッチの部下のひとりは説明する。「施設を閉鎖しないで政府に貸すようにアルコアに提案すべきだ、とわれわれはヒュー・ハート産業相に言った。アルコアが同意することはわかっていた。施設を閉鎖しても維持費がかなりかかるのでね。同時にわれわれはジャマイカに、一〇年間、固定価格で酸化アルミニウムを買いつづけることを約束した。任せてくれ、こちらがすべてやる、とわれわれはジャマイカ政府に言った。そちらがやらなければならないことは、生産を維持することだけだ、とね」。マーク・リッチの会社であるクラレンドンは、安い石油をジャマイカに供給さえした。

一九八六年の前半、シアガ政権は、アルコア施設の酸化アルミニウム（アルミナ）年間生産量七五万トンすべてをクラレンドンに一〇年間売りつづける、という契約を結んだ（『メタルズ・ウィーク』一九八七年三月二三日号「好調だったジャマイカのアルミナ生産、障害にぶち当たる」）。クラレンドンにとって、危機の真っただ中に施設の生産物に対して前払い金を払い、なおかつ長期契約を結ぶというのは、リスクの高い取引だった。当時、金属のエキスパートたちは、価格はさらに落ちると考えていた。利益を上げられるとしたら、待つことができる者のみ、というかなり危険な状況だった。マーク・リッチは待ちかたを知っているトレーダーだった。

クラレンドンが固定価格による一〇年契約を獲得した二年後、アルミの需要が急増しはじめ、価格が急上昇しだした。一九八八年、アルミ価格は一トン当たり二四三〇ドル――契約時の価格の二倍以上――にまで上がった。アルミ市場の不調が過ぎ去るのをじっと待ちつづけられる忍耐力と資金力があった、という単純な理由だけで、リッチはひと財産稼ぐことができたというわけである。ジャマイカもまた、価格上昇によって利益を得ることができた。実はジャマイカがリッチと合意した価格は、固定価格とLME（ロンドン金属取引所）相場連動価格とをミックスさせたもので、石油とアルミナの物々交換も行われた。一九八〇年から九〇年までのあいだに、リッチが酸化アルミニウムの年間生産量を確保するためにジャマイカ政府に支払った前払い金は、三億二〇〇〇万ドルにものぼる。「種々雑多な私人たち」がジャマイカの自然資源を食いものにしていた、と批判する人々もいたが（IPS通信一九八五年二月八日、一九八九年七月二八日）、当時キングストンでリッチのために働いていた社員のひとりは、まったく別の意見である。「ジャマイカ人はわれわれに永遠に感謝するはず」と彼は言う。「われわれは彼らにプライドを取り戻させたんだ。アルコア施設の再開で、ふたたび利益が生まれ、雇用を維持することができた。理想的な取引だった」。まさに「価値を与えて価値を受け取る」という関係を成立させたのだ。

南アフリカ戦略

それはごくふつうの輸送のように見えた。一九八八年九月二一日、ノルウェー船籍のタンカー〈ダグリ〉が、ウクライナ共和国のオデッサ港の埠頭に横づけし、ソ連産の石油を積み込んだ。船積書類には「届け先はイタリアのジェノバ港」とあった。〈ダグリ〉は黒海を縦断し、ボスポラス海峡を抜けてイスタンブールを通過した。地中海に出るとすぐ、船長は行き先変更を告げるテレックスを受け取った。現在わたしの手のなかにあるテレックスによると、〈ダグリ〉の用船主は船長に南アフリカのケープタウンに向かうよう命じた。そしてその時点から船長は、無線連絡では船舶識別にMFIというコールサインのみを使用するよう求められ、以後の通信はすべて暗号で行うよう指示された。さらに船長は、船荷も行き先も明かしてはならないと厳命された。テレックスはそうした点を次のようにきわめて明快に記している。「通信は給油に関するものだけにし、荷降ろし、船名、積み出し港については一切言及してはならない。いかなることがあっても、通常のコールサインを使用してはいけない」。三週間後の一九八八年一〇月一五日、〈ダグリ〉はケープタウン港に入った。〈ダグリ〉は事実上、幽霊船と化していた――船名は防水シートでおおわれ、ノルウェー国旗は降ろされていた。そして、秘かに積荷の石油を降ろすと、そそくさと姿を消した。

むろん、こうした隠密行動をとるのには、それなりの理由がある。降ろされた石油のほんとうの所有者はマーク・リッチで、最終的な買い手は南アフリカ政府だったのだ。そして、石油のもともとの売り手はソ連。ソ連は、公式にはアパルトヘイト人種差別政策を実施する南アフリカに禁輸措置をとっていて、一九五六年以降、同国とは外交関係を断っていた。つまるところ、これもまた、リッチが〝大胆不敵な仲介者〟を演じるという典型的な例のひとつということになる。つまり彼はまたしても、問題のある商品を、問題のある売り手から買って、問題のある買い手へ売ったのである。彼には、公式には外交関係を維持していない二国を結びつける力があった。

南アフリカは生き延びるためにはリッチのような仲介者に頼らざるをえなかった。イラン革命は南アフリカにとってはまさに大惨事だった。一九七九年二月、テヘランの宗教指導者たちは南アフリカとの外交・経済関係を完全に断ってしまった。NIOCは「石油の買い手は一滴といえどもアパルトヘイト国に転売してはならない」という条項を契約に入れるようになった。イスラム革命前は、南アフリカは必要な石油のなんと九〇％をイランから得ていたのである（AP通信一九七九年六月二六日）。イランの国王（シャー）は、一九七三年の禁輸措置のようなアラブ諸国による南アフリカへの制裁に与するのをずっと拒否してきた。シャーはイランを強大な石油取引国にしたかったのであり、新しい客との規模の大きい（独立した）契約を結びたかったのだ。さらにモハンマド・レザー・シャー・パーレビには、南アフリカ政府と特別な関係を維持してきたという事情もあった。一九四一年にイギリスとソ連によって国王の座から引きずり下され、亡命生活を余儀なくされた父親のレザー・シャーは、晩年を南アフリカのヨハネスブルグで過ごし、そこで一九四四年に亡くなったのである。奇妙な話ではあるが、人種差別政策アパルトヘイト下の南アフリカで、イラン人は〝名誉白人〟という特別な地位を与えられていた。

南アフリカに石油を喜んで提供しつづける国はほとんどなかった。アラブ諸国の禁輸措置に加えて、国連総会も一九七七年に南アフリカへの一連の制裁決議のなかで石油禁輸を決定した。それは実際には任意の禁輸措置で、安全保障理事会が拘束力のある決議をすることは結局なかった（レディ「国連による対南ア石油禁輸措置再考」一九八一年）。それでも産油国のほとんどが——少なくとも表向き——禁輸措置に参加し、大手の石油会社は南アフリカとの取引を停止した。そして一九八六年、アメリカは包括的反アパルトヘイト法を成立させ、自国の会社が南アフリカに石油を供給することを禁止する（ロナルド・レーガン大統領が拒否権を行使したが、議会にくつがえされた）。

救いの手はマーク・リッチから差し伸べられた——むろん南アフリカはかなりのプレミアムを払う必要があった。リッチの会社は南アにはとてもよいコネがあって、当時同国との取引を担当していたのは、現地駐在のアラン・フェントン（フェルゼンシュタインから改名）という若いイギリス人で、彼が一九七〇年代後半におもに扱ったのはマンガンとクロムだった。そしてツークの本社で南アフリカを担当していたのは、マーク・リッチ社の創設者のひとりアレック・ハッケルだった。イラン革命が起こるとすぐ、アパルトヘイト政策をとる南ア政府はひそかにフェントンに接触し、石油供給について話し合い、双方はたちまち合意に達した。

一九七九年四月一二日、南アフリカとリッチは大量の石油供給に関する長期契約をとり結んだ。両者の関係をできるだけ秘密にするため、契約書にはだれも知らないスイスの会社名が記載された。ミノイルというその会社の所在地は、ツークのマーク・リッチ社本社から数百メートルしか離れていなかった。ミノイルがリッチの商品取引帝国の一部であることなど、だれも知らなかった。ここでもまた、マーク・リッチ社の本社をスイスにおいたことが、巧みな選択、正解であったことが証明された。当時、永世中立国スイスは国連にも加盟しておらず、経済的・政治的制裁に参加することはふつうなかった。

契約では、リッチは少なくとも一年間、南アフリカに石油を供給しなければならない、となっていた。具体的には、ミノイルは最初の六カ月に二四〇万トン、そのあとの半年に一六〇万トンの石油を供給する、という取り決めだった。この合計四〇〇万トンは、当時の南アの年間石油必要量の三分の一に相当した。そして南アはリッチに平均してバレル当たり三二ドル八〇セント支払った（スポット市場価格より八ドルも高い）。したがって、約四〇〇万トン（およそ三〇〇〇万バレル）のこの契約だけで、売り上げはほぼ一〇億ドルにのぼり、リッチが得た利益は二億三〇〇〇万ドルほどになったと推算される。

南アフリカは文字どおり死に物狂いで、石油供給を確保するために「異例の手段」に訴えた。この「異例の手段」という言葉は、石油供給をめぐる大規模腐敗の噂を調査した南アの法務官ピエット・ファンデルヴァルトが一九八四年六月二七日に提出した報告書に記されていたものである。そしてその「異例の手段」の最も重要なもののひとつとして、供給者が負うリスクに対して南ア政府が支払うバレル当たり八ドルというプレミアム（リッチがスポット市場価格に上乗せしたのも八ドル）も挙げられていた。ファンデルヴァルトの報告書にはこうある。「国際的な石油会社に……わが国への原油供給を促す手段としてさらに……一九八〇年には助成金から原油一バレル当たり八ドルが支払われた。わが国の会社が輸入する原油一バレルにつき八ドルが、質による調整を加えられて、その輸入会社に払い戻された」（ANC［アフリカ民族会議］声明一九八五年三月「石油燃料アパルトヘイト」）。当時大統領だったボタはのちに、禁輸措置のせいで南アは石油確保のために年間一〇億ドルから二〇億ドルよけいに――つまり通常価格よりもよけいに――支払ったことを認めた（ヘンゲフェルト、ローデンバーグ著『禁輸措置――暴かれたアパルトヘイト下の石油の秘密［Embargo］』一九九五、IPS通信一九八五年八月二日付け「石油禁輸措置がもたらした経済制裁の高い代償」）。

アパルトヘイト下の南アフリカへの石油供給は、商品取引の倫理に関する議論にいまだによく登場するモラルのダブル・スタンダードの最好例である。人種差別政策をとる南アへ石油を供給した国々を並べると、産油国のほぼ完全なリストができあがる。南アに原油を供給していたおもな国々は、イラン、サウジアラビア、アラブ首長国連邦、オマーンで（『禁輸措置――暴かれたアパルトヘイト下の石油の秘密』）、ドバイ、アンゴラ、ナイジェリア、エクアドル、ブルネイ、そしてソ連からも原油は届けられた。こうした国々はすべて、声を大にしてアパルトヘイト政策を非難し、南アフリカへの禁輸措置を続けると公言してはばからなかった。

ところが実際には、そうした国々でも利益が原則よりも優先されていたのだ。イスラム体制下のイランも、共産主義体制下のソ連も、資本主義体制下のエクアドルもみな、外貨を得るために秘かに原則を曲げていたのである。そしてこれら三国はみな、マーク・リッチを通して、アパルトヘイト下の南アフリカとの儲かる秘密取引をしていたのだ。結局のところリッチは、政治的レトリックと経済的行動の矛盾を隠そうとするこれらの国々に利用された、と言ってよい。むろん三国は、リッチを矢面に立たせることに成功して満足した。ともかく、一九七九年から九四年（リッチがマーク・リッチ社を売却した年）までのあいだ、リッチこそが国際社会から排斥された国への最も重要な石油供給者であったということは、いまではもう疑いえない事実とされている。オランダ海運研究所の控えめな推算によると、リッチの会社は判明している南アへの石油輸送の少なくとも一五％を行ったとされている。使用されたタンカー数は延べ一四九隻、輸送石油量の合計は二六二〇万トン、約二億バレル（『禁輸措置――暴かれたアパルトヘイト下の石油の秘密』）。本書のために実施した多数のインタビューによって収集した情報から、わたしとしては、その実際の総量を四億バレル程度とするのが妥当との結論に達した。

言うまでもないが、その期間、リッチは大儲けした。「南アフリカとは、いやもうほんとうに、途方もないビジネスだった。そう、途方もないビジネス」と、会社の帳簿を見ることもできたリッチにきわめて近い幹部社員は認めた。最初は彼も正確な数字を教えようとはしなかったので、わたしはなんとか聞き出そうと粘った。「一〇億ドル？」と誘い水を向けた。彼は首を横に振って笑い声をあげた。「一五億？」わたしは聞いた。彼は声を出さずに口の形だけで〝モア〟

と言った。わたしは信じられないとばかり、大げさに首を振って見せた。すると彼はうなずき、言った。「二〇億ドル。わたしたちは南アフリカだけで二〇億ドル以上の利益を上げたんだ」。当時の二〇億ドルといったら、信じがたいほど莫大な利益である。その数字が誇張でない証拠は、一九八四年四月に南アフリカ議会で行われた討議でも明らかにされた。その討議中、南アの戦略燃料基金が、大量輸送された一回分の原油の代金として、マーク・リッチに市場価格以上の三億六〇〇〇万ドルを支払ったことが明かされたのだ（「石油禁輸措置がもたらした経済制裁の高い代償」）。

わたしがこの二〇億ドルの話を持ち出すと、リッチは「わからない」と答えた。その話題を避けようとしているようにも見えた。そこでわたしは、もう思い出したくないのかと尋ねた。すると彼はやっと、その一五年のあいだに南アフリカでどれだけ稼いだか計算したことがないのだと答えた。それでも彼は、南アフリカとの取引は自分にとって「最も儲かる最も重要な」ビジネスであったことを認めた。

リッチのビジネス・パートナーで友人のイサク・ケルブが言ったように、「すべての産油国を自国の利益に目覚めさせた」カール・マルクス的人物とリッチを見なすことも可能だろう。その見方を支持する理由はいくつもある。また、ジャマイカのトレーダーが言ったように、第三世界の国々に「世界市場でプレーする機会を初めて」与えた男とリッチを見ることもできる。さらに、アンゴラの専門家が言ったように、リッチのトレーダーたちを「（現地の人々に）ビジネスの秘訣を教えた」利潤志向の開発事業者とも見なせる。アンゴラとジャマイカへのリッチの係わりかたは、その好例と言える。だがアパルトヘイト下の南アフリカへの係わりかたは、それとはまったく反対。アンゴラとジャマイカはリッチのおかげで自分の権利を主張して発展できたが、南アフリカでは、リッチのサービスは結局のところ国民のためにはならず、黒人たちを抑圧する体制を支えただけだった。

独裁者との取引

人種差別政府、独裁政府、腐敗政府とは、どのように取引すればよいのか? 彼らの犯罪に加担することなくビジネスをすることは可能か? わたしはこうした点についてリッチと話し合った。場所はツークにある彼のオフィス。窓ガラスを流れ落ちる雨が、この問答にふさわしい雰囲気を醸し出してくれていた。いつもはきちんと整頓されているリッチのデスクには、開封された薬の箱がいくつか散らばっている。彼は話し合っているあいだずっと、くしゃみをしつづけていた。

そうした国でビジネスして、中立・不干渉を維持することは可能でしょうか?

可能だ。ビジネスは中立・不干渉なものだ。同情や共感で商社を経営することはできない。

イラン、キューバ、南アフリカ。あなたはいつも危機から利益を得ていましたね？

わたしがしたことはすべて合法的なことだった。イランとも、キューバとも、南アフリカとも、スイスの会社としてビジネスした。そうしたビジネスは、スイスの法律では完全に合法的なことだった。

法律が唯一の判断基準ですか？

法律は唯一の客観的基準だ。

南アフリカのケースでは、あなたは間接的にアパルトヘイトを支援していました。あなたのおかげでアパルトヘイトはしばらく生き延びることができた、と批判する人々もいます。

それが事実かどうかはわたしにはわからない。さあ、どうだろう？　そんなことはないとわたしは思う。わたしは基本的にはアパルトヘイトには反対だった。わたしたちはみんな反対だった。わたしはただ、南アフリカとふつうのビジネスをしていただけだ。

あなたと南アフリカはどうして取引できたのでしょう？

わたしは政治的な人間ではない。会社も政治的な会社ではなかった。わたしたちはただ、顧客に喜んでもらえる優秀な商社になりたかった。ところが産油国は禁輸措置のせいで石油を南アに売るのをためらった。そこでわたしたちが売ることにした。違法なところはまったくないと考えたからだ。

倫理的な理由から、あなたがしたような取引をしないという人もたくさんいると思います。そのなかにはビジネスピープルもいるはずです。そういう姿勢は愚直でしょうか？

わたしはそう思う。

なぜ？

なぜなら、わたしたちがしたようなビジネスは完全に合法だから。

あなたを批判する人々の主張のなかには理解できるものもありますか？

彼らはあら探しをしてわたしをいじめたいだけだ。新聞が売れるように、あるいは自己宣伝したいがために、ドラマチックなことを言ったり書いたりする。政治家はいつもメディアに出たがる。

では、後悔はまったくしていない？　自責の念などまったくない？

ない、ない。

といってもリッチは、独裁者の犯罪的行為やアパルトヘイトの人種差別を見ていなかったわけでも、見まいとしていたわけでもないようだ。少なくとも彼はそれらを無視してはいない。リッチは、キューバの人々が共産主義体制を許してしまったことに唖然とした。ナイジェリアでは、はびこる腐敗・汚職に嫌悪感を覚え、国有財産である石油の富が一般の人々まで滴り落ちていかないことに気づいていた。ただ、南アフリカのアパルトヘイトは悪いものだと思いつつも、そこでのビジネスは政治とはいっさい関係ないとも信じていた。危機的状況にある地域で儲けるというビジネス戦略と、そうしたビジネスが合法であるところではどこでも積極的に取引するという姿勢が、他の人々を怒らせることもあるということを、リッチは理解していない。

アメリカではマーク・リッチは、おもにイランおよびキューバとの取引によって「売国奴」というレッテルを貼られた。他の国々はもっと実利的な見方をした。意外にも、この実利的姿勢の特筆すべき例として、南アフリカに新たに誕生した民主政権がとったポジションもあげられる。リッチは、最初の民主的選挙に勝利したANCにさんざん非難されていたにもかかわらず、アパルトヘイト後も南アフリカとビジネスしつづけたのである。ネルソン・マンデラを大統領にいただく新政権もまた、リッチのサービスを頼りにしたのだ。「新政権とも石油ビジネスを続けた」とリッチはわたしに言った。「ビジネスの継続はわたしたちにとってはごく当たり前のことだった。いつも長期をにらんで考えているからね」

第15章 驚くべき貢献

イスラエル人のアニタ・グリフェルは、一九八五年一〇月五日、六日の週末を、五歳の娘や友人たちとシナイ半島で過ごしていた。土曜日の午後四時ちょっと前、みんなで日没をながめようと、ラス・ブルカというリゾートタウンの近くにある砂丘にのぼった。シナイの山々がスミレ色の長い影を谷いっぱいに落としていた。午後四時二〇分、彼らは突然気づいた。自分たちに向かって走ってくる制服姿の男に。エジプトの警察官だった。彼はいきなり小銃をイスラエル人観光客に向けて乱射しはじめた。

アニタ・グリフェルは反射的に娘のタリの上におおいかぶさった。雨あられと襲いかかってくる弾丸から娘を護るためだった。「母はわたしにささやいた。そうやってわたしを落ち着かせようとしたの」と、何年もたってからタリ・グリフェルはそのときのことを説明した。「被弾したときの母の体の動きの感触を、わたしはいまでも覚えている。でも母はわたしを抱きつづけてくれ、話しかけつづけてくれた」（『彼らの命に敬意を』[http://archive.peacenow.org/entries/

archive228])。母親のアニタは弾丸を二発受けて、出血多量で息絶えた。このテロ攻撃を生き延びられたのは、母親の死体の下に隠れていたタリだけだった。ただ、流れ弾を背中に受けて重傷を負った。結局この日、ラス・ブルカで七人が死亡した。

このテロ攻撃は、ただでさえ脆弱なエジプト・イスラエル関係に深刻な打撃を与えた。エジプトとイスラエルがいわゆるキャンプ・デービッド合意に署名して、一九四八年以来続いていた二国間の戦争状態になんとか終止符を打ったのは、一九七九年三月、たった六年前のことだった。イスラエルは一九八二年に、一九六八年の第三次中東戦争（六日戦争）で占領したシナイ半島のほぼ全域をエジプトに返還した。イスラエルが返さず、両国の争点になりつづけたのは、国境の町タバだけだった。ところが、このテロ事件が起こって、たちまち深刻な外交的危機が発生する。イスラエル人犠牲者の家族が、テロの拡大を抑えるシンボル的行為として、エジプト政府に金銭的補償をするよう求めたのが発端だった。エジプトはその要求を法外なものと考え、それに応じる気になれなかった。タバをめぐる交渉はすぐに中断した。

テロでただひとり生き残ったタリ・グリフェルにはアメリカの国籍もあった。それゆえ米国務省が、この慎重を要する微妙な和解交渉に係わることになった。アメリカがとくに望んだのは、エジプト・イスラエル間の緊張を早いところ取り除く解決法を見つけることだった。どちらの国もアメリカにとって中東における最も重要なパートナーだったからである。両国とも、アメリカから何十億ドルにものぼる支援を受けていた。

数年にわたる交渉のすえ、国務省の努力はついに報われたように見えた――少なくとも一般の人々の目にはそう見えた。一九八九年一月、エジプトは犠牲者の親族にかなりの賠償金を支払うことに合意した。タリ・グリフェルのアメリカでの治療と教育のための信託基金が設立された。それはすべての者が納得できる解決法だった。イスラエルとエジプトの関係は速やかに修復された。タバをめぐる交渉が再開され、双方が受け入れられる解決がなされた。一九八九年三月、ホスニー・ムバラク大統領みずからが、その国境の町にエジプト国旗を掲げた。

イスラエルとエジプトの和解

一般の人々は、エジプトによる賠償金支払いの裏に隠された真実の物語を知らなかった。エジプトとイスラエルが立場の違いを越えて和解できたのは、実はマーク・リッチのおかげだったのである。国務省がリッチの弁護士であるレナード・ガーメントに、補償交渉でタリ・グリフェルの利害を代表する話をもっていったのは、実に幸運なことだった（ガーメント著『クレイジー・リズム［Crazy Rhythm］』二〇〇一）。国務省はガーメントを信頼していたし、彼が中東にもつコネについてもよく知っていた。ガーメントはリチャード・ニクソン大統領の特別顧問を務めたのち、国連人権委員会のアメリカ代表に任命され、エジプトとイスラエルが係わる問題を扱った経験も豊富にあった。

ラス・ブルカでのテロ事件の和解交渉は、賠償金の額をめぐる問題で決裂する恐れがあった。エジプトは自国の基準にしたがった額をあくまでも主張し、犠牲者の家族はそれでは不充分だと考えていた。双方とも自分の主張を引っ込める気はなかった。アメリカが秘かにエジプトの提示額に上乗せするというのではやはり具合が悪いので、国務省はこの取引に秘密裏に色をつけられる第三者を探しはじめた。ガーメントと国務省の話し合いですぐにあがった名前は、問題がないとは言えない〝逃亡犯〟つまりマーク・リッチだった。

イスラエルに大量の石油を供給し、エジプトとも取引をしてきたリッチは、ガーメントから話を聞いた瞬間、手を貸してもよいという気になった。「リッチはわたしに五〇万ドルまで彼の資金を使用する自由裁量権を与えてくれた」とガーメントは当時を振り返る（『クレイジー・リズム』）。こうしてリッチのおかげで、エジプトが払う用意があった賠償金はリッチ個人の四〇万ドルを加えられて倍増した。リッチが司法当局から追われる身で、無視できない国際的な逮捕状の対象にもなっていることを、国務省はいっこうに気にしなかった。国務省の役人はリッチの金を受け取ることに良心の呵責をまったく覚えなかった。「わたしたちはマーク・リッチの和解への貢献を不適当とはまったく思わなかった」と、元国務省法律顧問エイブラハム・ソファーは言った（『USニューズ・アンド・ワールド・リポート』二〇〇一年三月一二日号「ある逃亡犯と連邦捜査官との密談」）。

「結局、適正な遺憾の意が表明され、適正な賠償金がラス・ブルカ事件犠牲者の家族に支払われた」とガーメントは記憶をよみがえらせる。「そしてこの問題の解決が、タバ問題の扉をひらく鍵となり、イスラエルとエジプトの和解をもたらした――それがまた、さらなる和平プロセスを進めるための前提条件となった。両国の喉に引っかかっていた骨がとれたのだ」（『クレイジー・リズム』）。

エジプトは国際的な舞台で面目を保たせてくれた「ヨーロッパのパートナー」にとくに感謝した。ガーメントは、ムバラクの政策最高顧問であるオサマ・エルバズ大統領補佐官から次のような感謝状を受け取った。「あなたのヨーロッパのパートナーから受けた助力が決定的な力を発揮し、ラスブルカ問題は解決に至りました。われわれはあなたにも感謝の念を表しておきたいと思います。なにしろ、ラス・ブルカ問題が解決したおかげで、その一週間後に、タバ問題をめぐる難しい争いの解決を促す環境が整うことになったのです。また、両国がこの問題を解決するのに役立った、あなたがたからの資金提供および多大なる貢献に、ムバラク氏も大いに感謝していることを、あなたにお知らせしておきたいと思います」（下院・政府改革委員会、二〇〇一）。

封印された文書

一九八九年一月二三日、米司法省は封印された一通の文書を、1:83-cr-00579-SWKという事件整理番号がついたリッチ訴訟ファイルに秘かに加えた。文書の内容は〝極秘〟とされ、リッチの裁判が実際に始まったときのみ閲覧可とされた。その封印文書は、ラス・ブルカ事件解決へのリッチの関与を確認するもので、リッチが有罪となった場合に情状酌量の資料とされるべきものだった。

実はリッチ訴訟ファイルに加えられた封印文書はもう一通ある。一九九四年三月一日の日付がついた、アメリカの投資家トム・J・ビルマンに関するものだ。ビルマンはメリーランド州ベセスダのコミューニティー貯蓄貸付組合の会長だったときに、何百万ドルにものぼる預金者の金を横領した疑いがあり、当局に追われてアメリカから逃亡した男だ。ビルマンは銀行口座をいくつも所有するヨーロッパ——たぶんスイス——のどこかに身を隠しているのではないか、と連邦検事たちは考えていた。一九九二年前半、司法省はリッチの弁護士たちに接触した。リッチがビルマンに関する情報を持っていないかどうか知りたかったのである。司法省はその逃亡横領犯をなんとしても見つけたく、リッチに協力を求めた。リッチは承諾し、このきわめて難しい複雑な任務をアヴネル・アズレイに任せた。

承諾した理由は明白である。「われわれは司法省がマークを特別扱いしてくれることを期待した」とアヴネル・アズレイはわたしに言った。「われわれはこの逃亡犯の捜索に貢献し、ヨーロッパとアメリカの探偵社を使ってビルマンの居所に関する情報をたくさん提供した。わたしもこの男を見つけようと大変な努力をして、関連情報をアメリカ当局に送った。この協力作戦の資金はマークがぜんぶ出した。マークは五〇万ドルから一〇〇万ドル使ったはずだ」。アメリカの連邦検事たちは、ある逃亡犯を捕まえるために別の逃亡犯から協力を得るということに何の後ろめたさも感じなかった。「彼の予算のほうがわれわれのより大きかった」とデイヴィッド・P・シア郵政監察官は簡潔に述べている（『ニューヨーク・タイムズ』二〇〇一年四月一一日付け「特赦をたくらむ」）。ビルマンは結局、偶然パリで友人に見つかってしまい、フランス当局に逮捕され、アメリカへ引き渡された。そして一九九四年に懲役四〇年の判決を受けた。結果的にはアメリカ当局はリッチの支援がなくてもビルマンを捕まえられたということになるが、リッチのビルマン捜索への協力は公式に認められ、この第二の封印文書が作成され保管された。

アメリカ政府への秘密協力

アメリカには頻繁に手を貸してきたと、マーク・リッチはわたしに言った。自分を売国奴と見なし、熱心に追跡して刑務所に入れようとしてきた国を、リッチは助けてきたというのだ。むろん、それには利己的な理由があるわけで、彼はそれを隠そうとしない。「こちらが手を貸せば、向こうもわたしに手を貸してくれ、態度を変えてくれるのではないか、と思っていた」とリッチは言う。もう二五年以上も前になる一九八三年六月、リッチはあわててアメリカから逃げ出し、スイスに居を定めた。以来アメリカには一度も戻っていない。わたしが訴訟事件を持ち出したときはいつも、リッチはこの「魔女狩り」「撲滅運動」を推し進めた者たちへの憤りを新たにしたようで、わたしもその深い恨みを感じとることができた。それでもリッチは、アメリカという国に対しては何の憎しみも抱いていない。アメリカは、第二次世界大戦中にナチスから逃げてきた難民であった自分を受け入れてくれた国なのである。「わたしはずっと親米だった」とリッチは紅茶を飲みながら言った。「アメリカは両親とわたしを受け入れてくれた寛容な国だからね。わたしはいまでも親米だよ」

国務省はリッチの支援をたえず受けていて、その要員が頻繁に〝逃亡するトレーダー〟と接触した――この事実は今日まで秘密にされていた。国務省は、リッチがビジネスを展開する政治的に微妙な国々でのさまざまな〝キー・プレーヤー〟について彼に意見を求めた。国務省がとくに知りたかったのは、イラン、シリア、ロシアの政治家やビジネスマンに関する詳しい情報だ。リッチは求められた情報を国務省に与えた。「当然のことだよ」とリッチはこともなげに言う。まるで商品の付け値をいくつかアメリカ人に教えただけであるかのように。たとえばだれの情報を教えたのか、とわたしが問うと、リッチは首を振った。「それは言わない約束になっている」

アメリカがコネクションをほぼ完全に失ってしまった国々にも、リッチはコネを持ちつづけた。だからリッチのネットワークは途方もないものだったのだ。イラン、アフリカ、アラブ諸国をリッチ以上に知るビジネスマンは、西側諸国にはひとりもいなかったはずである。イラン、シリア、アンゴラ、キューバといった国々――少なくとも公式にはアメリカと関係を持ちたくなく、アメリカもまた同様の立場をとる国々――の政治中枢にも、リッチは直接接触できた。リッチが次々に成功させてきた取引を見れば、彼の情報源がどれだけ確かなものかよくわかる。「われわれの情報収集力は世界一だった」と、長いことリッチの会社で働いてきた者は胸を張る。「ＣＩＡ（米中央情報局）よりも先に重要情報を得ることもあった。とくにイランでの出来事についてはね」。マーク・リッチと彼の部下たちは、知っていることを頻繁にアメリカやイスラエルに教えた。わたしはこうした〝情報交換〟に係わったトレーダーたちにもインタビューし、彼らからそうしたことはあったとの証言を得た。要するに彼らは「与えよ、そうすれば与えられん」というトレーダーのモットーを実行していたのだ。

他の政府機関が追っている逃亡犯（と彼のトレーダーたち）と進んで協力し合おうとする国務省の姿勢は、シニカルで偽善的と解釈されてもしかたない。だが、どんな国のどんな情報機関でも、マーク・リッチのような男――コネがあるばかりでなく、異質な人々を結び付ける力もある男――とは関係を維持したいと思うだろう。

リッチのような男だけが提供できる、こうしたコネや信頼度の高い情報の真価は、それらがもはや得られなくなったときに引き起こされる悲劇によって明らかになる。二〇〇一年九月一一日に起きた同時多発テロを調査した9／11委員会は、二〇〇四年の最終報告書で、「情報収集上の欠陥」が重なってテロを防ぐことができなかったと批判した。報告書は「情報収集力と戦略的分析力の不足」や「国内的にも国際的にも情報を共有する能力の欠如」をはっきりと指摘した。

こうした批判を考慮すると、アメリカ政府にとって合理的なやり方はひとつしかないことになる。そう、リッチのような情報提供者のネットワークを利用しない手はないということ。たとえその情報提供者が司法当局に追われる逃亡犯だとしても。そうしたやり方をレアルポリティーク（現実的政策）という。

モサドを助ける

レアルポリティークはイスラエルに最強の力をもたらすもののひとつでもある。イスラエルというユダヤ人国家は、禁輸措置で干上がらせようとする敵に完全に取り囲まれている。イスラエルと公式に外交関係を結んでいるアラブ国家は一国もないが、むろん、秘密の関係――ときにはたいへん親密な関係――を結ぶ国はいくつもある。そうした関係を築き、維持するのも、モサドの任務のひとつである。イスラエルの情報機関はレアルポリティークの名人なのだ。もしモサドが、リッチや、彼のイラン、シリア、ペルシャ湾岸諸国のコネを無視してしまったら、与えられた任務を果たすことなど到底できなかったにちがいない。モサドが初めてマーク・リッチに接触したのは、なんと一九七〇年代のことだった。

わたしが詳細を尋ねると、アヴネル・アズレイは「名前はひとつも明かすことはできない」と、にべもなく言った。「あまりにも危険すぎる」。ルツェルンの中心部にあるホテルで、何時間にもわたってリッチについて話しているときのことだった。モサドを通常の情報機関と思ったら大間違いだと、アズレイはわたしに説明した。危険が存在し、迫害さえされかねない国で生活しているユダヤ人を助けるのも、モサドの仕事なのだという。モサドはユダヤ人のコミュニティーづくりを支援し、彼らが反ユダヤ主義から身を護るのを助けるのである。「わたしたちユダヤ人は団結する必要がある」とアズレイは言った。「ずっと迫害を受けてきたからね。歴史はわたしたちには優しくなかった。だから互いに助け合わなければならなかった、とくにナチスによるホロコースト以降は。当時すでにイスラエルが存在していれば、歴史はかなりちがったものになっていたのではないだろうか」。世界中どこであっても、脅威にさらされているユダヤ人がいれば、モサドは秘密工作を行って、ユダヤ人がその国から脱出してイスラエルか他の目的地に定住できるよう支援する。そういう脱出作戦を展開するモサドを、リッチが資金力だけでなくビジネスのコネをも利用して、どのように助けてきたのかを、アズレイは説明してくれた。一九八〇年代と九〇年代には、エチオピアやイエメンやイスラエルの敵国に住んでいたユダヤ人が、リッチのおかげで救出され、無事イスラエルに入国できた。

アヴネル・アズレイが一九八三年にモサドを去り、マーク・リッチのセキュリティーを担当しはじめると、元同僚たちが「リッチにはエチオピアのユダヤ人の脱出を支援する気があるかどうか」打診してきた。エチオピアのユダヤ人は、何世紀も前に他のユダヤ人コミュニティーから離れた「ベタ・イスラエル」または「ファラシャ」と呼ばれる人々だ。モサドがアズレイに協力を打診したのは、数万人のベタ・イスラエルを救出してイスラエルへ空輸した有名な〈モーセ作戦〉（一九八四～八五年）が実施される前のことである。一九八〇年代初め、内戦と大飢饉のせいで多数のベタ・イスラエルがエチオピア北部（現エリトリア）や隣国スーダンに逃げた。モサドは彼らを救わなければならないと思った。

エチオピアにこの脱出作戦を認めさせるには何らかの見返りを与える必要があることは、イスラエル政府にもわかっていた。イツハク・ラビンがメンギスツ・ハイレ・マリアム大統領に会った。「何が欲しいですか？」とラビンは、一九七四年から共産主義軍事独裁制を開始した大統領に聞いた。「医療支援」とメンギスツは答えた。「よろしい」とラビンは言った。「エリトリアに立派な救急施設をひとつ建ててあげましょう」。だがイスラエル政府には公式に提供できる救急施設建設資金がなかった。そこでアズレイが、その費用を肩代わりする気はないかと、リッチに尋ねた。リッチは即座に承諾した。アズレイはラビンの求めに応じて、すぐイスラエルの厚生相と会った。話し合いの結果、アズレイがリッチの資金を使ってイスラエルのさまざまな病院から良好な状態にある中古医療機器を買い、それをイスラエル空軍がエチオピアへ輸送して設置する、ということになった。「わたしたちはエリトリアに完全な救急医療施設をつくりあげた」とアズレイはわたしに語った。「それはマークの資金提供で可能になった純粋に人道的な作戦だった。それは諜報活動とはまったく関係ないものだった」。アズレイはその点をしっかり指摘しておきたかったようだ。そしてその代わりに、おびただしい数にのぼるエチオピアのユダヤ人が、イスラエルへの移住を認められた。こうして彼らは、エチオピアを悲劇の国にした一九八五年の大飢饉を避けることができた。

イエメンからの脱出

エチオピアのベタ・イスラエル救出作戦から一〇年が経過した年、リッチはまたしてもイスラエル政府の強い要請を受けて、同様の作戦に資金提供した。今度はアラビア半島南端に位置するイエメンのユダヤ人を救出する作戦だった。イエメンのユダヤ人については、一九四九年から五〇年にかけて実施された〈魔法の絨毯〉秘密作戦によって、四万九〇〇〇人が建国まもないイスラエルに空輸された。したがって、一九九〇年代の半ばには、イエメンに暮らすユダヤ人はほんの数百人だった。彼らは反ユダヤ主義的攻撃を繰り返し受けていたにもかかわらず、出国することを許されなかった。

「マークがイエメンのコネ——高官たち——を紹介してくれた」とアズレイは言った。このイエメンの作戦に関しても、彼はセキュリティー保持の観点から詳細を明かすことを拒んだ。「あまりにも慎重を要することなんだよ」と彼は説明した。「わたしは手を貸してくれた者を傷つけたくないんだ、ひとりもね。協力してくれたんだから」。アズレイはイエメンの高官たちと交渉した。彼らはユダヤ人の出国を基本的には認めた。ただ、ひとりいくらという、手数料のようなものを欲しがった。「マークはこの作戦に必要となる資金を喜んで提供する気になっていた」とアズレイは言った。元モサド局員のアズレイはまず、相手の高官たちが約束を守るかどうか確認しておきたかった。そこでテストをすることにし、それぞれ一五人からなるユダヤ人大家族を二組出国させるために航空機を一機チャーターした。約束は守られた――リッチのコネであるイエメンの高官たちは、二組のユダヤ人大家族に付き添って空港まで行き、ユダヤ人たちは何も知らされていない出国審査官たちの前を通過することができた。彼らはローマ経由で無事イスラエルに到着した。

「三〇人を救った。大成功だった。だがこの作戦は結局、悲しい結末を迎える」とアズレイは言い、悲しげに首を振った。これは始まりにすぎず、危険にさらされているイエメン在住のユダヤ人全員が脱出できるよう、さらに大きな作戦が実施されるはずだった。ところが、ユダヤ教超正統派のサトマール派によって、この作戦は頓挫させられることになってしまう。サトマール派はいかなる形のシオニズムも認めず、イスラエルという国家を認めない。イエメンのユダヤ人家族を脱出させたという噂を嗅ぎつけると、サトマール派はアズレイとリッチを脅しにかかった――「この作戦を続ける気なら、イエメン政府内に裏切り者がいることを公にする」

と言って脅したのだ。これでこの作戦は即座に中止されることになってしまった。

その後何年もたってから、イエメンとエチオピアでのユダヤ人脱出作戦にリッチが係わっていたことを、アメリカの政府高官も知ることになった。一九八九年から九六年までモサド長官を務めたシャブタイ・シャビットが、クリントン大統領にリッチの特赦を求める運動を積極的に推し進めたからである。それはモサドの〝沈黙の掟〟を破る、きわめて異例な行為だった。二〇〇〇年一一月にクリントン大統領に宛てた手紙のなかで、シャビットは次のようにはっきりと書いている。「わたしはモサド長官として、ＭＩＡ（戦闘中行方不明兵）の捜索と、敵国からのユダヤ人救出・脱出を実現するため、彼に助力を求めました。リッチ氏はいつも求めに応じてくれ、当該国における広範なコネ網を使って、ときには期待以上の結果をもたらしてくれました。イスラエルおよびユダヤ人は、その無私の活動に対して大いに感謝しております。ときには、そうした活動によって、当該国におけるご自身の利益やビジネス関係が危うくなる可能性もあったと思われます」。シャビットは自分がよく知っていることを書いたのである――彼自身がそうした作戦に直接係わったのだ。

「この件について話すのは好ましいこととは言えないな」とアズレイは歯切れの悪い答えかたをし、そのまましばらく沈黙した。明らかに答えたくないようだった。レバノン、シリア、イラク、イランで行方不明になった（シーア派民兵組織に捕まった）兵士の捜索にリッチも手を貸したという情報について、わたしがアズレイに尋ねたときのことだ。わたしの情報源によると、リッチはイランとシリアのコネを使って捜索に協力した。そのコネの相手というのはやはり「政府高官たち」で、リッチが彼らを紹介してくれたということについては、アズレイも認めた。アズレイによれば、その「政府高官たち」が行方不明兵についてもっとよく知る人々に引き合わせてくれたのだという。「わたしの旅費はマークが出した。イスラエル政府が出したのではない」とアズレイは説明した。「それは彼にとってもイスラエル政府にとっても危険な捜索だった」。ここでアズレイは言葉をいったん切り、この作戦についてはもうこれ以上話したくないと言った。「メディアがマークの名前をモサドに関連づけるたびに、マークはターゲットになる」。そういえばイギリスの『オブザーバー』紙の記事（二〇〇一年五月一三日付け）にも「世界中に散らばる事務所は偽装に便利なので、（リッチは）モサド要員によく利用させていた」と書かれていた。もっともアズレイは、そんなことはリッチのビジネスを「貶める」ためにアメリカ人が広めた噂にすぎない、と一蹴する。

イスラエルとイランの仲をとりもつ非公式の仲介者

リッチ自身もまた、モサドに提供した支援について尋ねられると、詳細を明かしたくないという気持ちをあらわにした。「なぜ支援に意欲的だったのですか？」とわたしが聞くと、リッチはダイエットコークをひとくち飲み、しばしためらってから答えた。「まず第一に、わたしはユダヤ人であるから。第二に、イスラエルはわたしが深く係わる国であるから。わたしはあそこの国民だからね。だからイスラエルを助けるのはごく自然なことなんだ」。〝敵国〟の政府高官にイスラエルの行方不明兵について尋ねるのは、あなたにとって危険なことではありませんでしたか、とわたしは続けて問うた。リッチはふたたび沈黙した。言っても安全なことは何なのか考えているようだった。ともかく、答えはわたしが期待していたほど具体的なものではなかった。「そのことについてわたしから話せる人はそう多くはいなかった。話せると思えた人はわずかで、わたしはその人たちに話した」。向こうの反応は？　リッチは両手を上げ、肩をすくめた。「問題はまったくなかった」。どの国でのことですか？　リッチは首を振った。おもにイランとシリア？　「そう」とリッチは言った。この件の質問を受ければ受けるほどリッチが不安を募らせていくのが、わたしにもわかった。

わたしは最後の質問として「あなたはイスラエルとイランの仲をとりもつ非公式の仲介者だったのではないのですか？」と聞いた。「あるていどそうだったかもしれない。だがそれは、わたしが自ら求めたことではない。わたしはただ、ひとつひとつの件で役に立てればと思っただけだ」。イスラエルとイランの合弁事業である例の秘密のパイプラインも、そういうケースのひとつだった（第6章参照）。ところが一九七九年にイスラム革命が起こると、イランはイスラエルとの接触をすべて断ってしまい、石油供給もストップさせてしまう。そして六年後、ＮＩＯＣ（イラン国営石油会社）はイスラエルを告訴する（メルマン「イラン石油とイスラエル・パイプの物語」［Haaretz.com］二〇〇七年一〇月二一日）。約五億ドルの未払い石油代金があるというのだ。双方の弁護士による交渉は行き詰った。そしてイランはイスラエルと直接接触することを拒んだ。そこで一九九三年にマーク・リッチがエルサレムでイツハク・ラビン首相と会い、ひとつの解決法を提案した。それは、パイプライン事業のイスラエルの持ち株をリッチの会社が買い取り、イランとビジネスライクに事の解決をはかる、というものだった。「ラビンは合意した」と、その話し合いに同席したアヴネル・アズレイはわたしに言った。「ところが、官僚たちがひどく複雑な状況にしてしまい、計画は砕け散り、結局リッチも愛想をつかし、手を引いてしまった。官僚たちはいま後悔しているはずだ」

マーク・リッチはモサド要員だと主張する者がときどきいるが、それは事実ではない。彼は文字どおりのスパイではなかった。リッチはボランティアとして頻繁に支援を提供し、モサドにとってはたいへん役立つ存在だったというだけである。モサドにはコネのない場所でも、リッチは自分のコネを役立てることができた。イスラエルが公式には資金提供できない状況でも、彼なら資金を出すことができた。だからリッチは、メナヘム・ベギンからエフード・バラクまで、歴代のイスラエル首相を個人的に知ることになったのである。モサドはリッチのような人々を「サヤン」（助ける者＝協力者）と呼ぶ。これは、第一にサービス提供者と自分を考える商品トレーダーにふさわしい呼称と言えるだろう。

第16章 私生活

一九九六年九月八日（日曜日）、ガブリエル・リッチはシアトルにあるフレッド・ハッチンソン癌研究センターの病室のベッドに横たわっていた。病名は急性骨髄性白血病だった。この病気は、通常の血球生産を不可能にし、免疫力を破壊する、きわめて攻撃的な癌である。助かる見込みはもうなかった。マーク・リッチと妻デニーズの次女、ガブリエルは、まさに死の淵にいた。まだ二七歳だった。

「恐ろしい」とデニーズは言った。「ほんとうにつらかった」。感情に呑みこまれたような声になって、つい昨日起こったことを語っているような感じになった。デニーズは手を伸ばして三女ダニエルの手をにぎり、あふれ出ようとする涙をこらえた。わたしたち三人は、マンハッタンは五番街にある一九階のペントハウス（四〇〇〇万ドルの値がついたこともある彼女の最上階マンション）の一室に座っていた。床から天井まで広がる窓からは、息を呑むほど美しいセントラル・パークの眺めを楽しめる。デニーズ・リッチの頭上の壁にかかっているのは、アンディ・ウォーホル版『ヴィーナスの誕生』だ。もちろん原画の作者はルネサンスの画家サンドロ・ボッティチェリである。「小さな樽（リトル・バレル）」という意味のこのイタリアの画家の名前は、億万長者・商品トレーダーの前妻にいかにもふさわしい。その日のデニーズの服装はカジュアルなもので、ライトブルーのVネック・セーターにレギンスだった。ビル・クリントンがデニーズを「親友」のひとりと言ったのは、この同じペントハウスで開かれた資金集めディナーの席上だった。だがそれはひと昔前のこと――マーク・リッチがまだ特赦を与えられていなかったころのこと。

デニーズに実際に会うまで、娘の死という話題をどう切り出せばいいのか、わたしにはまったくわからなかった。だから、さまざまなことを話し、こうやっていろいろ聞くのは単なる覗き見趣味からではないとわかってもらえたと確信できたときになって初めて、わたしはその話題を切り出した。母親にとって――むろん父親にとっても――子供に死なれること以上に悪いことなどこの世に存在しない。そうした経験で人間が永遠に変わってしまうということはよくある。娘の死は、当時デニーズとすでに離婚していたマーク・リッチにも決定的な影響をおよぼしたはずだ。この耐えがたい喪失に、リッチとその家族がどのように対処したのかを知ることは重要だと、わたしは思った。

ガブリエルは最後の数時間を独りで過ごしたわけではない。家族が――ガブリエルと秘かに結婚していたフィリップ・アウアドも――病室に座り、彼女とともにいた。自分の母と姉をすでに癌で亡くしていた母親のデニーズだけでなく、姉アイロナも、妹ダニエルも、そこにいた。ただ、父親はいなかった――物理的には。ガブリエルが白血病と診断されると、家族は最高の医師を求めて世界中を探しまわった。「で、アメリカにいるとわかったの」とダニエルは言った。「父もこの選択に賛成したわ。ガブリエルに会えなくなるのはとてもつらかったはずだけど」。リッチはスイスのルツェルン湖畔の自宅にいて、シアトルで死にゆく娘とは電話でしか話せなかった。「娘が息を引きとるまで、電話はつながっていた」とデニーズは説明した。「彼もちょうどわたしたちのように娘といっしょにいたの。でもこちらには来られなかった。娘のそばにいられなかったなんて、恐ろしいことだわ。彼は電話ではただ、すすり泣くだけ。あまりに泣くもので、わたしも耐えられなくなり、しまいには切ってしまった。娘を抱いてあげたかったの」。その夜、一〇時過ぎ、ガブリエルは息を引きとった。

帰ってこないで、ダディー、お願い

リッチの家族または知人が、訴訟で最もつらかったことをひとつ挙げるとしたら何かと問われたとき、返す答えはいつも同じである。それは、娘が父親をいちばん必要としているときにも、リッチはアメリカに帰ることを許されず、娘を自分の腕で抱いてあげられなかったということ。「娘に死なれるのはもちろん悲劇だが、そのうえ死に目にも会えないとは――あれほどの金と力があってもね。だとしたら、金や力にどんな意味があるというのだろう?」とイサク・ケルブはわたしに言った。彼はリッチが信頼する仲間、友人のひとりで、自身も三人の娘がいる。もうひとりの友人、投資家のマイケル・スタインハルトは、リッチが傷心の日々を送っていたとき、メッゲンの町にある彼の自宅に客として滞在していた。「ガブリエルのそばにいられなかったことは、マークにとって途方もない悲劇だった。マークはガブリエルをとても愛していた、とてもね。彼女はマークの人生の重要な一部だった――いや、いまでもそうだ」とスタインハルトはわたしに言った。「だれかがガブリエルという名前を口にしただけで、もう父は泣きはじめるの」とダニエルは言う。

マーク・リッチにとって、病床の娘に会いにいくこと以上にしたいことなど何もなかったにちがいない。マンハッタンに事務所を構えて、長年リッチの弁護士を務めてきたロバート・フィンクは、この問題をパトリック・フィッツジェラルド連邦検事補と話し合った。「リッチの娘さんがもう長くないのです、とわたしは彼に言った」とフィンクはそのときのことを思い出す。「マークが拘束されずに娘に会えるような方法が何かないものだろうか、とわたしは彼に尋ねた」。答えはノーだった。

リッチがアメリカから逃げ出して一三年が経過していた。その一三年のあいだ彼は、アメリカの捜査官が仕掛けた罠をことごとく逃れてきた。最後にもう一度娘に会いたくても、アメリカへ向かえば、飛行機から降りた瞬間、逮捕されてしまうことを、リッチはよく知っていた。

「それならそれでいい」とリッチは心のなかでつぶやいた。それでも会いに行きたい。彼はガブリエルに電話した。「父はガブリエルに『行くよ』と言った」とダニエルは母親のマンションでわたしに打ち明けた。「でもガブリエルはこう言ったの。『お願い、お願いだから来ないで。だめ、帰ってきてはだめ、お願い』。でも父も折れなかった。『行く、行くよ』。ガブリエルは必死になって頼んだ。『お願い、ダディー、愛しているの、とても、とても。お願いだから帰ってこないで。帰ってきたら怒るわよ、すごく怒るから』」。母親のデニーズは死を間近に控えた娘に、父は絶対に来させない、スイスにいさせるようにすると約束しなければならなかった。「父はもうどうなってもよいという気になっていた」とダニエルは言う。

リッチはすっかり打ちひしがれ、アメリカ行きを断念した。彼はスイスにとどまり、娘の葬式にも出席しなかった。リッチの友人たちは、捜査官たちが葬式に出席したことをいまだに語り草にしている。当局は、万が一リッチがやって来る気になったときのために備えたのだ。リッチ逮捕を目指す連邦保安官たちは、彼がカナダ経由で秘かにアメリカ入りしようとする可能性があると考えていた。

「そりゃたしかに、悲しい話だ」と、リッチへの捜査を開始した元連邦検事補のサンディ・ワインバーグは言った。一時的に安全通行権のようなものを与えるのが人道的措置ではなかったかと、わたしが聞いたとき、ワインバーグはムッとしたようだった。「彼のことをかわいそうだと思うのは、なかなか難しいね。そういう状況をつくったのは彼なんだから。安全通行権？　そんなものは与えられない。彼はルールを守らないことにした男なんだ」とワインバーグは説明した。彼の言い分はたぶん正しいのだろう――安全通行権を与えるのは規則違反ということになる。検事でも政治家でも、リッチに安全通行権を与えたりしたら、途轍もない批判にさらされることになったはずだ。逃亡犯がそんな慈悲を請うなんて、世間知らずもいいところなのかもしれない。ただ、わたしとしては、アヴネル・アズレイの次のような言葉も思い出さずにはいられない。「人間なら、そのような要請を拒否することはできない。マークは殺人犯ではなかった。テロリストでもなかった」

　わたしはこの件を、一九八〇年代にスイスの司法警察相としてリッチ事件に係わったエリザベート・コップ＝イクレにも話した。そうした要請を受けたら彼女ならどうしたか知りたかったのだ。コップ＝イクレは一瞬もためらわず、こう答えた。「そういうケースなら、司法警察相として安全通行権を与えていたわね。でないと、鏡に映る自分の顔をもう見られなくなってしまうわ」。でも、そういう決定をしたら、凄まじい政治的圧力がかかるのではないか？　そうわたしが問うと、彼女はしばしわたしをじっと見つめ、考えこんだ。そして言った。「政治的問題よりも人道的問題が優先されなければならない状況もあるの。それができないというのだったら、そもそもなぜ政治なんてやっているの、と自問しなければならなくなる」。彼女の答えは、インタビューが終わったのちも長いこと、わたしの頭のなかで谺（こだま）しつづけた。わたしは政治家でなくてよかったと思った。

娘の墓はイスラエルへ

「いまさらそう言われても……」とリッチはつらそうに言った。スイスの元司法警察相の言葉を伝えたときのことだ。実はリッチは父の死に目にも会えなかったし葬式にも出席できなかった。父親が亡くなったのは、一九八六年九月、ニューヨークでのこと。デイヴィッド・リッチは、息子マークにとって、父親としてだけでなくビジネスマンとしても最高のお手本だった。一人息子マークの最大の望みは、自分もまたビジネスで成功したことを父親にはっきり証明して見せることだった。彼は父親に自分の力を認めてほしかった。だが、そのリッチが、父親の葬式に出席できず、息子だけが唱えることができるカディッシュ（弔いの祈り）を捧げることもできなかったのだ。「それはきわめて重要な祈りなのです」と、リッチ家と宗教上のつながりのある友人は説明する。「息子が死んだ父親のために果たす最後の務めなのです。マークにとって、葬式に出席できなかったことは悲劇でした」。リッチには電話でカディッシュを唱えるという選択肢しかなかった。

リッチが父親や娘の死について話したがらないというのは、わたしにもすぐにわかった。だが、ひとつだけ、聞いておかねばならないことがあった。それは、人は子供を失ってもふたたび幸せになれるのか、ということだった。「あれからだいぶたったけれど、いまだに胸の痛みは消えない。わたしはふたたび幸せになれたが、娘が生きているころにくらべたら、その幸福感は薄い」とリッチは答えた。あまり知られていないことだが、リッチがクリントン大統領から特赦を受けたあと、娘の墓はアメリカからある場所に移された。現在、ガブリエルの墓は、イスラエルのテルアビブ近郊にある。そこなら、イスラエル国民のリッチは好きなだけ訪れることができる。邪魔をする者もいない。「墓参りにはよく行く」とリッチは言う。家族に会いにアメリカへ行けるというのも、特赦請願の最も重要なポイントのひとつだった。「(特赦によって)リッチ氏とグリーン氏は家族と会えるようになります」と請願書にある。だが、実際に特赦を受けても、リッチはアメリカに足を踏み入れようとはしなかった(第18章参照)。

デニーズ・アイゼンバーグとのお見合いデート

マークとデニーズはお見合いデートで知り合った。ユダヤ人社会では、お見合いデートはいまも珍しいことではない。一九六五年一二月、リッチは両親とハヌカー(神殿清めの祭り)を祝うため、マドリードからニューヨークへ戻った。母親ポーラ・リッチは、息子がまだ結婚していないことを心配しはじめ、デニーズの父親と相談してお見合いをたくらんだ。リッチは当時三一歳で、フィリップ・ブラザーズのマドリード事務所長だった。デニーズ・ジョイ・アイゼンバーグは、マークよりも一〇歳は若い、アーモンド形の目をした黒髪の美人で、明るい性格だった。まだ学生で、ボストン大学でフランス語を専攻していた。

デニーズの家は、アメリカで富を手に入れた堅実なユダヤ人一家だった。父親エミール・アイゼンバーグは、大手靴メーカーのデスコ・シュー・コーポレーションを所有する企業家。アイゼンバーグが同社を設立したのは、アメリカへ移住してまもない一九四二年のことだった。リッチ家とアイゼンバーグ家の家族史は驚くほどよく似ている。アイゼンバーグ家もまた、オーストリア＝ハンガリー帝国領ガリツィアのドイツ語を話すユダヤ人だったのだ。エーミール・アイゼンベルク（エミール・アイゼンバーグ）は一九一二年に、現在はポーランド領になっている重要な交易都市タルヌフに生まれた。このタルヌフと、マーク・リッチの父親ダーフィット・ライヒ（デイヴィッド・リッチ）が生まれたプシェミシルとは、一〇〇マイルしか離れていない。そしてエーミール・アイゼンベルクも、ダーフィット・ライヒ同様、ホロコーストを逃れてアメリカへ渡ることができた。

アイゼンベルクは、ドイツでアドルフ・ヒトラーが権力の座についた一九三三年、パリに移り住んだ。そこでジェリー・ディアマンと出会い、二人はのちに結婚する（結婚生活は五三年間続く）。アイゼンベルクは二〇歳という若さで、三人の兄弟とともに、毛皮貿易会社を設立し、パリ、ロンドン、ニューヨークに事務所を構えた。だが一九四〇年の春にナチスが西ヨーロッパへの侵攻を開始すると、アイゼンベルク家の人々はパリから逃げる決心をする。それは、ダーフィット・ライヒが妻子を中古の黒のシトロエンに乗せてアントウェルペン（アントワープ）から南フランスへ向かった、あの春のことである。アイゼンベルク家はライヒ家よりは金持ちだった。だからニューヨーク行きの客船に乗ることができた。そして一九四二年、マサチューセッツ州ウースターに身を落ち着けた。ボストンから西へおよそ四〇マイルのところにある都市である。

一九六六年の晩夏、お見合いデートから半年後、デニーズ・アイゼンバーグはスペインに旅行し、リッチを訪ねた。事は両親たちの思惑どおりに進んだ――二人は互いに気に入ったのである。「北スペインを二週間ほど旅行したあと、マークがプロポーズしたの。サンティアゴ・デ・コンポステーラのパラドールでディナーをとったときのこと。とてもロマンチックだった」とデニーズは思い出す。そのパラドールは、一五世紀に立てられた王族の病院を改装した豪華なホテルで、回廊に囲まれた四つの中庭と、とても印象的なダイニングルームがあった。「考えたのは二秒ほど。わたしは『いいわ』と即答したの。で、両親に電話し、婚約したことを告げた。母は結婚式をマサチューセッツで大々的にやりたかった。でも、マークはノーと言った。彼は二週間後に結婚したかったの。二週間では結婚式を準備できない、と母は言ったわ。そこで二人は交渉した。ところが押し問答の繰り返し。で、どっちが勝ったと思う？」。わずか数週間後、一九六六年一〇月三〇日、二人はウースターのインマヌエル会堂で結婚式を挙げることになった。

ハネムーンはジャマイカ旅行だったが、滞在中は雨が降りしきり、やむ気配がまったくなかった。何十年もあとになって、わたしに残念そうに打ち明けたように、リッチは最初の日にウニを踏みつけてしまい、新婚旅行中ずっと膨れた足を上げつづけていなければならなかった。ぴったり九カ月後の一九六七年八月一日、アイロナが生まれた。二人はマドリードに住み、デニーズは幼い娘の世話に明け暮れた。一九六九年一月、次女ガブリエルが生まれた。

家族の価値観

リッチは超多忙な生活を送った。彼は事務所のだれよりもよく働き、勤務時間もいちばん長かった。朝の七時過ぎにはオフィスに来て、夜の一〇時前に帰ることはめったになかった。「あの人はたえず働いていた。それが耐えがたくなるときもあった」とデニーズは当時を思い出す。「マークにとって仕事が道楽だったの。だから当然、家族はつらい思いをした」とウルスラ・サントト・ドミンゴは言う。リッチの最初の秘書であるこのスペインの侯爵夫人は、リッチ家と親しく付き合うようになり、彼らのことをだれよりもよく知る人物となる。彼女はデニーズから愚痴を聞かされたこともある。リッチが家族に割く時間があまりにも少なすぎるというのだ。「『ウイークデーはきみに割ける時間はまったくない。きみに割けるのは、土曜日に三〇分、日曜日に四五分』と言われちゃった、と愚痴っていたわ」とサント・ドミンゴはわたしに明かした。

この状況は、リッチが一九七五年に自分の会社を設立しても改善しなかった。ニューヨークに戻る前に、二人はロンドンで暮らし、そこで三女のダニエルが生まれた（一九七五年三月）。当時はまだデニーズも、懸命に頑張って夫をしっかり支えていた。「あの人は事業を築き上げようとしていた。それこそやらねばならないことだった。わたしは自分にできるかぎりのことをして彼を支えた。彼はやらねばならないことをやった。それはわたしにも理解できた。わたしの父もそうやってきたのだから。父はよく言っていたわ――ものの値段とは何なのか、ものの価値とは何なのかを、ほんとうに理解するには、お金を求めて仕事をしないといけない、とね」とデニーズは言う。マーク・リッチもわたしにこう告白した。「自分はビジネス・マシンではないかと思う」

当時の二人は典型的な分業をしていたことになる。デニーズにはエキセントリックなジェット族（ジェット機で飛びまわる金持ち連中）、きらびやかな社交界の花というイメージがあったが、実際の彼女は家族のきずなを重んじる保守的な母であり妻だった。マークとデニーズは伝統的な価値観を子供にも植え付けようとした。マーク・リッチは古典的な美徳を信じていた。子供に受け継がせたいことは何かと、わたしが尋ねたとき、リッチは「正直、勤勉、責任感、それにユダヤ教に関するいくばくかの知識」と答えた。（彼自身は、一四歳のときにユダヤ教のしきたりを守ることをやめたそうだ。彼は神の存在を信じず、お祈りもしない）。娘たちへの躾（しつけ）は厳しかった。時間どおりに帰宅させ、宿題はすぐにやらせた。大金持ちだったので、お金の価値を子供たちにも教えようとした。

「甘やかしたことは一度もない」とリッチは言う。「お金を得るには働かなければならないということを教えたかった」。そうしたことをダニエルはいまでも覚えていて、「無意味にお金をくれるとか、欲しいものを買ってくれるとか、そういうことはなかった。その点、父は母とはちがっていた」と言う。「お小遣いはくれたけど、それをもらうには一生懸命勉強しないといけなかった。値上げしてほしかったら、自分がそれにふさわしい人間で、なおかつそれを必要としているということを、証明して見せないといけなかった」

厳しい父親、仕切る母親

リッチは厳格な父親であったことを自ら認めているが、厳格な祖父であるとも言えるだろう。サンモリッツでいっしょにスキーをしたとき、わたしもその場面を目撃した。娘たちが家族連れでやって来ていて、その日わたしたちはみんないっしょにリッチのシャレー風ヴィラで昼食をとった。と、孫の男の子が騒ぎはじめ、テーブルにおとなしく座るのを拒んだ。だれもその子をおとなしくさせられない。しばらくその状態が続いて、ついにリッチがその子を叱りはじめた。「お母さんの言うことを聞きなさい！　行儀良くしないと、キッチンへ連れていくぞ」。

「じゃあ、ぼく、キッチンで食べないといけないの？」と男の子は聞いた。「食べる？　そんなことだれが言った？」とリッチは冷たく返した。

リッチ家の友人たちにマーク・リッチの価値観について尋ねると、一人っ子としての両親との特別な関係が必ず話題になる。「デニーズがよく言っていたわ。『いつもお母様のことが最優先、わたしのことはあとまわし』とね」とウルスラ・サント・ドミンゴは言う。また別の友人は、母親が何でもかんでも仕切っていて「リッチも母親の言うとおりの服装をしていた」と言う。デニーズはリッチの母親については「仕切ろうという気持ちがものすごく強い人だった。わたしのことはあまりかまってくれなかったけど」としか言わない。ポーラ・リッチとは親しく親戚付き合いを続けてきた、アントウェルペンに住むマーク・リッチのいとこ、眼科医のルネ・トゥローによると、マークは母親にほとんど毎日電話し、彼女にとってはそれが一日のいちばん幸せなときなのだという。一方、デイヴィッド・リッチは子供のころのマークにはたいへん厳格な父親で、息子に多くを望んだ、とサント・ドミンゴは言う。こうした両親との関係がリッチの原動力のひとつになっていた、と彼女は信じている。「彼は両親が誇りに思えるような息子になりたかったの。自分も成功できるのだということを――父をも超える成功者になれるのだということを――彼はいつも父親に証明して見せたいと思っていた」

ソングライターになったデニーズ

一九八〇年代の初めまでに、マーク・リッチは押しも押されもせぬ大成功者になった。彼は年間一億ドルから二億ドル稼ぐ商品取引の巨人になったのだ。当時リッチ家の人々は、パーク・アベニュー625にある10LDKのマンションに住んでいたが、同じ建物の三フロアにまたがる25LDKのペントハウスは、失脚したイラン国王の双子の妹アシュラフ・パーレビ王女が所有していた。娘たちは名門私立学校に通い、週末は家族でロングアイランドのリドビーチにある別荘で過ごした。だが、リッチが一九八三年六月にスイスに逃げてしまうと、彼らの生活は一変し、もうもとには戻らなかった。新しい生活への再適応はとてつもなく大変だった――すべてが寝耳に水の出来事だったのでなおさらだった。デニーズと娘たちも、「世界の首都」と誉めそやされるニューヨークから、スイスのバールという小さな村に移り住まねばならなかった。そこはリッチ家の人々が慣れ親しんできたような、あらゆる国の人々が集うきらびやかで魅惑的な世界の中心地ではなかった。

リッチは大好きな仕事をしつづけることができ、相変わらず朝早くから夜遅くまで働いた。娘たちは、スイスのフランス語圏にあるエリート寄宿学校や、チューリヒのアメリカン・インターナショナル・スクールに入った。デニーズ（家族のなかでただ一人のアメリカ生まれ）は、友人たちから切り離され、自分を一からつくりなおさねばならなかった。彼女はその状況を最大限利用しようとした。「歌を書きはじめたの、プロとしてね。とても孤独だったから。時間もたっぷりあったし」と彼女は言う。歌は何年も前から書いていたし、アコースティック・ギターで作曲するのが好きだった。バスタブのなかでも、よく曲想を練った。そこで、より多くの聴衆を求めることにした。

そして驚くべき成功を勝ち得た。「ウィー・アー・ファミリー」で有名なシスター・スレッジも、一九八五年にデニーズの歌を吹き込んだ。「フランキー」は国際的に大ヒットし、七五万枚以上を売り上げた。一年後、自身のアルバム『スイート・ペイン・オブ・ラブ』も成功し、デニーズは引っ張りだこのソングライターになった。アレサ・フランクリン、メアリー・J・ブライジ、パティ・ラベル、ナタリー・コール、マーク・アンソニー、セリーヌ・ディオン、ダイアナ・ロス、ドナ・サマー、チャカ・カーン、グローヴァー・ワシントン・ジュニアと、彼女の歌をカバーしたアーティストを並べてみると、R&B（リズム・アンド・ブルース）のオールスター・リストのようなものができあがる。デニーズはソングライターとしてのキャリアを積むために、ロンドン、ニューヨーク、フィラデルフィア（彼女はフィラデルフィア・ソウルを愛した）へおもむく機会がどんどん増えていった。自分の成功を夫が喜び、誇りに思ってくれたので、彼女は幸せだった。ただ、妻が留守がちなことに夫が満足していないことにも、デニーズは気づいていた。「あの人はひとりにされるのが好きではないの」と彼女はわたしに言った。「そういう種類の男なの、あの人は」。とはいえ、二〇年におよぶ結婚生活のあいだ、ずっと自分の大望を抑え込みつづけてきたデニーズは、ついに前進することにした。「今度はわたしの番だった。わたしはとことんやるつもりだった」と彼女は言う。

長身でブロンドのドイツ女

状況は、デニーズにとって良くなれば良くなるほど、マークにとっては悪くなった。「マークは気分を滅入らせていた。でもわたしは、滅入る夫の話を聞いてあげようとは思わなかった。アメリカを出なければならなかったのは、わたしのせいではなかったし」とデニーズは説明し、ダニエルをちらっと見やった。それは多くの夫婦が経験する典型的な危機だった。つまり、それまで相手の影のなかで生活してきた者が、ついにそこから一歩踏み出そうと決心したときに生じる危機。そうなったら、双方がその新しい状況に適応するか、それとも別々の道を歩むことにするか、二つにひとつだ。ともかく、滅入るリッチの気分を少しでも晴らそうと家族は、もっと山へ行ったりサンモリッツでスキーをしたりしてはどうかと彼に提案した。デニーズはいま、なんて馬鹿なことを言ったのかしら、と首を振る。「わたし、まったく知らなかったの」とデニーズは言う。「サンモリッツには、『フォーブス』を読んで夫探しをしている女たちがいるということをね」。リッチが浮気をしたことはそれまで一度もなかった、とデニーズは明言した。「わたしは幸せな妻でした。彼の愛人はビジネスだったから」と彼女は言う。

最初のうちデニーズは、サンモリッツに集まってくる、すらりとした脚の若い美女たちのことなど心配しなかった。だが、時代は変わっていたし、〝自主的追放生活〟を送るリッチは自分でもわからないほど深く心を病んでいた。そうしたことにデニーズは気づかなかったのだ。スイスに暮らしはじめて六年が経過していた。スイスは美しい国だが、小さいし、田園だらけ。旅をとりわけ愛するリッチが、自分の行きたいところへもう行くことができない。一方、デニーズのほうは、世界中どこへでも旅することができる。ロンドンで歌の録音をしたら、今度はブラジルへ飛んで、伝説の大列車強盗ロナルド・ビッグズを描く映画の音楽を録音する、といった具合。楽しく時を過ごしていた。「マークにとっては楽しい時ではなかったのにね」と彼女は言う。「わたしたちの関係は崩壊しはじめていた」

ちょうどそのころ、社交行事に出席するリッチのそばに背の高いブロンドのドイツ女がいることに、人々が気づきはじめる。一九八九年の後半のことだ。彼女はミュンヘン生まれのギーゼラ・ロッシ（旧姓ライニンガー）、大金持ちだったイタリア人実業家の未亡人だった。ロッシはヨーロッパのジェット族の一員で、冬はサンモリッツでスキーを楽しみ、夏は南仏コートダジュールのサントロペか、スペイン南部・地中海沿岸のマルベーリャで過ごしていた。リッチはサンモリッツでロッシに会った。

「もちろん、とても危険な状況だった」と、よくリッチ家の人々と冬の休暇をサンモリッツで過ごしたウルスラ・サントドミンゴは当時を思い出す。「サンモリッツに来るそういう女たちは、結局、連れのいない男たちを慰めることになる。ギーゼラがやって来て、マークの顔をなで、指を彼の髪のなかに入れ、望むことを何でもしてあげた、というわけ」。こうして結婚が壊れはじめた。「マークは彼女に釣り上げられた魚」とデニーズは言う。「彼は女にはウブもいいところだった。だましたり、ごまかしたりすることができないの。浮気相手なんてひとりもいなかった。父がよく言っていたわ。『女にあれほどウブで未熟だと、最初の罠に引っかかる』ってね」

リッチとギーゼラ・ロッシとの関係は、デニーズがウースターに帰省して、死の床につく母親のそばにいるときに始まった。ダニエルが二人の関係に気づき、母親に知らせた。それから二年間、デニーズは自分たちの結婚をなんとか救おうと頑張った。父親に「これをもとに戻すことはできない」と言われたにもかかわらず。「冗談じゃないわ」とデニーズは父に言い返した。「わたしたち、結婚して二〇年以上にもなるのよ」。デニーズにとって離婚は問題外だった。彼女はそのようには育てられていなかったのだ。両親は五三年間も連れ添った。これは浮気でしかなく、夫はすぐに正気にもどる、とデニーズは思った。「わたしは離婚するつもりはなかった」と彼女は、両手の指をしっかり組み合わせて言った。「二年間、頑張った。できることは何でもした。わたしは彼を愛していた。娘たちを崩壊家庭の子にしたくなかった。わたしたちはみんないっしょに暮らすと約束した家族だったの。わたしはもうほんとうに頑張った。とことん頑張った。でも彼は抜け出せなかった。あの女は彼が望むことをすべてやっていた。ずっとそばにいた。時間に遅れることは絶対になかった。抜け目ない女で、世慣れしていて、人を操るのがうまい。そう、男を操るのがとってもうまいの。それに手を貸す友だちがたくさんいた。あの人たち、寄ってたかって他人の夫を奪うのを楽しんでいた。『あのリッチという男をもらっちゃいましょう』とかなんとか、みんなで話しあっていたにちがいないわ。彼は罠にはまってしまったの。それが彼にはわからなかった。男にはよくあることよ。よくあること」

遅れるんじゃない

デニーズが自分の気持ちを包み隠さず話してくれたのに反して、マーク・リッチのほうは、わたしが離婚のいきさつを尋ねたとき、如才ない受け答えをしようとする姿勢を崩さなかった。「わたしはデニーズに関するいくつかのことで不幸になった。そういうときにギーゼラに出会い、気に入った」。デニーズがソングライターの仕事で留守がちになることが我慢ならなかった？「彼女は音楽にかなりの時間を割いた。それは事実。それから彼女にはわたしを悩ませる癖があった。いつも遅れるんだ、いつもね。いまだに」

二年間もがいたすえ、デニーズはやっとあきらめた。二人は法的別居となり、デニーズはアメリカへ帰った。そして一九九二年四月、デニーズは離婚訴訟を起こした。彼女はスイスで裁判をすることにした。スイスの法律では、妻は結婚期間中に夫が築いた財産の半分を得る権利があるとされていたからだ。デニーズは攻撃的な弁護士マックス・ルベドキンを雇って法廷での争いを任せた。ルベドキンは〝金持ちの妻を金持ちのまま離婚させられる弁護士〟として有名な男だった。彼が係わった場合にはだいたいそうなるように、リッチの離婚訴訟もエスカレートして全面戦争になった。それは世界史上まれに見る激烈な離婚裁判となり、莫大な金が動き、世間にしっかりさらされることになった。

ルベドキンは五億ドル（七億五〇〇〇万スイスフラン）あたりで手を打つことを考えていた。狡猾な弁護士はこう主張した。デニーズと彼女の両親は、リッチが一九七四年に会社を設立したときに必要とした当初投入資本としてかなりの金額を提供した。そしてデニーズは二〇年以上にもわたって夫を支え、三人の娘を産んだ。したがってデニーズは、「少なくとも」一〇億ドルはある夫の財産の半分を得る権利がある。そうルベドキンは主張したのだ。『フォーブス』誌によれば、当時のリッチの財産はおよそ八億ドル。だが『フォーチュン』誌は一一億ドルと推算していた。デニーズ側の主張を受け取ったわずか数時間後、今度はリッチの弁護士たちが「即金・現金で三三三万ドル（五〇〇万スイスフラン）」という反対提案を行った。もしかしたらリッチは、離婚も他の商品取引のように処理できると思ってしまったのかもしれない。「マークは気前のよい人間なんだ。だからこの提示額はちょいと奇妙だったね」とリッチの友人は言う。

「こんな額は侮辱だよ」

マークは家庭を破壊した

デニーズもこの提示額を侮辱と感じた。そこで、屈辱を受けた妻にできる最大の反撃をすることにした。スイスで最も広く読まれているゴシップ誌のひとつ『シュヴァイツァー・イルストリーアテ』の本格的なインタビューに応じたのである。この雑誌が発売されると、離婚訴訟は一気にダーティーな争いとなった。「夫の財産の半分が欲しい」というタイトルのついたそのインタビュー記事で、デニーズは次のように言っている。「マーク・リッチは家庭を破壊したのです。わたしは二五年間、貞節な妻、献身的な母でした。わたしたちはみな、彼のスキャンダルと、それについて言われる侮辱に悩まされてきました。夫についての噂話は絶えません。彼は犯罪者だと言われてきました。でも、わたしは彼の味方になったのです。それなのにいま彼は、わたしを裏切って浮気し、わたしだけでなく子供たちまで世間にさらして悩ませ、恩を仇で返すような真似をしているのです」。デニーズがマークをこれほど悪く言ったのは、後にも先にもこの一度きりである。彼女の言葉は、深く傷つけられた妻の怒りだけでなく、攻撃的な弁護士の戦略をも反映するものだった。ルベドキンはリッチに最大のダメージを確実に与えられる方法を見つけたのである。ルベドキンが武器として選んだのは、マーク・リッチが最も恐れる「宣伝」だった。「資産や財産ということになると、彼はたえず嘘をついてきました」とデニーズはゴシップ誌のインタビューで言った。「まだいっしょに住んでいたころ、彼はいつも、わたしだけでなくだれにでも莫大な富を自慢し、すごいと思わせようとしていました。でもいまは、巨額な財産でだれをも感心させたい気持ちは依然あるとしても、わたしには〝実際の財産はそれほどないのだ〟と思わせたがっています」

双方とも上品ぶった争いの仕方はしなかった。デニーズはスイスだけでなくニューヨークでも訴訟を起こした。彼女は夫に二度だまされたと主張した。一九八八年、まだ幸せな結婚生活を送っていたころ、二人はスイスに慈善財団を設立することにした。そしてそれぞれが四〇〇〇万ドル（五〇〇〇万スイスフラン）ずつ寄付することになった。デニーズはその約束を果たした。ところが夫は自分のぶんを払わなかった、と彼女は主張した。この訴えはツークでの裁判で却下された。ニューヨークでデニーズが起こしたのは、夫と彼のビジネス・パートナーたちに対する民事訴訟だった。三人の娘のためにつくられた信託基金のお金を「自己取引」と「不正取引」のために流用した、というのが訴えの内容だ。裁判記録によると、「(夫は）最も卑劣な不快きわまりないやり方でわたしをだましました」と彼女は訴えた。彼女はこの裁判にも負けた。

デニーズに三億六五〇〇万ドル

リッチの会社は、五大陸に散らばる二〇〇以上の私会社と子会社からなる複雑なネットワークである。そうした会社の多く――すべてマーク・リッチ・ホールディング（Marc Rich + Co.

Holding）の傘下にある――は、互いに緊密な関係にあるが、なかには完全に独立した会社もある。他の会社の財産権を有する会社も少数だがある。そもそもリッチと彼のパートナーたちがこうした〝迷宮構造〟をつくりあげたのは、マーク・リッチが操作していることを外部に知られずに秘密取引できるようにして、リスクを最小限にするためだった。その複雑な会社網がまた、ここでもリッチに有利に働いた――リッチの富を計算するのは不可能に近かったのである。

デニーズの父親がとうとうこの離婚問題に介入し、訴訟が収拾不能となるまでエスカレートするのをふせいだ。エミール・アイゼンバーグはマークをとても気に入っていて、刑事訴追を受けても彼をかばいつづけた。リッチのほうも、自分の父親を思い起こさせる義父には深い敬意の念を抱いていた。アイゼンバーグもリッチには大きな信頼を寄せていて、一九七四年に彼が会社を設立したときには、ためらうことなく資金を提供した。リッチはこのアイゼンバーグの支援にはこれからも感謝しつづけることだろう。アイゼンバーグはリッチとじかに離婚条件を交渉するためスイスに飛んだ。「弁護士どもがめちゃくちゃにしてしまった」と彼は義理の息子に言った。「すべて、納得できるものにしようじゃないか」。ついに、商品トレーダーのマーク・リッチにも理解できる言葉で話す者が、交渉の場に現れたのである。

一九九六年六月一四日、マークとデニーズはようやく離婚した。結婚は三〇年間続いたことになる。離婚条件が公にされることはなかった。数人の事情通によると、デニーズ・リッチは総計三億六五〇〇万ドルを受け取ったという。むろん彼らは、きわめて私的なことなので、匿名を希望した。この三億六五〇〇万ドルは、二つの方法で支払われた。他の四人のパートナーの妻たち同様、デニーズも夫の会社の株を所有していた。具体的にはマーク・リッチ・ホールディングの株式の一三・九一％。デニーズは一九九〇年一二月——リッチとの離婚が成立する前——自分が所有する一〇七〇株と引き換えに一億六五〇〇万ドル（二億一五〇〇万スイスフラン）を受け取った。いわゆる有償減資だ。それに加えてリッチは、さらに二億ドルをデニーズに支払うことに同意したわけである。わたしがこの金額について尋ねると、リッチはニヤッと笑って、〝調査結果は正しいが公式にそうだと認めたくない〟ときの常套句を口にした。「当たらずといえども遠からず」

わが最大の失敗

離婚が成立して六カ月後の一九九六年一二月一六日、リッチはギーゼラ（数年来の愛人）と結婚した。二人はすでにだいぶ前から同居していて、一九九三年七月にルツェルン州のメッゲンに移り住んだ。暮らした屋敷はルツェルン湖畔に建つ風格のあるヴィラ・ローズ。リッチは結婚前、ギーゼラにユダヤ教に改宗するよう強く求めた。ただ、それはスイスのユダヤ人コミュニティーに広く受け入れられはしなかった。

リッチとギーゼラとの結婚もまた、不幸な結末を迎える。わたしが人生最大の失敗は何かと尋ねたとき、リッチはしばし考えてから「ビジネスで、という意味かね？」と問い返した。そうか、仕事以外のことが頭に浮かんだんだな、とわたしは気づき、必ずしもビジネスのことでなくてもいい、と答えた。するとリッチは「最大の失敗はむろん訴訟に巻き込まれたことだが、その次に大きな失敗は、ギーゼラとの再婚だね」と答えた。わたしはびっくりした。リッチのあまりの率直さに驚いたのだ。そこで、なぜ再婚はうまくいかなかったのか、とわたしは聞いた。「最初はとてもうまくいっていた。だがそのうち彼女がわがままになってしまった。カネと物欲の面でね。彼女はもっと欲しがるようになった。わたしはノーと言った」とリッチは説明した。「デニーズと離婚したことを悔やんでいますか？」とわたしは聞いた。「いや、悔やんでいない。だが、ギーゼラと結婚したことは悔やんでいる」とリッチは答えた。二〇〇五年六月一五日、リッチは二度目の離婚をした。わたしは高くついた離婚だったかどうか知りたかった。リッチの友人たちの話では、ギーゼラは「数千万ドル」受け取ったとのことだった。「思い出したくない」とリッチは言って、笑い声をあげた。「デニーズのときと同じくらい高くつきました？」とわたしは聞いた。「いや、ずっと安かった」とリッチは答えた。

第17章 キング・オブ・オイルの最期

一九七〇年代と八〇年代はリッチの黄金期だったが、九〇年代はまさに暗黒期となった。死、離婚、会社売却……悪いことばかりが続いた。その悲しい暗黒期のなかでも最悪の出来事は、なんといっても一九九六年九月の娘の死だ。その二カ月前にはデニーズとの離婚も成立していて、リッチは激烈なダブルパンチを受けたことになる。加えて、これまで秘密にされてきたが、リッチは一九九〇年代には財務面でも最大の失敗を経験していた。たったひとつの取引だけで、一億七二〇〇万ドルの損失をこうむり、会社が破綻の危機にさらされたのである。この失敗のせいで、結局リッチは会社を売却せざるをえなくなる。この大失敗について話してくれたのは、リッチの会社の元幹部社員のひとりだった。わたしが会社の最大の失敗は何かと尋ねたとき、この話が飛び出してきたのである。わたしたちは彼のオフィスの椅子に座って話していた（彼は匿名を希望したので、オフィスの描写をすることも差し控えたい）。その話を始める前に、彼は立ち上がってドアを閉め、わたしにテープレコーダーを切るよう求めた。「どうか誤解しないでいただきたい」と言って、彼はタバコに火をつけた。「わたしはマーク・リッチを大いに尊敬している。いまある自分は彼のおかげだと思っている。でもね、この狂気の取引もまた彼の経歴の一部なんだ」

この大失敗が始まったのは一九九二年七月のことだった。仲間内で〝ギャンブラー〟と言われていた若きトレーダー、デイヴィッド・ローゼンバーグが、一発をねらう大勝負に出ることにしたのだ。彼は数年のあいだにアルミ取引をいくつも成功させて、金属部門の長に昇進していた。ローゼンバーグがやりたかったのは、何人ものトレーダーが単独でやろうとして失敗してきたこと、秘かに買い占めることによる価格の吊り上げだった。彼は二大競争相手、ドイツのメタルゲゼルシャフトAGとスペインのアストゥリアーナ・デ・ジンクSAと組んで、この買い占めを成功させようとした。

三社は、世界最大の金属取引所であるLME（ロンドン金属取引所）で、亜鉛に対してロング・ポジションをとることにし、予め決められた時間に、予め決められた価格で亜鉛を買う、という秘密協定を結んだ。金属市場で「ロング・ポジションをとる」というのは、値上がりを予測して金属を買うことであり、値が上がれば予想どおり利益を得られるが、逆に下がれば損をすることになる。ローゼンバーグとその仲間たちは、大量の亜鉛を同時に買いはじめた。亜鉛の市場価格を吊り上げ、買ったときよりも高い値段で売り抜けようという魂胆だった。スケールのとてつもなく大きな作戦だった。だが、リスクも信じられないほど高かった。ローゼンバーグとその共謀者たちは一〇〇万トンほどの亜鉛を秘かに買った。一〇〇万トンといえば、世界の年間総生産量の約二〇％、ＬＭＥで取引される亜鉛のほぼ三分の二にあたる。結局ローゼンバーグらは、世界への亜鉛の供給を減少させるために、一〇億ドルを大幅に上回る資金を投入した。

リッチ、最悪の取引

滑り出しはすべてが計画どおりに運んだ。最初の何週間かで、ローゼンバーグとその共謀者たちは、亜鉛の価格を近年にない高値にまで押し上げることができた。一九九二年九月、亜鉛の価格は一トン当たり一四〇〇ドルまで上昇した。「彼らは買って買って買いまくった」と件（くだん）の幹部社員は言う。「高リスクの投機的作戦だった」。ところが彼らは、この〝秘密作戦〟を秘密にしておくことができなかった。すぐに業界紙誌が、この説明しがたい亜鉛価格の上昇を詳しく伝える記事を載せはじめた。市場で説明しがたいことが起こるといつもそうなるように、人々は公然とマーク・リッチを非難しはじめた。そして今回は、その非難が当たっていた。

買い占めの試みは――その対象が銀であろうとアルミであろうとスズであろうと――ほぼ例外なく、バブルの破裂で終わる。人為的な価格の吊り上げのあとに待っているのは、凄まじい暴落である。一九九二年一一月、亜鉛の一トン当たりの価格は、二五％下落し、一〇五〇ドルとなった。「出口がなくなった」と、最悪の事態を避けようとしたマーク・リッチ社の幹部のひとりは当時を振り返る。「危うく破綻するところだった」。彼は人差し指と親指をくっつくらい近づけて〝間一髪〟を表現した。「損失を少なくするため、できるだけ早くロング・ポジションから抜け出さなければならなかった」。彼の努力が功を奏し、破綻をなんとか免れることができた。この狂気の価格操作の試みで、結局マーク・リッチ社は一億七二〇〇万ドルの損害をこうむった。ローゼンバーグはマーク・リッチ社を去った。

リッチ自身、この亜鉛取引の大失敗は自分のトレーダー人生で最悪なものだったと認めている。結局この取引のせいもあって彼は自分が興した会社を手放さざるをえなくなるが、いまでは取引自体については寛大な気持ちでながめられるようだ。「若い者たちが誘惑に負けたんだね。で、経験もなかった」とリッチは言う。とはいえ、その大失敗を「買い占めは不可能」であることの証拠とは思わない。「不可能とは言わないが、わたしはやろうとはしない」と彼は言う。「リスクが大きすぎる」。この大失敗によるリッチの損失は大金だけではなかった。信用にもかなりの傷がついてしまった。当時、金属取引の経験が豊かなシニア・トレーダーたちが、これは冒険的すぎて危険だと彼に警告した。「これは人為的です。実際に需要があるわけではないのです。バブルは必ず弾けます」と彼らはリッチに言った。だが彼は聞く耳をもたず、はやるローゼンバーグを抑えようとはしなかった。リッチは自分がこれまでしたがってきた最も重要なビジネス原則のひとつを無視してしまった。ローゼンバーグはロング・ポジションのヘッジ（リスク回避）をまったくしていなかったのである。つまり、亜鉛の価格が暴落しはじめたら、おしまい――損失に歯止めをかける方法はまったくなかった、ということだ。

そのときのリッチの行動は、シニア・トレーダーたちを侮辱するものだった。金属のエキスパートは彼らであり、リッチではなかった。「リッチの経験を見くびるわけではないが、金属は彼の得意な領域ではなかった」と、マーク・リッチ社の元シニア・トレーダーのひとりはわたしに言った。「彼は金属・鉱物屋ではなく石油屋なんだ」。この一件でリッチは、幹部社員の支持だけでなく信頼をも失った。

離脱

マーク・リッチ社は二〇年ほどのあいだ、結束の強い家族のような組織だったが、それもまた崩れはじめた。会社に亀裂が生じだした可能性があることを示す最も重要な出来事が、一九九二年六月、亜鉛取引の大失敗中に起こった。リッチがヴィリー・シュトロトッテを突然解雇したのだ。シュトロトッテは一五年間マーク・リッチ社で働いてきたドイツ人で、最後の二年間はリッチの右腕となって活躍していた。鉱物・金属部門を指揮して成功をおさめ、マーク・リッチ社を押しも押されもせぬ業界最大手にした。競争相手さえ、優秀なトレーダー、戦略家としての彼の能力をためらうことなく認めた。シュトロトッテの退社は合意に基づくもので、

「会社の経営法に関する見解の相違」がその理由、というのがリッチの公式声明だった。「いがみ合ったとか、そういうことは一切ない」とシュトロトッテも退社にさいして言った。「わたしはマーク・リッチ・グループから去るのであって、マーク・リッチ自身と袂を分かつというわけではない」(『ウォール・ストリート・ジャーナル』一九九二年六月四日付け「マーク・リッチ社の幹部、意見の相違で退社」)。が、ほんとうのところは、ヴィリー・シュトロトッテはマーク・リッチとの権力闘争に敗れたのである。「ヴィリーは率直すぎたんだ」と元幹部社員は言う。シュトロトッテはマーク・リッチ後の会社の未来について敢然と議論しはじめたのだ。創立者(当時まだ五七歳)をビジネスの現場から徐々に遠ざけ、リッチには支配株主としての地位からも下りてもらいたかったのである。

二人の別れは、会社が世間に信じさせたいと思ったフレンドリーなものとは程遠いものだった。社員たちもすぐにそれに気づく。リッチはシュトロトッテのオフィスをラウンジにしてしまったのである。「扉を閉めてはならない」というトレーダーのモットーにしたがって運営される会社で、この仕打ちはたいへん問題視された。「たしかに、会社を去る者はみな、間抜けと見なされる」と、シュトロトッテと親しかった同僚のひとりは言う。「でもね、マークがヴィリーのオフィスをつぶしてしまったのは、ヨシフ・スターリンが宿敵レフ・トロツキーの姿を修正という方法で写真から消してしまったのとたいしてちがわない」

マーク・リッチ社の〝環境悪化〟を証明することが、そのわずか一カ月後にさらに起こった。

キー・ポジションにあった幹部社員二人、マニー・ヴァイスとクロード・ドファンが、社を去ったのである。ヴァイスはマーク・リッチ社のアルミ・ビジネスを大きくした功労者で、重要なロンドン事務所を指揮してきた人物。一方、ドファンのほうは、石油ビジネスの共同責任者だった。まさにマーク・リッチにとって劇的変化の時期だった。わずかな期間のあいだに彼は、最古参のかけがえのない仲間を次々に失っていったのである。彼らはこれまでいつもそばにいて、助言してくれていた人々なのだ。リッチは突然、ひとりぼっちになってしまった。創立者にしても、現役を続けているのはリッチただひとりだった。ピンキー・グリーンは、心臓のバイパス手術を受けたあと、一九九〇年代後半に退職した。リッチの大事な補佐役を務めてきたアレック・ハッケルも、ピンキーにならって退職してしまった。二人はそれぞれ、持ち株と引き換えに二億ドルから三億ドルを受け取った。

リッチはなんとしても友人が必要だった。人を見る目があったはずのリッチのまわりには、気がつけば無力な助言者しかいなくなっていた。さらにリッチは、商品取引のことなどまったく知らないアメリカの弁護士を重役に迎えるような真似をして、幹部社員たちをギョッとさせた。それは、「このビジネスを一から学んだ叩き上げしか経営幹部になれない」という実証済みの会社の伝統に完全に反することだった。つねに部下を信頼して、できるかぎり自由にやらせていたリッチが、突然、あらゆることに口を出しはじめた。それまで会社をうまく機能させていた三大原則――開放性、団結心、ゆるいヒエラルキー――が、次第に消え去りはじめていた。

魚を捕まえられなければ……

「マークは全体像をとらえられなくなってしまった」と、当時トレーダーとして働いていた人物はわたしに言った。リッチはかなり深酒をするようになった。まっ昼間のデスクにウイスキーのグラスが載るほどまでになった。タバコについてもすっかりヘビースモーカーになった。友人たちは彼の健康を心配しはじめた。当時マークは我慢ならないほどの人間になってしまっていた、と社員たちは口をそろえる。リッチの友人のひとりは「高圧的、不安定、自制不能」と当時の彼の心的状態を説明する。リッチがこうした欠点を抱えるようになったのには、いくつか理由があった。まず、デニーズとの私的問題。それが個人生活にもビジネスにも悪影響をおよぼしていたのは明らかだった。さらに、アメリカの検事たちが〝そこまでやるか〟と思いたくなるほど強い圧力をかけてきていたし、連邦捜査官たちもリッチの生活をできるだけ困難なものにしようと全力をかたむけていた。ケン・ヒル元連邦保安官によると、「われわれはSAVAK（悪名高い王制下イランの情報機関）のモットー――『魚を捕まえられなければ、水を取り除け』――にこだわった。水を取り除くことにはものすごく成功した」。それは他の方法で訴追を続けるということだった。「検事たちは、リッチを捕まえられないものだから、別の方法で彼を破滅させることにし、それに全力を注いだのさ」と、リッチの元ビジネス・パートナー、ブリティッシュ・ペトローリアムのある幹部は言う。こうしてリッチのパブリック・イメージが大きく傷つけられた。

マーク・リッチの名前を出すだけで、論議を沸騰させることができ、彼のビジネスに打撃を与え、自分のビジネスを有利に進められるということに、競争相手たちもすぐに気づいた。リッチは〝秘密活動〟をとりわけ大事にし、どのような形にせよ世間にさらされれば彼のビジネスは打撃を受ける。そのことに競争相手たちは気づいたのである。一九九〇年代前半、リッチの名前をメディアの見出しに引きずり出した重要な事件がふたつ起こった。最初の事件は、一九九〇年一〇月に始まって二年間続くことになる、ウェストバージニア州レイヴンズウッドのレイヴンズウッド・アルミナム・コーポレーション（リッチも所有者のひとり）の労働争議。一七〇〇人の従業員が賃上げを要求してストライキに入ったのである。経営陣は労働者を工場から締め出し、代わりに非組合員を雇い入れた。ＵＳＷＡ（全米鉄鋼労働組合）は、リッチが会社経営に参加しているという事実にメディアの目を向けさせる国際的キャンペーンを展開し、成功をおさめた。ツークのマーク・リッチ社本社前と、ＬＭＥ（ロンドン金属取引所）の年次会合で、デモが組織され、組合員がリッチの指名手配のビラを配った。マーク・リッチに〝企業悪人〟のレッテルを貼るのは容易にできた。なにしろリッチは、非難を一身に受けるユダヤ人資本家、米司法当局に追われる逃亡犯なのであり、完璧な〝鬼〟だった。国際的メディアおよび米大手報道機関がこぞって、基本的にはそれほど重要とは思えないアメリカの一地方のストライキを熱心に報道したのは、リッチがからんでいたからとしか思えない。

ポケットのなかにリッチが少しいる

ＵＳＷＡが見つけたひとつの事実が、次なるネガティブ宣伝キャンペーンを引き起こし、リッチは議会での討議の対象にまでなってしまった。ＵＳＷＡが発見した事実というのは、リッチの会社であるクラレンドンが何年も前からコイン製造用の銅とニッケルをアメリカ造幣局に供給している、というものだった。この契約でクラレンドンは政府から四五五〇万ドルを得ていた。政治家とメディアは、脱税で起訴された逃亡犯が連邦政府とビジネスしているという事実を知って大喜びした。早速、下院の小委員会がこの契約の調査を開始した。ただ、この件は法的にはまったく問題がなかった。クラレンドンは入札でこの契約を獲得したのである。それでも政治家たちは、連邦政府が脱税容疑者とビジネスしているという事実を、ためらうことなく糾弾した。「小銭を求めてポケットに手を入れるたびにわたしは、そこにもマーク・リッチが少しいるのではないかと心配になる」と、調査を担当したメディア通のウェストバージニア州選出下院議員、ロバート・ワイズは言った（下院・政府改革委員会）。

メディアから受ける非難はリッチのアキレス腱だった。リッチの敵はそれを大喜びで利用できたからである。いまになっても、この地球のどこかで商品取引スキャンダルが持ち上がり、リッチの元部下の名前が浮かび上がるたびに、彼の名を口にして非難し、人差し指を左右に振る者たちがいる。たとえば、コートジボワールでの有毒廃棄物不法投棄事件のときも、二〇〇二年に大西洋で起きて、スペインおよびフランスの海岸を汚染したタンカー〈プレスティージ〉座礁沈没・重油流出事件のときも、そうだった。さまざまなジャーナリストが、リッチと彼の会社をこれらの事件と結び付けようとしたが、実際にはどちらもリッチとはまったく関係ない事件だった。

禁輸措置が破られるたびに、リッチの名前がほとんど反射的に挙がった。これの最好例はたぶん、サダム・フセイン支配下のイラクへの禁輸措置をリッチが破ったとされたときだろう。『ウォール・ストリート・ジャーナル』紙によると、リッチは一九九一年に国連の対イラク禁輸措置の裏をかいた（二〇〇一年二月二三日付け「逃亡犯マーク・リッチが国連の禁輸措置を無視したとき」）。だが、ほんとうのところは、リッチの会社はスイスの関係当局に公式の許可を求めていて、国連制裁委員会から明確な許可をもらって初めてイラクと取引するということになっていたのである。二〇〇八年三月、スイス検察当局は次のような結論に達した――つまり、国連石油・食料交換計画について調査した不正疑惑独立調査委員会が二〇〇五年に公表した報告書に反して、リッチの会社は「許可されていない支払い」をイラクの関係当局者にしていないし、いかなる違法行為もしていない。リッチ非難を見出しに華々しく躍らせる新聞はたくさんあったが、この疑惑を晴らす事実を数行で伝える価値があると判断した新聞はほんのわずかしかなかった。

マーク・リッチ、ついに去る

ニューヨーク州南部地区連邦地検がマーク・リッチ事件の捜査を開始してから一一年が経過した一九九二年末までに、リッチのイメージは回復不可能なところまで徹底的に打ちのめされてしまっていた。彼の名前は貪欲な悪徳ディーラーの代名詞となった。彼はアメリカで起訴され、アメリカ司法当局に世界中を追いかけまわされ、アメリカ議会にも公然とビジネスを非難された。加えて、亜鉛取引の失敗による一億七二〇〇万ドルの損失が、財政的にも彼を圧迫した。そこでもはやリッチも、自分の単独支配者としての日々は終わったという事実から目を背けていられなくなった。「マーク・リッチにもしものことがあったら、会社の未来はどうなるのか？」と取引銀行も問いはじめた。リッチのトレーダーたちもまた、会社の未来が心配になっていた。「明日もここにいられるかどうかわからないという不安を覚えはじめた者がたくさんいた」とトレーダーのひとりはわたしに言った。彼らはヴィリー・シュトロトッテを呼び戻すようボスに圧力をかけた。シュトロトッテは横柄なところを嫌われてはいたが、トレーダーたちからは敬意を表されていた。会社を安定させられるのは彼だけだと、トレーダーたちは思っていた。

最初リッチは、自分を追い出そうとした男を復帰させてほしいという社員の嘆願を受け入れようとしなかった。するとシニア・トレーダーの多くが、会社を去ることを匂わせはじめた。リッチは、優秀なトレーダーをさらに失うだけでなく、彼らが手ごわい競争相手となって自分に闘いを挑む可能性大でもあるという、二重のリスクにさらされた。このころ多くの者が、マーク・リッチとピンキー・グリーンがボスの頑固さゆえにフィリップ・ブラザーズを去ることになった、あの一九七四年の事件を思い出さずにはいられなかった。その事件から彼らのボスであったジェッセルサンは転落しはじめたのだと、いまでは確信できる。だがリッチの場合、こうした困難な時期にあっても、ある最良の特質だけはなんとか失わずに持ちつづけることができた。同僚たちも認めてきたように、リッチは苦難に直面したときにこそ、だれよりもうまく行動できるのである。個人的な問題に打ちのめされていようと、彼には冷静な分析、合理的な行動が可能なのだ。リッチは結局、優秀なトレーダーなら必ずとる行動をとり、自分の感情をわきへ押しやった。自分が間違った決定を下したことに気づき、トレーダーの言葉を用いれば「ドテンする」必要があると判断したのだ。

一九九三年三月初め、リッチは受話器をとり、フロリダでゴルフ休暇中のヴィリー・シュトロトッテに電話した。「帰ってきてくれ」とリッチは頼んだ。「帰ってもいいですが、条件があります」とシュトロトッテは答えた。リッチが会社の支配株主の地位から下りること、というのがその条件だった。リッチはそれを覚悟していたので、シュトロトッテの条件を受け入れた。マーク・リッチは、いわば一生をかけて築きあげた会社を売ってもよいという気になっていた。「わたしはもう充分だというところまで来てしまったのだ」とリッチは言う。

一九九三年一一月、ツーク。雪が降る、とても寒い日だった。マーク・リッチ社の三九人の幹部社員が、積もった雪を踏んで、会合が行われるパークホテル・ツークへと向かった。彼らはその会合に出席するため、世界中からスイスにやって来たのである。そして彼らを招集したのは、ヴィリー・シュトロトッテ。マネジメント・バイアウト（経営陣による自社株買い取り）の詳細を知らせ、会社の未来を投票で決めるためだった。経営権移譲の契約書には「マーク・リッチが数年のあいだに徐々に支配株を減らしていく」という条件が明記されていた。経営陣と幹部社員が、少しずつマーク・リッチの所有株を買い取っていくということだ。約二〇〇名の社員とマーク・リッチがその契約書にサインしたのは、一九九三年一一月二九日のことだった。

力が衰えた

「力が衰えた」とリッチは言う。それが会社を売却した彼なりの理由だ。ボスの座を争う動物の闘いを連想させるような言いかただった。老いたライオンが若きチャレンジャーに追い払われ、その若いライオンが群れの新しいリーダーになった、というわけだ。「わたしの力が衰え、他の者たちがそれを感じとり、うまく利用したのだ」とリッチは言い、ドイツ語で「ズィー・ヒールテン・ミーァ・ダス・メッサァ・アン・デン・ハルス（彼らはわたしの喉にナイフをつきつけた)」と言い添えた。自分の力が衰えた最大の理由は、アメリカでの起訴と、検事たちが行った訴追キャンペーンだと、リッチは信じている。あの訴訟さえなければ、マーク・リッチ社はもっとずっと成功し、はるかに大きな会社になっていただろう――自分だって、もっとずっと長く会社のトップにとどまっていられただろう――と彼は確信している。この驚くほど冷静な告白は、アメリカの連邦検事たちの耳には――やや遅すぎたとはいえ――満足できる甘い調べのように響くにちがいない。彼らはリッチを法廷に引っぱり出すことはできなかったものの、「水を取り除く」戦術をあるていど成功させることができたのだ。

「マークに選択の余地はなかった」とリッチの最も優秀な幹部社員のひとりは言う。「でも同時に彼は、そうすることが正しいことなのだとわかっていた」。たとえ強制的な追い出し(「シヨットガン・ディヴォース〔強制離婚〕」という言葉を使ったトレーダーもいた)だったとはいえ、自分が一生かけてつくりあげた会社の未来はなお、リッチにとっては大切なものだった。だからこそリッチは、自分の喉にナイフをつきつけた者たちにもあれほど寛大になれたのだろう。でなければ「会社の新たな所有者たちは支配株買取代金を数年かけて支払えばよい(事実上の無利子ローン)」という条件をリッチが呑むはずがない。この支払い猶予によって、新オーナーたちは通常のビジネスによって稼いだ金をマネジメント・バイアウトのための資金へと回せたわけである。彼らは金を借りる必要も、会社の施設を売る必要もなかった。

当時のマーク・リッチ社の価値は一〇億ドルから一五億ドルと推算された(『フィナンシャ

ル・タイムズ』一九九二年八月一〇日付け「リッチネスの定義」）。同社は一二八カ国に事務所を構え、年間取引高三〇〇億ドル、年間収益は推計二億ドルから四億ドルだった。石油、金属、鉱物部門の取引の最大手。スイスの慣例にしたがって、双方は最終的な買収価格を極秘にするということで合意した。だが、その秘密をここで公にしたい。リッチは自分が所有するマーク・リッチ社株に対してもっとずっと多くを要求できたはずである。それなのに彼は結局、帳簿価格で売ることにし、売値を四億八〇〇〇万ドルとした。「マークは安く売った」と買い手のひとりはわたしに言った。

ただリッチは条件を二つつけた。ひとつは、取得した株を買値よりも高い価格で第三者に速やかに売るということはしない。その気ならリッチ自身がそうできた。もうひとつは、いわゆる事後調整を契約に盛り込むこと。つまり、のちに資産（レイヴンズウッド・アルミナム・コーポレーションを含む）の再評価をして、契約で合意した以上の価値があることが明らかになった場合、リッチは追加の補償金を受け取れる、ということにしたのである。新オーナーたちが、スイスに本拠をおく巨大製薬会社ホフマン・ラ・ロシュの株（全体の約二〇％）を秘かに売却したことを、リッチは少しあとになって知った。そして、その資産価値は以前よりも高く評価された。そこで、ほとんど友好的な論争の末、リッチは一億二〇〇〇万ドルの追加金を受け取った。数人の株主が非公式に認めたように、リッチがマーク・リッチ社を売って得た金額は、総額六億ドルということになる。わたしがこの金額を出して正しいかと尋ねると、リッチは「当たらずといえども遠からず」と答えた。

一九九四年一一月七日（月曜日）、リッチはついに、自分が興した会社の最後の持ち株を売り、重役会から完全に去った。二〇年にわたって商品取引の世界で偉業を積み重ね、その後も何かにつけて悪者扱いされつづけることになる、マーク・リッチ社の名前が、舞台から消えた。可能なかぎり早く——そのように見えた——新オーナーたちは社名をグレンコアに変えた。そして、そのグレンコアはいまなお、世界最大の商品取引商社であり、年間売上高ではスイス一の企業になっている。これまでのところ、いかなる競争相手も、元社員も、スピンアウト（企業の一部門を独立させてつくった新会社）も、グレンコアを規模や力でしのぐことはできていない。ただ、旧名をマーク・リッチ社というこの会社のウェブサイトには、マーク・リッチの名前は一度も出てこない——「社史」の項目にも！　マーク・リッチは追放され、完全に消し去られてしまったのだ。

不運なカムバック

キング・オブ・オイルの時代は終わったかに見えた。「マークにとっては『引退して余生を楽しもう』と自分に言い聞かせるのに最適なときだった」と、リッチの友人のひとりはわたしに言った。だがマーク・リッチはまだあきらめられなかった。「生きがいは？」と問われると必ず

「仕事」と答えていたリッチにとって、無為は耐えがたいことだった。「『仕事をやめて余生を楽しみなさいな』と、わたしは何度言ったかしれない」とウルスラ・サント・ドミンゴは当時を思い出す。「そしたら『進みつづけないといけない、進みつづけないと』と言うの。電話が鳴らないということだけでも、憂鬱になってしまうの、あの人は」。商品取引から足を洗ったと思われて二年もしないうちに、リッチはその世界に舞い戻った。一九九六年の春にマーク・リッチ・インベストメント社（Marc Rich + Co. Investment AG）を設立し、石油、金属、穀物の取引を再開したのである。一五〇人を雇って、おもにツークとロンドンで事業を展開し、年間七五億ドルを売り上げた。だがこの事業は計画どおりには進まず、部内者からの情報によると、巨額の損失を出したという。「規模不足に悩まされた」と、ある社員は説明した。「取引量が少なすぎてね、うまく稼げなかった」。損失で純資産がなくなっていき、取引銀行には信用枠を狭めると脅された。リッチは信用枠を維持するために何千万ドルもの自己資金を注入せざるをえなかった。それでも会社は成功をつかみとることができなかった。結局リッチは、二〇〇二年にマーク・リッチ・インベストメント社の一部を整理し、残りを経営陣に売った。これが商品トレーダー、マーク・リッチの最期だった。現在リッチは、マーク・リッチ・グループとともに、金融市場への投資を行い、おもにロシアやチェコで、またスペイン、フランス、スイスでも、商業センターや住宅を建設している。

貧者として死ぬ恐怖

「なぜ彼はもう一度やろうとしたのだろう?」と、長年リッチの仲間として仕事をしてきた者は自問し、こんな思いをわたしに打ち明けた。「彼は『ロトの妻』なんじゃないかと思う。マークは振り向いてしまったんだ」。旧約聖書の創世記で、ロトの妻は天使の警告を無視して振り向き、燃え上がるソドムの都市(まち)をながめ、「塩の柱」になってしまう。「マークは取引せずにはいられないんだ」と、リッチの親友のひとりは、おとなしくしていられない彼の性格を指摘する。「金を増やすためではない。マーク・リッチのような人は、もっと金持ちになるために金儲けするわけではない。金儲けが生きがいなんだ」。成功の感覚には病みつきになる何かがあるのだろう。「彼の仕事では成功の評価は簡単にできる。成功の大きさは儲かった金額で決まるんだ」と、ヘッジファンドのパイオニアであるリッチの友人、マイケル・スタインハルトは言う。こういうことを聞いていて、わたしはジョージ・マロリーのことを思い出した。世界初のエベレスト登頂を目指して斃(たお)れたこのイギリスの登山家は、なぜ世界最高峰の征服に飽くなき情熱を燃やすのかと聞かれ、「そこに山があるから」という永遠に残る名言を吐いた。わたしがリッチ自身に「なぜ取引をやめられないのですか?」と聞いたときも、彼はこう答えた。「わたしはビジネスが大好きなんだ。いまでも自分が稼いだ一ドル一ドルが愛おしい」

しかし、彼の仕事への執着には別の理由もある。「マークは全財産を失って貧者として死ぬことを恐れているんだ」と、ある友人はわたしに明かした。これは一見、辻褄の合わないことのように思えるかもしれない。リッチには使い切れない——何度か人生を繰り返しても使いきれない——ほどの金があるからだ。株式市場で何が起ころうと、数千万ドル（数億ドルではないにしても）の価値がある不動産や美術品を所有してもいる。だからリッチの「貧困になることへの恐れ」は幻想でしかない。だがそれでもリッチには、すべてを失うということを実体験した多くの難民が抱かずにはいられない恐怖がある。それはユダヤ人が抱く典型的な恐怖——リッチ家の人々全員がよく知る恐怖——でもある。リッチの娘のダニエルもこう説明する。「自分たちは幸運だったのであり、いまの状態を当然のことと思ってはいけないということを、わたしたちはたえず思い知らされてきました。いまの状態がずっと続くなんて思ってはいけないのです。それが失われ、奪われる可能性はいつだってあります。第二次世界大戦のときのようにね」

慈善家

リッチが気前のよい慈善家になったのもまさに、このすべてを失った体験のせいである。リッチは慈善財団を三つ設立し、この三〇年間に一億五〇〇〇万ドル以上を寄付した。リッチの慈善活動はおもにアメリカ、イスラエル、スペイン、スイスで展開され、教育、文化、社会事業、科学的研究、医療などの分野の四〇〇〇以上にものぼるプロジェクトが、その恩恵をこうむった。「慈善はユダヤ文化の一部でね、裕福な人間は施しをしないといけない」と、リッチに雇われていたことのある者はわたしに言った。「もちろん、年末になると、〝慈善貯金箱〟がオフィスにおかれた。みんながそれぞれ、どの団体にいくら寄付したいかを紙切れに書き、それをその箱のなかに入れるんだ。そして会社がその総額を倍にした。それはマークのアイディアだった」。別の元社員は、昇進した直後にリッチと話していたときのことを思い出さずにはいられない。「しばらくしてマークは不意に手をポケットに突っ込み、丸めたドル札の束をとりだした。そして『きみはすぐに大金を稼ぐようになる』と言い、その札束をわたしの手のなかに押し込んだ。『まずはこの金を、通りで最初に出会う貧しい者にやりたまえ』」

「富というのはやはり、独立と安楽をもたらしてくれるものだね、言うまでもなく」とリッチは答えた。富とはあなたにとってどういうものですか、という問いへの答えだ。「でも、自分の財団を通して、恵まれない人々を助けられるということでもある。貧困地域に建てられた学校や病院が役立つさまを見るのは、なかなか感動的だし、とても気分がいい。才能ある若い芸術家、とくに音楽家を支援するというのも、同じだね」。慈善活動をやって、いちばん誇りに思えることは何ですか？　「お金が役立つということだね。無駄にならないということ」

リッチの「途方もない」慈善活動は、特赦請願の理由としても利用された。リッチが慈善活動を始めたのは、評判の回復をねらってのこと、それ以外の理由はない、と主張する者たちもいる。

「善行でさえ、マークがすると、攻撃の材料に利用されてしまう。まったくひどい話だ」とアヴネル・アズレイはわたしに言った。それから彼は、リッチの最初の慈善財団が活動を開始したのは一九七九年――起訴されるずっと前――のことであることを明かした。「二〇年以上ものちにビル・クリントン大統領がマークに特赦を与えるなんて、当時のわたしたちには知りようがないではないか」とアズレイは皮肉をたっぷり込めて言った。

第18章
特赦

二〇〇一年一月一九日（金曜日）の夜、ワシントンDCのディナー・パーティーに出席していたジャック・クインの携帯電話が鳴った。まだ九時を少し回ったばかりだったが、ディスプレーを見て相手がだれだか知った瞬間、自分にとってパーティーは終わったことをクインは知った。電話をかけてきたのはPOTUS（President Of The United States＝合衆国大統領）だったのだ。それはビル・クリントンのホワイトハウス最後の夜で、大統領がクインと話したかったのは、クインが一カ月前にクライアントのマーク・リッチとピンカス・グリーンのために提出した特赦請願書についてだった。

「大統領は明らかに請願書を読み、特赦を検討していた」とクインは言う。彼は中座する失礼を詫びて席を立ち、だれもいない部屋へ向かった。クインはクリントン政権のホワイトハウス法律顧問を務めていたこともあるので、大統領とは互いによく知る仲だった。会話は二〇分ほど続いた。「もっぱら（特赦の）利点に関する、政治抜きの、とてもよい突っ込んだ話し合いができた」と、クインはそのときのことを思い出す。大統領の話に耳をかたむけているうちにクインは、クリントンの言葉が電気のように体中を駆けめぐるような感覚を覚えた。「大統領を説得できたのだ」と彼は思った。「リッチ訴訟は刑事ではなく民事で処理すべきものだということを大統領にわかってもらえたのだ」。その夜、クリントンがリッチおよびグリーンの特赦を真剣に検討していることは明らかだった。だが大統領はひとつ条件をつけた。クインに電話したのは、その点を明確にするためだった。そしてその条件とは「リッチとグリーンは民事審問を受けることに同意し、時効を利用する権利を放棄すること」だった。クインはその場でこの大統領の条件を呑んだ。クリントンは「一時間以内に」権利放棄宣言書を提出するよう求めた。

クインは腕時計に目をやった。午後九時三〇分。クインは即座にニューヨークのリッチの弁護士ロバート・フィンクに電話して事情を話し、大統領が求めるリッチおよびグリーンの権利放棄宣言書を作成するよう頼んだ。フィンクは驚いた。もう大統領特赦はないと思っていたからだ。「その兆候がまったくなかったからね」とフィンクはのちにわたしに言った。フィンクはただちにテーブルに向かい、妻のラップトップを使って大統領宛ての権利放棄宣言書を作成しはじめた。そして三〇分後、できあがった書類を隣室でプリントするため、ラップトップのプラグを抜いた。と、その瞬間、コンピューターの画面が真っ暗になった。妻がラップトップのバッテリーを取り去っていたのをフィンクは知らなかったのだ。

「ああっ、なんてことだ！」。フィンクは思わず叫んだ。「消えてしまった！」。彼は文書のバックアップもしていなかった。あわててラップトップのプラグをコンセントに差し込み、コンピューターを再起動させて、消えてしまったものよりもずっと短い宣言書をつくりはじめた。大統領からもらった時間が尽きようとしていた。フィンクはできあがった文書をプリントし、読み返した。「当該二名は、時効をはじめとする、不在の結果生じる弁護上の権利を申し立てないことを、ここに明確に表明いたします」。しまった、綴り間違いがひとつある！　absence（不在）と書くべきところをabsenseと書いてしまったのだ。だが、それを直している時間はもはやなかった（彼はこの綴り間違いをいまだに悔やんでいる）。フィンクは急いでその権利放棄宣言書をファックスにセットし、必要なボタンを押した。そして待った、イライラしながら。何も起こらなかった。ふたたびボタンを押す。今度は文書が動きだし、ファックスを通り抜けた。フィンクはフウーッと安堵の溜息をついた。マーク・リッチは、ラップトップにバッテリーが入っていなかったという馬鹿げた単純ミスのせいで、大統領特赦のチャンスを危うく逃すところだったのだ。

「あとはもう大丈夫だろう」とフィンクは自分に言い聞かせ、ベッドについた。午前二時、彼はふたたびクインから電話を受けた。クリントンのホワイトハウス法律顧問であるベス・ノーランが、リッチは武器取引に係わったことがあるのかどうか問い合わせてきた、というのだ。ＦＢＩ（米連邦捜査局）犯罪情報センターにそのような情報があるのだという。大統領はその情報が正しいのかどうか知りたがっていた。フィンクはその疑いを一蹴し、「ありえない。リッチはバズーカ砲とBB銃の違いも知らないはずだ」とクインに言った。ジャック・クインはベス・ノーランに折り返し電話し、リッチの弁護士で「武器取引の疑い」を耳にした者はひとりもいない、と言った。そして、そのような非難は、あの『プレイボーイ』誌が最初に流した噂でしかない、と言い添えた（一九九四年二月一日号「キング・オブ・ザ・ワールド」）。ノーランがこれを大統領に伝えると、クリントンは「ジャックの言うことを信じよう」と応えた。二〇〇一年一月二〇日の朝、ビル・クリントン大統領はマーク・リッチとピンカス・グリーンに「無条件の完全な特赦」を与えた。

大騒動

その電話が鳴ったとき、マーク・リッチはルツェルン湖畔のメッゲンにあるヴィラ・ローズで眠っていた。一月二〇日（土曜日）、スイス時間の午後一一時（ワシントンDC時間の午後五時）ごろのことだった。リッチは金のロレックスに目をやった。「いったいだれだ、こんな時間に」とリッチは思った。電話をかけてきたのはロバート・フィンクだった。彼はリッチの眠りをさまたげる価値があるほど重大なニュースを伝えようとしていた。「とてもいいニュースです、マーク。クリントン大統領から特赦を受けました」とフィンクはリッチに言った。リッチの頭は一瞬、混乱した。フィンクが言ったことがどういうことなのか理解するのに、ほんのわずかだが時間がかかった。逃亡犯、追放者として生きて一七年、アメリカの連邦検事に追われて一七年——リッチはやっと自由の身になれたのだ。「わたしはもうほんとうに嬉しかった」とリッチはわたしに言った。「こうなるとは、だれも思っていなかった」。その夜、リッチが何をして祝ったか、わたしは知りたかった。「わたしは祝わなかった」とリッチは答えた。「ふたたび眠った」

ちょうどそのころサンディ・ワインバーグは、タンパの自宅のテレビの前に座り、降りしきる雨のなかワシントンで行われているジョージ・W・ブッシュの大統領就任式を浮かぬ気分でながめていた。連邦検事補としてマーク・リッチ事件の捜査を指揮したワインバーグは、筋金入りの民主党支持者だった。彼は大統領選挙では民主党のアル・ゴア候補を積極的に支持し、居住するフロリダ州の得票数再集計騒動には大いに憤慨した。そんな折り、『ニューズウィーク』誌のマイケル・イシコフ記者から電話が入り、ワインバーグの気分はさらに一段と悪くなった。「やあ、サンディ、特赦のことはどう思う?」とイシコフ記者は聞いた。「マイケル・ミルケンが特赦を受けたとでも?」とワインバーグはつまらなそうに問い返した。「いや、特赦を受けたのはマーク・リッチだ」とイシコフは答えた。「わたしは思わず汚い言葉を吐いてしまった」とワインバーグはわたしに明かした。「『そんなの言語道断だ』とわたしは思った。『そんなの言語道断だ』」。ワインバーグは、リッチが大統領特赦を受けるなんてありえないと彼が考える理由を四つ、第一に、第二に、第三に、第四に、と歯切れよく挙げていった。「第一に、史上最大の脱税事件であること。第二に、彼は逃亡犯であること。第三に、身柄引き渡しを避けるため、アメリカ国籍を放棄しようとしたこと。第四に、敵国イランと取引したこと。そんな人間に特赦を与えるなんて、ありえない」とワインバーグは言った。

リッチが特赦を受けたというニュースは、政治家、ジャーナリスト、司法当局者のあいだにまたたくまに広がった。彼らは口をそろえてこの特赦を非難した。リッチ事件はふたたび〝歴史的〟サイズにまで膨れ上がってしまった。保守的な『ナショナル・レビュー』誌の記事によると、（この特赦は）司法省の歴史――現代史ではなく全史――のなかでも最も不名誉な章のひとつである」（二〇〇八年一一月二五日号「謝罪なきホルダーに物申す」）。ピュリッツァー賞コラムニスト、ウィリアム・サファイアは、「（この特赦は）アメリカ史上最も破廉恥な大統領特赦権の乱用」と『ニューヨーク・タイムズ』に書いた（二〇〇一年二月一日付け「リッチじゃない？」）。『ヴァニティ・フェア』誌は「（この特赦は）クリントン大統領の評判を永遠に汚すことになるかもしれない」とまで書いた（二〇〇一年六月号）。リッチ訴訟に直接係わった者たちの不満はとりわけ大きかった。ルディ・ジュリアーニは「唖然とした」。「アメリカ合衆国大統領がわれらが最も悪名高き逃亡犯のひとりにほんとうに特赦を与えたのだという事実を呑みこむのに、一日ほどかかった」とジュリアーニは言った。ハワード・サフィールはＣＮＮの『ラリー・キング・ライブ』で次のように発言した。「どうしてこんなに腹立たしいかというと、これが世界中の犯罪者に悪いメッセージを送ることになるからです。影響力、お金、コネさえあれば、正義だって買えるのだ、というメッセージをね」（二〇〇一年二月八日）。

特赦の根回し

サフィールはひとつの点では正しかった。リッチの特赦の場合、大統領のところまで話をもっていけるコネがものを言った。単に特赦請願を大統領の耳に入れるというだけでなく、リッチ側の言い分をしっかり聞いてもらうということも大事だった。大統領特赦を求めるアイディアが浮かび上がったのは、二〇〇〇年前半のことである。つまり、メアリー・ジョー・ホワイト連邦検事が「刑事罰について逃亡犯とは交渉しない」のがニューヨーク州南部地区連邦地検の「厳しく守り通している方針」とリッチの弁護士たちに再度伝えたのちのこと（第13章参照）。ジャック・クインはこの交渉拒絶をほとんど侮辱と受け取ったという。「それは――なんていうか――そう、（われわれの努力がすべて）ポックリ死んでしまったようなものだった」と彼はわたしに明かした。それまでやってきた訴訟の法律的見直しの試みがすべて、無駄になるということだった。

「クリントンの任期終了間際の特赦をねらうというのはどうかな？」とマイケル・スタインハルトが最初に言いだした。アヴネル・アズレイはこのアイディアが気に入った。「これが成功する確率は？」とアズレイはリッチの弁護士たちに聞いた。彼らはみな、首を横に振るばかりだったという。ふたたび問うと「五％」という答えが返ってきた。そこでアズレイは「五％以上の成功確率のある解決法がほかにもあるかね？」と再度尋ねた。弁護士たちは答えられず、黙っていた。「では、この五％に賭けようじゃないか」とアズレイは言った。

リッチも同意し、特赦を求める許可を与えた。「わたしは解決法を探しつづけていた。いろいろ試みたが、ひとつも成功しなかった。だから特赦もひとつの解決法だと思えた」とリッチは言う。リッチが最も信頼する部下のひとりであるアズレイによると、当時まさに「八方ふさがり」だった。「最高のはずの弁護士たちが、すべてをメチャクチャにしてしまった。彼らにできるのは、世間から買う反感をさらに大きくするだけ、という状態だった。結局、訴訟は怪物化してしまった。政治的な事件になってしまっていたのだ」とアズレイは説明する。「もはや法的な解決は望めなかった。だから政治的解決――無条件の解決――が必要になった」

大統領への特赦請願を推し進めた陰の立役者は、イスラエル人のアヴネル・アズレイとアメリカ人のジャック・クインだった。二人は速やかに「特赦のための二面作戦」（部内では「最後の手段」と考えられた）をとった。二面とは、事実に基づく面と、個人的コネクションに基づく面、ということだった。クインが法的な問題を担当し、特赦請願書を書き、それを大統領に提出した。アズレイの仕事は、個人的ネットワークを利用して、リッチとグリーンに有利になることを言ってくれる有力者をできるだけ多く見つける、ということだった。

クインが係わらなければ、クリントンは決してリッチに特赦を与えなかっただろう、と言っても誇張でも何でもない。当時ワシントンでクインよりも有力なコネをもつ人物はいなかった。それに彼は、一九九五年から九七年までクリントン政権のホワイトハウス法律顧問を務めたことがあり、そのおかげで大統領の直通電話番号を知っていた。さらに、ホワイトハウス法律顧問になる前は、アル・ゴアの首席補佐官を務め、副大統領の最も重要な助言者として活躍した。そしてクリントン政権を去ったのち、ワシントンDCにパブリック・リレーションズ会社を設立した。そのPR会社をリッチが雇ったのは、一九九九年七月後半のことで、リッチにクインを推奨したのは、高名なニューヨークのコミュニケーションズ・コンサルタント、ガーション・ケクストだった。実はマイケル・スタインハルトが友人のケクストに、リッチの件で助けてもらえることはないかと相談していたのだ。マンハッタンのマディソン・アベニューにあるスタインハルトのオフィスで、わたしは「なぜそんなにリッチを助けようとしてきたのですか？」と彼に聞いてみた。「マークはね、二〇年近くものあいだ、どんなにひどい嘘を広められても、自分を護る広報活動をまったくしてこなかったんだ。彼は富を使って自分のイメージを世間に刻み付けようとしたことは一度もない」とスタインハルトは説明した。ケクストはスイスにおもむき、リッチと話し合った。ケクストはニューヨークに戻ると、スタインハルトにこう助言した。「マークはジャック・クインを雇うべきだ」。そしてそのとおりにしたことが正解で、一時期クインの弁護士事務所が受け取っていた一カ月五万五〇〇〇ドルの報酬も決して高くはなかったことが、すぐに明らかになる。

秘かに進めるのが肝要

もうひとりの陰の立役者アヴネル・アズレイは、イスラエル政界の有力者にコネのある優れた交渉人、戦略家だった。リッチの個人的なセキュリティーを担当したあと、リッチがイスラエルに設立した慈善財団の運営を任されることになる、この元モサド局員こそが、特赦請願書を大統領に直接提出するという手を思いついたのだ。

司法省によると、大統領特赦は通常、次のような手順を踏む。特赦請願書はまず、司法省の特赦担当検事のもとへ送られ、その最初の審査をパスすると、司法次官（司法省ナンバー3）へ送られ、さらに検討される。そこも通過して初めて、司法長官がその請願を受けるべきか否かを大統領に助言する。リッチの弁護士たちはその手順を踏んでリッチの特赦を請願するつもりだった。ところがアズレイは、イスラエルの情報機関に所属しているときに政治と官僚制の現実を鋭く見抜く力を培っていて、弁護士たちの計画にひそむリスクに気づいていた。「そのやり方では情報がすぐにメディアに漏れて、また大騒動になる」とアズレイはリッチの弁護士たちに言った。「官僚システムのチャンネルは迂回しないといけない」。リッチの評判は地に落ちていて、リッチ自身が言うように〝彼を最大の悪魔〟と見なす者さえたくさんいた。リッチが大統領特赦を得ようと画策していることが、もし世間の知るところとなれば、もはや事態をコントロールすることは不可能になり、何が起こるかわからなくなる。

司法省を迂回して大統領に直接請願するのは法的には可能だと、リッチの弁護士たちは判断した。「特赦担当検事は気に入らないだろうし、司法長官も気に入らないだろうが、合法的な行為ではある」と彼らは言った。クリントンの任期が余すところ三カ月となった二〇〇〇年一〇月の後半、リッチの弁護士たちは、この「最後の手段」に訴える最終的決断をした。「緻密なプランを練り上げたわけではなかったんだ。どちらかというと、粗い力技だった」とアズレイはわたしに打ち明けた。ニューヨークの経験豊かなロバート・フィンクをはじめとする弁護士チームが、特赦請願書の作成にとりかかった。秘かに事を進めるというのが至上命令だった。「目立たないよう慎重に進めた」とフィンクはわたしに言った。「この請願が表沙汰になるのを恐れていた。もしそうなったら、メディアが攻撃しだすにちがいなかったからね」

リッチの弁護士チームはメディアのスポットライトを避けることに成功した。一一月後半、二インチの厚さの特赦請願書がついに完成した。そして一二月一一日、ジャック・クインがそれを「アメリカ合衆国大統領、ウィリアム・ジェファーソン・クリントン閣下」に送った。法的主張および個人的・感情的嘆願からなる請願書だった。リッチならびにグリーンは「不当に起訴され、見せしめにされた」というのが法的主張の主要点である。「リッチ訴訟はとんでもない過剰訴追だった」とクインは、電話インタビューでわたしに言った。同様の嫌疑はそれまではすべて、刑事裁判ではなく民事裁判の対象にされた、と彼は言う。要するに、特赦請願書に書かれた法的主張は、リッチが雇ったさまざまな弁護士たちが、一六年以上にもわたって、ニューヨーク州南部地区連邦地検と何らかの取引をしようと、主張してきたものと同じだった（その努力は報われなかった。第10章および第13章参照）。

個人的・感情的嘆願のほうはアヴネル・アズレイが担当し、錚々たる人々の協力を得ることができた。請願書の最初のほうにこうある。「リッチ氏とグリーン氏は嫌疑を受けてからも、超一流のビジネスマンおよび慈善家として、模範的な生活を送ってまいりました。……（リッチの慈善財団は）慈善団体、文化団体、市民組織に一億ドル以上（の寄付をしてきました）」。請願書には、リッチの惜しみない貢献を証言する数十人にものぼる有力者の手紙が添えられていた。特赦請願に協力して手紙を書いたイスラエルの有力者の名前をいくつかあげれば、エフード・バラク首相、ノーベル平和賞も受賞したシモン・ペレス元首相、シュロモ・ベンアミ外相、シャブタイ・シャビット元モサド長官、エルサレム市長のエフード・オルメルト（のちに首相）。さらに、名誉毀損防止同盟（反ユダヤ主義に合法的に対決するアメリカの団体）代表エイブラハム・フォックスマンや、アメリカ・ホロコースト記念博物館理事長ラビ・アービング・グリーンバーグといった有力な在米ユダヤ人たちも、手紙を書いた。スイスからは、著名な美術品収集家エルンスト・バイエラー、チューリヒ市長のヨーゼフ・エスターマン、UBSのトップ・バンカーのピエール・ド・ヴェックといった人々が手紙を書いてよこした。スペイン国王ファン・カルロス一世も、国民のマーク・リッチのために一筆したためる労を惜しまず、リッチが一九六〇年代と七〇年代にスペインのために提供した重要なサービスを公式に認定する証書も添付した。

エフード・バラクの支援

アズレイが見事な技量によって獲得した最大の戦術的成果は、エフード・バラクを説得して、リッチのために自らクリントン大統領に直接陳情してもらえたことだろう。しかも、これ以上にないタイミングで。一二月一一日（クリントンがリッチの特赦請願書を受け取った日）、バラクはホワイトハウスに電話を入れた。ホワイトハウスの未編集電話筆記録によると、この電話は午後六時一六分にかかってきて、きっかり一九分間続いた。

「最後にもうひとつ」とバラク首相はクリントン大統領に言った。「スイスに在住するアメリカ国籍のユダヤ人がいましてね、イスラエルの教育などの施設や活動に慈善的貢献を大いにしているんです。名前はマーク・リッチ。アメリカでいくつかルール違反をしたようで、いまは海外暮らしをしています。わたしとしてはただ、彼が多くの慈善機関や慈善基金を支援していることでたいへん感謝されていることを、あなたに知っていただきたいと思っているだけなのです。できれば、この件をご検討いただけたらと、わたしは思っております」

「その件なら知っていますよ」とクリントンは応えた。「彼の先妻を知っていますから。彼女もまた彼の力になりたいと思っているのです。先妻が力になりたいと思うくらいですからね、悪くない」

「ほう」とバラクは言った。「わたしは彼の新しい妻しか知りません。とても若いイタリアの女です。さてと。では、大統領、どうもありがとうございました。これからも連絡を取り合いましょう」

アズレイはかなり前からエフード・バラクをよく知っていた。二人は同じ組織に属していたことがあるのだ。その組織はイスラエル軍諜報機関アマンで、バラクは一九八三年から八五年までその長を務め、最高位の勲章を授けられた。二人は同時期にレバノンで作戦に従事し、そのとき知り合った。二〇〇〇年一一月、アズレイはリッチ特赦の支援をバラクに求めた。「エフード・バラクはこれが公正な頼みであることを知っていた。バラクにはわかっていた――わたしが彼には嘘をつかず、彼の評判を落とすようなことを頼みもやりもしないことをね」とアズレイは説明する。リッチが最も困難な時期のイスラエルに石油を供給し（第8章参照）、イスラエルの国家安全保障にきわめて重要な貢献をしたことを、元モサド局員はバラクに明かした。アズレイはまた、リッチがどのようにしてモサドを助けたかも説明した（第15章参照）。バラクはこのモサド援助の情報を確認してから、アズレイに言った。「この男はわが国にとってよいことしかしてこなかった。これは支援しないといかんな」

和平プロセスへの資金提供

アズレイは、首相も外相も務めたことがあるシモン・ペレスにも同じように接触した。彼はペレスにクリントン大統領に電話するよう求めた。「覚えていますか」とアズレイはペレスの記憶を呼び覚まそうとした。「あなたはマーク・リッチに和平プロセスへの支援を求めましたよね」。和平プロセスとは、イスラエルとパレスチナとの関係に飛躍的な前進をもたらした〈オスロ合意〉（一九九三～九四年）のことで、これによって双方は初めて公式に相互承認を行い、恒久解決を目指すパレスチナ自治の枠組みも決めた。このときの交渉の過程でペレスは、当時すでに慈善組織マーク・リッチ財団の運営にあたっていたアズレイに接触した。モサドでの活動のおかげでアズレイは、イスラエル、パレスチナ双方の関係者を個人的に知っていた。「ペレスはわたしに『このプロセスを前進させるために手を貸してもらえることはないかな?』と聞いたんだ」とアズレイは言う。

そこでアズレイは、リッチのアイディアをペレスに伝えた。そのアイディアとは、パレスチナの経済発展をスピードアップさせるための同地域の投資銀行への出資、それにイスラエル、ヨルダン、パレスチナ西岸地区が接する国境地域の観光開発だった。アズレイはこれらのプランをエルサレムとラマラで、パレスチナの経済専門家アフマド・クレイ（のちの自治政府首相）と話し合った。一九九四年、ヤセル・アラファトの経済顧問を含むパレスチナ人グループが、ッークに飛んで、リッチに会った。今日まで秘密にされていた会合である。「わたしたちは、どのようにすればマークは彼らを助けられるのか、ということを話し合った」とアズレイは言う。パレスチナ自治政府のための訓練プログラムを支援することもできる、という提案もリッチ側から出された。リッチは教育・福祉分野の指導者の訓練に一〇〇万ドル投資してもよいと考えていたのだ。

「彼らが必要とすることを何でもしてあげるつもりだった」とリッチはわたしに言った。「『必要なことを明確にしてくれ。それができたら、もう一度来て、わたしにできることを言ってくれ』とわたしはパレスチナの人々に促した」。リッチは彼らが具体的なことを言ってくるのを待ったが、結局、パレスチナからはその後、何の返事も届かなかった。彼らは激しい内部抗争を始め、それどころではなくなったのだ。そこでマーク・リッチ財団が独自にさまざまなプロジェクトのプランを練り、国際的な資金や寄付金を管理する行政システムの構築に貢献したほか、医療の面でも多大な支援を提供した。のちにマーク・リッチ財団は世界銀行と協力して、パレスチナの医療に数百万ドルにものぼる資金提供を行った。

シュロモ・ベンアミ外相がリッチのために嘆願する気になったのは、こうしたプロジェクトを知っていたからである。ベンアミはイスラエル外務省の公式用箋を使ってクリントン大統領に次のように書き送った。「(リッチの財団は) パレスチナ自治政府と協力して、ガザおよび西岸地区の教育・医療プログラムのスポンサーとなり、〈オスロ合意〉を支援する最初の民間団体のひとつになりました。こうしたイスラエル・パレスチナ間の民間プロジェクトの多くは、マーク・リッチの惜しみない支援がなければ実現できなかったでしょう」。クリントン大統領の優秀な上級顧問だったシドニー・ブルメンタールは、著書『クリントンの戦い（The Clinton Wars）』（二〇〇三）で「要するにリッチは、和平プロセスの資金供給者だった」と書いているが、それは〝当たらずといえども遠からず〟ということになる。

アズレイは二〇〇〇年一二月に、シモン・ペレスにもこのことを思い出させた。ペレスは〈オスロ合意〉の主役のひとりであり、そのときの尽力によってイツハク・ラビン、ヤセル・アラファトとともにノーベル平和賞を受賞した。「彼の性格について、少し褒めていただけたら、と思うのですが」とアズレイはペレスにお願いした。「彼はメディアで言われているような悪魔ではない、というようなことを」。ペレスは考えるまでもなかった。いいとも、と即答した。彼は一九九〇年代半ばにすでに、リッチのためにアメリカ政府に陳情したことがあった。イスラエルとパレスチナの経済協力というアイディアを大いに買っていたので、リッチには逮捕される心配がなく、もっと自由に動き回れるようになってほしかった。

だからペレスもまた、エフード・バラクが電話したのと同じ日にホワイトハウスに電話を入れた。二〇〇〇年一二月一一日――そう、クリントンが特赦請願書を受け取った日だ。ペレスもまた、リッチに特赦を与えて彼を法的な窮境から救い出してほしいと、クリントン大統領に嘆願した。アズレイがジャック・クインに送ったEメールによると、クリントン大統領は「彼の嘆願に留意した」。イスラエルの政治家にとってリッチがいかに重要な存在であるかは、バラクがさらに二度にわたってクリントン大統領に特赦を訴えたという事実によっても明らかだ。二〇〇一年一月八日、バラクはふたたびクリントンに電話し、リッチがイスラエルの国家安全保障に重要な役割を演じたことを強調した。「彼はモサドを一再ならず助けたのです」とバラクが言うと、クリントンは「たしかに奇妙な訴訟ですな。いま検討中です」と応えた。「ほんとうに感謝いたします」とバラクは返した。二〇〇一年一月一九日、クリントンがついに大統領特赦について最終的判断を下さねばならない日、バラクは最後にもう一度電話し、「例の件は進んでおりますでしょうか?」と尋ねた。「お尋ね、ありがとうございます」とクリントンは答えた。「問題は、彼が（特赦を）受けられるかどうかではなく、帰国せぬまま受けるのかどうか、ということです」

「彼が言ったことは事実だね」とリッチは、わたしがバラクの支援について尋ねたとき答えた。「彼はわたしのことを知っていた。会ったことがあるんだ。二人でわたしの訴訟について話した。わたしがイスラエルのためになったことを彼は知っていた。わたしがイスラエルのために、そしてイスラエルでしてきたことを、彼らはよく理解していた。だから彼はわたしに手を貸すことにしたのだ」

デニーズ・リッチの役割

リッチの特赦が世間に知れるやいなや、メディアはあるひとりの人物――デニーズ・リッチ――に襲いかかりはじめた。彼女はこの物語になくてはならない存在だった。なにしろ彼女は、数億ドルもの財産をもつジェット族で、マンハッタンの五番街の最高級ペントハウスに住み、そのマンションのテラスは一度、華やかなパーティーの折り、陽気な社交界の名士によってアイスリンクにされてしまったこともあるのだ。彼女はまた、音楽界にその名を轟かすのに成功したソングライターでもあった。その彼女が、前夫のために立ち上がったというのである。ほかの女のもとに走った前夫のために！

マーク・リッチの特赦にデニーズもからんでいたことが、とりわけスキャンダラスなこととされたのは、彼女が民主党の最も忠実な大物支持者のひとりで、一九九二年以来、同党に一一〇万ドル以上の献金をしていたためだった。彼女が選挙運動を支えた民主党の有力議員の名をならべると、上院議員名簿のようなものができあがる。ジェラルディン・フェラーロ、エドワード・ケネディ、トム・ハーキン、バーバラ・ボクサー、チャールズ・シュマー、バーバラ・ミクルスキー……彼らはみな、デニーズ・リッチから献金を受け取ったことがある。しかも彼女がとりわけ力を入れて支援してきたのは、ビル・クリントンとヒラリー・クリントンなのだ。彼女は二人の選挙運動を財政面で支えてきたし、アーカンソー州リトルロックにあるウィリアム・J・クリントン大統領図書館に四五万ドルを寄付してもいる。だから政治家やメディアがすぐに、マーク・リッチの前妻が前夫の特赦を「金で買う」ことに成功したのだ、と騒ぎだした。

リッチ特赦をめぐる状況を調査することになった下院・政府改革委員会は、デニーズを「特赦獲得運動のキー・パーソン」とした。事実、デニーズは、高額寄付のおかげで大統領とは特別な関係にあって、クリントン政権時代、ホワイトハウスを少なくとも一九回は訪れているし、クリントン大統領自身から「親友」のひとりと言われたこともある（『ニューヨーク・タイムズ』二〇〇〇年一〇月一一日付け「ビルの友人でもあるソングライター」）。その発言があったのは、モニカ・ルインスキー事件を捜査したケネス・スター独立検察官の報告書が公表されたあと、初めてクリントンが公の場に姿を見せたときのこと、デニーズのペントハウスで開かれた資金集めディナーの席上だった。クリントンはまた、デニーズが娘ガブリエルの死後に設立した癌研究のためのG&P財団（Gはガブリエルの、Pはガブリエルの夫フィリップのイニシャル）の資金集めイベントでスピーチをしたこともあった。

一二月六日付けのデニーズ・リッチの手紙は、特赦請願書に添えられた最初の個人的手紙だった。「あなたの友人として、あなたの熱烈な支持者として、わたしはいまこうして手紙を書いております」とデニーズは大統領に呼びかけた。「わたしは心の奥底からこの請願書を支持いたします」。ジャック・クインが書くのを手伝った彼女の手紙は、まさに傑作だった。アグレッシブな検事に徹底的に苦しめられたクリントンが自身の体験を思い出さずにはいられないような書きかたをして、大統領の感情に訴えることに成功している。

不当な起訴によって生じた苦痛や苦悩に打ちのめされたのは夫だけではありません――娘たちやわたしも打ちのめされました。そしてその苦しみは十数年という長きにわたって続き、いまもなお続いています。なぜこんなに長く続かねばならないのでしょうか？　それを正当化する理由などひとつもありません。一七年間もの追放生活は余りにも長すぎます。起訴と追放の結果、マークは実にさまざまな非難を浴びましたが、そのほとんどがまったくの誤りです。それなのに、マークも家族も、いまなおその非難に傷つき続けています……。

この起訴のせいでわたしは、自分にいちばん近い者が誤った嫌疑をかけられるとどうなるか、身をもって体験してきました（これは不正確な嫌疑を受けた場合だって同じでしょうね）。真実などお構いなしに容疑者を有罪と決めつけようとするメディアにもさんざん苦しめられました。検事たちは自らの誤りについては議論しようとせず、だれもフェアな視点で事実を見つめようとしません。これにはわたしも憤慨し、大いに落胆しました。容疑そのものが間違っているうえ、だれもこちらの言い分を聞こうとせず、どの検事もマークを一生牢獄につなぐことしか考えていないというのですから、夫とわたしがアメリカに戻ることは不可能でした。戻れば、終身刑にされかねず、連邦検事たちに焚きつけられたメディアの餌食にもなるというのでは、国外にとどまる選択肢しかないとわたしたちには思えたのです。

クリントン大統領がリッチの特赦請願書を受けとった一週間後、デニーズはこの問題について大統領に直接話すことができた。一二月二〇日にワシントンで芸術勲章と人道勲章の受章者を称えるディナー・パーティーが開かれ、彼女もそこに呼ばれたのである。スピーチも終わって、人々が歓談しはじめたとき、デニーズは大統領を隅に引っぱっていき、「(この特赦は) わたしにとってとても大事なことなのです」と告げたのだ (『ニューヨーク・タイムズ』二〇〇一年四月一一日付け「特赦をたくらむ」)。

デニーズが前夫のためにこれほどの努力をしたというのは、やはり驚かざるをえない。当時、彼女とマーク・リッチとの関係は〝無〟に等しかった。あの泥仕合のすえの苦い離婚のあと、二人はもう数年のあいだ、会うことはもちろん、話すことも一切なかった。デニーズは若い女に走ったリッチを恨んでいただけでなく、お金の面でもごまかされたと思っていた。一九八八年にいっしょに設立した慈善財団に自分は四〇〇〇万ドル入れたのに、リッチは約束を破って同額を入れていない、と彼女はまだ信じていた——その訴えはスイスの法廷で棄却されたにもかかわらず (第16章参照)。前夫への怒りは大きく、彼女はリッチの天敵ルドルフ・W・ジュリアーニの選挙運動に一〇〇〇ドル寄付するということまでしていた。

この〝最後の手段作戦〟にデニーズ・リッチをも引っぱり込もうというアイディアを出した

のは、アヴネル・アズレイだった。彼は二〇〇〇年一一月に彼女のもとを訪れ、支援を請うた。「彼はわたしをだましたのよ。約束したお金を払っていないのよ」とデニーズは応じた。「財団に約束したお金――四〇〇〇万ドル――を払ってほしいわ」。アズレイはショックを受けた。マークとデニーズの仲がよくないことはわかっていたが、彼女の恨みがここまで深いとは思ってもいなかったのだ。母でもある彼女が、娘たちの父を助けないというのは、やはりかなりおかしいのではないか、とアズレイはデニーズに食い下がった。「手を貸してくだされば、お金のことをマークに話します」とアズレイは約束した。何度も会って、長時間話し合ったすえ、ようやくデニーズは大統領への影響力を使って前夫を助けることに同意した。

しかし、最終的にデニーズを前夫の特赦請願に協力する気にさせたのは、いったい何だったのか？　わたしは、マンハッタンのペントハウスでのインタビューのさいに、そのことも聞いてみた。わたしはデニーズと革張りのソファに座り、メモをとっていた。会話が速くてメモとりに苦労しているわたしを見てデニーズが、録音しても構わないわよ、と言った。「隠すことなんて何もないんだから」。ダニエルが笑い声をあげ、「こうなのよ、母って。みんなが自分のことしか心配しないのに、相手のことを心配しちゃうの」と言った。デニーズは説明を続け、助ける気になったのは「子供たちに特赦を支援してほしいと頼まれた」からだと言った。「自分の子供に頼まれたら、嫌だとは言えないでしょう」。なるほど、でもあなたはずいぶん怒っていらした、とわたしは指摘した。家庭を破壊したと、公然と彼を非難しましたよね。デニーズはしばし考えてから、こう答えた。「どんな離婚も苦いもの。でもね、彼がわたしの子供たちの父親だということに変わりないの」。そしてデニーズは、ガブリエルの死によってマーク・リッチへの感情が変わった、と打ち明けた。「ガブリエルが生きていれば、許してあげて、と言うはず。助けてあげて、と言うはず」

微妙な金銭的手打ち

とはいえ、デニーズが主張するリッチの不払い金四〇〇〇万ドルを支払うというアヴネル・アズレイの申し出を、彼女が受け入れたというのも事実である。さらに、クリントン大統領がリッチに特赦を与える直前の二〇〇一年一月にサインされた協約書には、リッチとグリーンがそれぞれ毎年五〇万ドルずつG＆P財団に寄付することが明記されていた（一切の誤解を排するために念のため言っておくが、その利益を受けるのはデニーズ・リッチ自身ではなくG＆P財団である）。財団はその資金を使って、マーク・リッチが白血病研究支援のためにイスラエルに独自に設立したガブリエル・リッチ白血病研究センター（ワイツマン科学研究所内）と協力することになっていた。資金の最良の使い道を検討し、決定するのは、両組織から指名された科学者からなる委員会である。

デニーズはこの協約の存在を認めた。「自分の財団を続けてとガブリエルに頼まれたの。それが娘の最後の願いだった。娘がそれを始め、それを求めたの。死ぬまでコンピューターで仕事していたわ。で、（マーク・リッチとピンカス・グリーンに）助けてもらえないかと話をもっていったら、支援するということになった。これは特赦とはまったく関係ない話」。ところが、リッチ特赦に人々が憤慨して世の中が騒然としたため、デニーズは前夫のお金を受け取る権利を放棄することにした。

「娘の財団を傷つけるようなことは一切したくなかった。だから二人からお金を受け取らないことにしたの。財団を汚す金銭問題は避けたかった」。「ガブリエルの財団をピュアなままにしておきたかったのね」とダニエルが言い添えた。

それは正しい選択だった。特赦によって燃え上がった世間の怒りはそれはもう凄まじいものだったからだ。おかげでデニーズ・リッチはいまなお、非難の集中砲火にさらされている。デニーズがクリントンをはじめ民主党議員に選挙資金を提供していたという事実があったため、人々はこの特赦を腐敗の結果だと思いこんでしまったのだ。デニーズはバーバラ・ウォルターズの『ニュースマガジン』（ABC『20／20』）で、さらに陰湿な疑いを否定しなければならなかった。「わたしは性的関係を結んだことも、他の不適切な関係になったことも、一切ありません」とデニーズはウォルターズの質問に答えた。

リッチへの特赦が完全に公明正大なものだと信じようとするジャーナリストや政治家は、ただのひとりもいなかった、と言ってもよいくらいだった。それから八年たったいまも、この事件を振り返るとき、サンディ・ワインバーグの血圧は上昇する。「彼らは手順を完全に無視し、きれいに迂回した。だれもわたしに相談しなかった。だれもニューヨーク州南部地区連邦地検に相談しなかった。この訴訟について少しでも知っている者が、大統領に意見を伝えたということはまったくない。暴挙としか言いようがない。まったくもって腹立たしいかぎりだ」。この特赦には何らかの腐敗がからんでいると思うか、という問いに、ワインバーグはこう答えた。「金や何らかの腐敗がからんでいるかどうかは、わたしにはわからない。わたしが知っているのは、クリントン大統領はジャック・クインにだまされたということだけだ」

ジャック・クインは憤激の波に襲いかかられ、ギョッとした。「自分は状況をうまく読める抜け目ない人間だと思っていた。クリントン大統領も自分のことをそう思っていたはずだ。だから、わたしたち二人は、沸き起こった騒動の規模にびっくり仰天してしまった」とクインは言う。この騒動は、クインが公に認めているよりもずっと大きな打撃を彼に与えたと、わたしは思っていたので、インタビューではこの点も尋ねた。するとクインは「あれはわが人生でも最も苦しい経験のひとつだった」と打ち明けた。いちばんつらかったのは何かと、さらに尋ねると、クインは「誠実さを疑われたことだ」と答えた。

エリック・ホルダーの役割

リッチの特赦で人々の憤激にさらされたのは、ビル・クリントン、ジャック・クイン、デニーズ・リッチだけではなかった。エリック・ホルダーもまた、すぐに非難の的となった。当時ホルダーは司法副長官で、頭が切れる思慮深い独立独歩の司法官僚と目され、民主党からも共和党からも十二分な敬意を表されていた。クインがホルダーに出会ったのは、クリントン政権で働いていたときで、以後二人は連絡を取り合う仲になった。ホルダーはクインがリッチ事件について最初に相談した人々のひとりでもあった。二人がリッチ事件について話し合ったのは、一九九九年一一月、マイケル・スタインハルトが大統領特赦請願を提案するずっと前のことだ。当時クインはまだ、ニューヨーク州南部地区連邦地検を説得して訴訟を再評価してもらおうとしていた。クインのメモによると、リッチの弁護士たちと会おうとしない連邦検事の姿勢は「馬鹿げている」というのがホルダーの意見だった。その話し合いのすぐあと、クインは彼の立場を説明するメモをホルダーに送った。ホルダーはそれに応えて、「われわれはみな好意的だ」「理はそちらにある」と述べたという。ただホルダーは、リッチの弁護士に会うようにニューヨーク州南部地区連邦地検を指導することはできない、という点もはっきりさせた。

リッチが二〇〇〇年の晩秋に大統領特赦請願を決めると、クインはどういう形で進めればよいかホルダーに助言を求めた。「ホルダー司法副長官は、請願書を直接ホワイトハウスに提出すべきだと助言した」と、リッチのスイスの弁護士アンドレ・A・ヴィッキはわたしに明かした。そしてホルダーは、二〇〇一年一月一九日——クリントンの任期が切れる前日——にホワイトハウス法律顧問ベス・ノーランから電話を受け、リッチの特赦に決定的な役割を演じることになる。ノーランがホルダーに電話したのは、リッチの特赦について司法副長官がどう考えるか知りたかったからである。二〇〇一年二月八日に下院・政府改革委員会に召喚されたさい、ホルダーは委員たちに次のように答えた。「わたしが最終的にミズ・ノーランに言ったのは、『はっきりしたことは申し上げられないが、特赦を与えることによって得られる外交上の利益があるならば、そうしてもよろしいのではないか』ということでした」。さらにホルダーは、自分がそのように考えたのは、大統領にかかってきたエフード・バラク首相の電話のせいだった、と証言した。そして彼はのちに、クリントン大統領がリッチ特赦に関して意見を求めた司法省高官は自分だけだとは知らなかった、と主張する。司法副長官はどうやら、自分の意見を大統領が重視していたことを知らなかったようなのだ。それでも多くの評者が、これでホルダーの公職キャリアは終わったと信じたし、ホルダー自身もそうなるのではないかと思った。「(わたしは)ベッドに入って上掛けをかぶってしまいたい気分だった。もう公職はあきらめないといけない」と彼はある雑誌に漏らした(『ジャーナル・オブ・ブラックス・イン・ハイアー・エデュケーション』二〇〇一年春号「ライジング・スター、転落の危機」)。結局ホルダーは、私利を求めて行動したのだと非難された。つまりホルダーは、アル・ゴア政権が誕生したあかつきに司法長官になりたくて、ゴアの首席補佐官だったことがあるジャック・クインに取り入ろうとしたのだ、というわけである（二〇〇九年、ホルダーはバラク・オバマ政権の司法長官になった）。

世間の憤激がとてつもなく大きくなったため、リッチ特赦はかつてないほど大規模な調査の対象にされてしまった。まず有力な下院・政府改革委員会が調査に乗り出し、実際に起こったことをはっきりさせようと、二〇〇一年の春に公聴会をひらき、最終的に総計一五〇〇ページ以上にもなる二つの報告書を公表した。上院・司法委員会も公聴会をひらき、司法省・ニューヨーク州南部地区連邦地検もまた、刑事捜査を開始するのが適当と判断した。あらゆる疑い・非難が、徹底的に再調査された。何らかの腐敗が係わっているのか？　デニーズ・リッチは前夫の特赦を〝買った〟のか？　クリントン夫妻や民主党へのデニーズの献金の出所は、マーク・リッチではなかったのか？　リッチは支援を得るためにデニーズに金を払ったのか？　リッチは武器商人だったのか？　ジャック・クインは倫理にもとる行為をしたのか？　クリントンはリッチに特赦を与えるにあたって法を犯したのか？

調査にあたった人々は、大山を見つけることを期待したが、実際に見つかったのはネズミの巣穴ひとつだった。公聴会では、数人のホワイトハウス顧問（ベス・ノーランを含む）が実は特赦に反対する助言をクリントンにしていたことが判明した。下院、上院、司法省が力を合わせて調査したにもかかわらず、贈賄、武器取引など犯罪の証拠は何ひとつ見つけることができなかった。リッチが大統領に直接請願したのは異例のことではあったが、違法性はまったくなかった。クリントンが司法省にしっかり相談せずにリッチに特赦を与えたことも、合法だった。その点は、アメリカ合衆国憲法に明確に述べられている。「大統領は……弾劾での有罪の場合を除き、連邦犯罪について、刑の執行延期や特赦を与える権限をもつ」（第二条・第二節・第一項）。

クリントン大統領のモチベーション

クリントンはリッチ特赦決定を説明する文章を『ニューヨーク・タイムズ』紙に寄せて、人々の理解を得ようとした。論評欄に掲載されたその長い寄稿文のなかで元大統領は、リッチの弁護士チームが十数年にわたって活用しようとしてきた法的主張の多くを披露している（第10章および第13章参照）。なかでも最も重要な三つの主張を、クリントンは次のように説明している（二〇〇一年二月一八日付け「わたしが特赦を与えた理由」）。

リッチ氏やグリーン氏への起訴の訴因とされたものと同様の取引を行っていた他の石油会社は、司法当局によって（刑事告訴ではなく）民事告訴された……とわたしは理解した。

高い評価と信頼を得ている二人の租税専門家、ハーバード・ロースクールのバーナード・

ウォルフマン教授と、ジョージタウン大学ロー・センターのマーチン・ギンズバーグ教授が、問題の取引を再調査し、次のような結論に達した。「マーク・リッチ社は問題となっているあらゆる件で、連邦所得税に関して正しい処理をしていた。起訴状に記載されている取引に起因する連邦所得税や付加税で、申告されていなかったものは一切ない」。

司法省は一九八九年に、本件のような租税事件に組織犯罪防止法（ＲＩＣＯ法）を用いることを禁止した。

こうした主張は、特赦を法的に正当化する論拠にはなるかもしれないが、クリントン大統領に実際に特赦を決定させた理由としては不充分だと、わたしは思う。本書を書くために実施した調査やインタビューによってわたしは、特赦におけるデニーズ・リッチの役割はいちじるしく過大評価されていると思うようになった。もちろんデニーズも力にはなれた――なにしろ彼女はクリントン夫妻の友人・熱烈な支持者なのである。デニーズは大統領の注意を引くことができ（これはいつだって難しいことだ）、前夫のためにドアをいくつか開くことができた。だが、デニーズは決定的ファクターではなかった。リッチが特赦を受けられたのは、彼女がクリントン夫妻と民主党に捧げた高額献金のおかげではない。

法的な論拠もまた、クリントンに特赦を決断させた最大の理由ではなかった。では、大統領を動かしたのは何だったのか？　それはリッチの特赦請願に巧みに盛り込まれた感情的およびい、政治的側面だった。感情というレベルでは、リッチはアグレッシブな連邦検事たちに「はなはだしく過剰訴追された」とするジャック・クインの意見にクリントンは共感した。大統領自身、狂信的な検事がどこまでやるか体験していたからだ。ケネス・スターが独立検察官に任命されたのは、クリントン夫妻のホワイトウォーター疑惑を捜査するためだったが、スターはのちに捜査を広げ、大統領とモニカ・ルインスキーの不倫関係までほじくり出し、生々しい暴露を行った。そしてこの捜査のせいでクリントンはたちまち弾劾訴追に直面することになる。結局、弾劾訴追は成立せず、クリントンは大統領の座にとどまることができたが、評判は地に落ちた。

自分は攻撃的でやりすぎの検察官に迫害されたのだと、大統領は思っていた。リッチの弁護士チームはその大統領の被害者意識を巧みに利用した。「特赦請願書は文字どおり大統領に宛てて書かれたものなんだ」とロバート・フィンクはわたしに言い、ダイエット・ドクターペッパー缶をポンとあけた。「大統領自らが読んでくれるのを――つまり彼が自分の個人的体験をそれに重ねて考えてくれるのを――期待して書かれたものなんだ」

政治的側面では、エフード・バラクとシモン・ペレスが大統領の最終的判断に決定的な影響を与えた――特赦請願の陰の立役者であるジャック・クインとアヴネル・アズレイも、そうだったにちがいないと信じている。「バラクとペレスから嘆願されなければ、クリントンは特赦を与えはしなかった――その点は間違いない」とアズレイは言う。「バラク首相の嘆願は大統領の心に重くのしかかった」とクインは説明する。クリントン自身も自伝で二人の意見を裏付けるようなことを書いている。「エフード・バラクには三度も、リッチに特赦を与えてほしいと頼まれた。リッチはイスラエルを助け、パレスチナ人を支援した、というのがその理由だった。ほかにイスラエルの二大政党の有力者数人にも、リッチの特赦を促された」（『マイライフ』［朝日新聞社］）。

やはりマーク・リッチは、イスラエルにとってきわめて重要な人物だったのである。リッチの石油供給とモサド支援は、イスラエルの国家安全保障に大きく貢献したのだ。イスラエルのあれほど多くの政治家や政府高官の嘆願を、あっさり無視してしまえるアメリカの大統領なんて、いるわけがない。アメリカにとってイスラエルは、中東では他のどの国よりもはるかに親しい最大の同盟国なのである。実はもうひとつ、クリントンの特赦決定に影響を与えたと思われることがあった。クリントンがリッチに特赦を与えたその日、イスラエルとパレスチナの代表が重要な和平交渉のため、エジプトの町タバ（第15章参照）で話し合いのテーブルについた。クリントンは一カ月前から、この〝タバ・サミット〟の実現に向けて、協力し支援してきたのである。リッチの特赦を嘆願したひとり、イスラエルのシュロモ・ベンアミ外相も、この和平交渉に参加した。この交渉はクリントンにとって、アメリカの大統領としてイスラエル・パレスチナ紛争解決に力を貸せる最後の機会だった。クリントンの望みはもう少しでかなうところだった。パレスチナ、イスラエル双方が、平和を求めて大幅な譲歩をしようとしたからである。双方がこれほど歩み寄り、包括的平和条約に近づいたことは、これまで一度もなかったし、その後もなかった。

道理にかなっているが道義的に悪い

クリントンが大統領として下した決定で、マーク・リッチ特赦ほど広範かつ長期にわたって非難の的になったものは、ほかにほとんどない。この特赦はアメリカ中のほぼすべての場所から憤激を噴き上がらせた。オバマ大統領がエリック・ホルダーを司法長官に指名したとき、その承認問題でいささかざわついたのも、この特赦をめぐる議論がいまだ弱まっていない証拠である。それでも、この特赦が決定された理由に真剣かつ公平に取り組もうという政治家やジャーナリストは、ほとんどひとりもいないようだ。リッチ特赦に対するメディアの反応は、「ジャーナリストは電線にとまる鳥のようなもの」（つまり「一羽飛び立てば、みな飛び立つ」）という古い格言を思い出させるものだった。世間の見解はずっと前につくられ、そのまま固まってしまった。それは「マーク・リッチは悪党である。悪党は特赦を与えられるべきではない」という見解だ。そういうふうに考えてしまったら、特赦を受けられるのは天使だけ、ということになってしまうのではないだろうか。大衆はリッチの特赦を「道理にかなっていない」と考えたわけではない――「道義的に悪い」と考えたのだ。この種の非難はたちまち〝モラル絶対の泥沼〟にはまりこんでしまい、いかなる反論をも許さない。

いまから振り返ると、クリントン大統領は憲法に規定されている無条件・絶対的な特赦権を行使した、と考えるだけではいけないことがわかる。たしかにクリントンはさんざん非難され、評判を落としたが、彼の次のような言葉を額面どおりに受け取ることも大事なのである。「わたしは誤りを犯したのかもしれない。この件に注目することになった過程に問題があったのかもしれない。だが、その決定は、さまざまなメリットを考慮して下した」（『マイライフ』）。わたしが本章で明らかにしたように、クリントンにはマーク・リッチに特赦を与える確固たる理由――政治的理由と法的理由――があったのである。

税金に関する取引

リッチが特赦を受けた六週間後の二〇〇一年三月一日、ニューヨーク州税務財政局は、一億三七八二万七七八一ドル九〇セントという史上最高額の納税通知・課税明細書を送付した。送付先は「スイス、ＣＨ－６０４５－メッゲン、クラインナオマット9、マーク・リッチ」だった。「悪事の報いを受けてもらわないとね」とアーサー・ロス税務財務局長は公の場で言った（『ニューヨーク・タイムズ』二〇〇一年三月二日付け「ニューヨーク州がマーク・リッチに一億三七〇〇万ドルの徴税令状を送付」）。その課税内訳は、一九八〇年から八二年までの滞納税二六九〇万ドル、罰金一三五〇万ドル、未払利息九七四〇万ドル。利息だけで一日二万ドルにのぼる。この滞納税は、リッチが申告しなかったとニューヨーク州が考える石油取引による約一億ドルの利益をもとに計算された。ロスは同時に、リッチが所有するシティバンクの口座（五〇〇〇万ドル）を凍結した。そして「マーク・リッチにとっての資産隠しは、ベーブ・ルースにとっての野球と同じ」と言って、彼なりのユーモアまで披露した。リッチはこの滞納税を払いやしないと、だれもが思った。リッチ側も、利益はすでに法にしたがってスイスで申告したと主張し、このニューヨーク州の課税に異議を唱えた。

だからニューヨーク州税務当局は、リッチが弁護士を通じて課税額の一部を支払ってもよいと言ってきたときには、正直なところ驚いた。根っからのトレーダーであるリッチは、税額の交渉を提案したのである。ニューヨーク州税務財政局は交渉に応じるむね返答した――ただ、交渉を秘密にすること、という条件をつけた。部外者には、これはかなり奇妙な展開だと思える。リッチ事件についてはささいな進展にもいちいちコメントしたがっていた税務当局が、突然、秘密にすることを強く求めたのである。「アメリカ史上最大の税金詐欺師」と交渉するということ自体が、きまり悪かったのか？　それとも、自分たちの実利的スタンスが世間に広く知られた場合に起こりうる議論や非難を恐れたのか？　いずれにせよリッチは税務当局と満足のいく取引ができた。「リッチがニューヨーク州に送金した金額はおよそ三〇〇〇万ドル」という証言を、わたしは二〇〇三年一一月にある収税官から得た。ニューヨーク州税務財政局に問い合わせても、秘密事項ということで、リッチから受け取った金額について公式にコメントしようとする者はいなかった。リッチの弁護士のひとりはこう言った。「リッチ氏がアメリカの州政府と結んだ（守秘義務）協定を破るというのは、リッチ氏の利益にはならないでしょう」。むろんわたしはこの件についてもリッチに聞いた。「課税は完全に不当なものだったが、支払った」とリッチは言った。彼はニューヨーク州税務当局と協定を結んだことを認めたが、正確な金額を明かそうとはしなかった。「秘密にすると約束したのでね、それを守る」と彼は説明した。そこでわたしは、ニューヨーク州には一セントたりとも払う必要はないという考えなのに、いったいどうして払ったのか、と問うた。「すっきりしたかったからだよ」とリッチは答えた。「すっきりするには、その手しかなかった」

アメリカにはもう戻らない

特赦騒動によって、リッチは風向きを知ることができた。吹いていたのは、身を凍えさせるような寒風だった。特赦はブーメランのように返ってきた。藪蛇だったのだ。リッチは間違った嫌疑の多くから解放されることを期待していた。晴れてアメリカへ戻る自由を手に入れられることを期待していた。自分の名前が見出しからついに消える日を待ち望んでいた。ところが現実は、期待していたのとはまったく反対のものだった。報道が繰り出す非難は、特赦前よりもさらに一段と痛烈になった。メディアと政治家は、事実や噂や中傷をすべて蒸し返した。特赦までの数年間、比較的ほうっておかれ、穏やかな生活を送れたリッチが、ふたたび「億万長者の逃亡犯」「アメリカ史上最重要指名手配ホワイトカラー犯罪者」「敵国と取引した悪徳トレーダー」と非難されだしたのだ。そして今回は、こうした非難に加えてさらに、「世界一の権力者——アメリカ合衆国大統領——をも操れる男」とまで言われてしまった。

「正しいと思うことをして批判の矢面に立たされたビル・クリントンを、とても気の毒に思う」とリッチは自分のオフィスでわたしに言った。「彼は近年では最高の大統領のひとりだと、わたしは——特赦とは関係なく——思っているので、なおさらだね。頭が切れ、有能で、弁も立ち、前向きだ」。クリントンの評判を意図的に落とそうとするキャンペーンが展開された、とリッチは思っている。「特赦への非難は完全に不当なものだ。非難のほとんどは、クリントンの決定をスキャンダル化すれば、党利になるなど、自分の利益になると考えた者たちが言い立てたものさ」。「いちばんよく言われるのは、あなたが特赦を金で買ったということですね」とわたしは水を向けた。「買っていない」とリッチは答えた。「前妻のデニーズに金を与えて助けてもらったのですか?」。「いや」と彼は言った。「前妻に金を与えるなんて真っ平だよ」

最初リッチは「(特赦が)好きなところへどこにでも旅できる自由を取り戻させてくれる」と思っていた。アヴネル・アズレイによれば、リッチが特赦を求めた最大の理由は「娘と父親の墓参りができ、ニューヨークに住む家族に会いにいけるようになるから」というものだった(CNN二〇〇一年二月二〇日「リッチ財団の長、特赦を擁護」)。ところが、特赦後の世間の激しい抗議にさらされ、リッチはアメリカへの旅行を差し控えることにした。「アメリカの法システムには奇妙なところがある。〝訴訟手続きはすべて終了〟という確認をとることができないんだ」とリッチは言う。「彼らなら、三〇年前のわたしの未払い駐車違反切符をいまだに持っていて、それだけで大訴訟を起こしかねない」。そのうちいつかアメリカに戻るつもりはありませんか、とわたしは聞いた。「ないね、絶対に」とリッチはきっぱりと言った。「彼らはわたしを逮捕する口実を何か見つけようとするだろう。わたしはそんな危険にさらされたくない」

マーク・リッチは特赦で評判を取り戻せるのではないかと期待した。だが彼は、評判を取り戻すどころか、ふたたび自分の名前が地に落ち、泥にまみれるのを、ただながめていることしかできなかった。自分の名前を救うことは、もはや永遠に不可能になった。

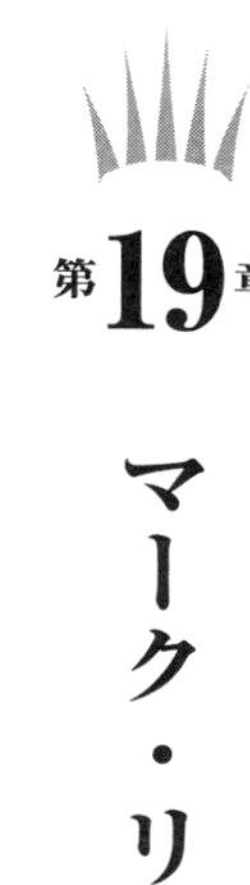

第19章 マーク・リッチの未来予測

石油、アルミ、水銀。あなたが最強の商品トレーダーになれたのは、新市場を創出する才覚、商機をつかみとる才能があったからです。いま取引するとしたら、どこに目を向けますか？　どんなコモディティ（商品）に投資しますか？

どのコモディティもいい商売になる。世界はこれから、より多くの人のために、より多くの製品を生産する。だから、より多くの資源・原料が必要になる。

二一世紀にいちばん求められるコモディティは何だと思いますか？

たぶんエネルギーと水がとても重要になるだろう。

石油の未来をどう見ますか？

石油はこれからも長いあいだ重要な役割を演じる。ただ、石油が限りあるコモディティであることはまぎれもない事実だ。

石油の価格はどうなると思いますか？

上がり下がりする。だが長期には上がる。間違いない。

再生可能エネルギーのビジネスチャンスについては？

わたしは石油に愛着があるが、石油が他のエネルギーに取って代わられることは明白だ。その過程で、再生可能エネルギーが重要な役割を演じるにちがいない。残存する石油を汲み上げるコストが高くなるにつれ、石油価格も必然的に高くなる。そして石油価格の上昇が、再生可能エネルギー部門のイノベーションを促し、人々にもエネルギーを変換しようという意欲を起こさせる。

もし投資するとしたら、どこへしますか？

わたしなら風力エネルギーに投資する。原子力エネルギーにもね。今後、地球温暖化と二酸化炭素排出量削減が重要な問題になる。

あなたは欧米のビジネスマンのなかではだれよりも中東に通じていると言ってよく、その錯

綜した現実をよくご存じです。イラク戦争をどう思いますか？

イラク戦争は誤りだった。少数の政治家があれほど貧弱な理由で国を全面戦争に突入させられるということ自体、とんでもないことだ。たしかにサダム・フセインは悪党だ。それは間違いない。だが、悪党は世界にたくさんいて、アメリカはそうした連中をいちいち排除してきたわけではない。どうもジョージ・W・ブッシュは個人的理由から戦争を始めたようだ。それでは事態はいっそう悪くなる、言うまでもないが。

個人的理由といいますと？

サダム・フセインがブッシュを挑発した。ブッシュはその挑発に乗ってしまった。実に愚かなことだ。ブッシュは自分の感情をコントロールできなかった。ひどい話だ。大統領なんだからね。

イラク戦争は石油のための戦争だったのでしょうか？

そうではないと思う。イラクの石油なら、禁輸措置を解除するだけで安くすることができた。でも、石油確保のためという主張はおそらく、何人かの政策決定者を説得するのには役立ったのだろう。

石油産業がイラク侵略決定に影響力をおよぼしたと思いますか？

石油会社は、機会を提供されればビジネスをする。だが――きみの言葉を使えば――石油産業が戦争を強く求めたとは、わたしは思わない。そういう見方は、共和党タカ派の何人かが石油産業とつながっていることから出てきたものだと思う。

ジョージ・W・ブッシュ大統領をどう評価しますか？

ジョージ・W・ブッシュはどうしようもない大統領だとわかった。がっかりするほどひどい大統領だった。父親のほうがずっと良かった。

彼のどこがいけなかったのでしょう？

最悪だったのは、むろんイラク戦争。彼がしたことで良いことなんてひとつも思い浮かばない。

バラク・オバマについてはどうでしょう？

チェンジがあったのは素晴らしいこと。バラク・オバマは良い大統領になるのではないかな。彼はすでに世界の雰囲気を変えた。アメリカから良いことが来ると、世界の人々がふたたび期待できるようになった。オバマには良い大統領になってほしいね。それが世界のためにもなる。

ただ、わたしとしてはヒラリー・クリントンのほうがよかった。

ヒラリー・クリントンに献金したことはありますか？　今後するつもりは？

したことはない。するつもりもない。

バラク・オバマの予想外の大統領就任で、わたしはあなたのことを思い出しました。オバマもあなたも庶民から身を起こしてトップにまでのぼりつめました。

なるほど。でも、彼は黒人で、わたしは黒い羊（厄介者・嫌われ者）にすぎない。

二人ともアメリカの典型的なサクセス・ストーリーを実現しました。他の国の人々は、そうした成功の機会を提供してくれるのはアメリカの素晴らしいところだと考えています。

アメリカは開かれた国だったし、いまでもそうだ。わたしは短期間で多くのことを成し遂げることができた。よその国だったら、同じことをするのにもっと時間がかかっていただろう。ビジネスは大変やりやすかったけど、実際には恐ろしいことになってしまった。いまから考えると、アメリカに自分の会社を持ち込むべきではなかった。

ここ五〇年のアメリカ外交の最大の失敗を三つ挙げるとしたら何でしょう？

キューバ、ベトナム、イラク。自分たちを全能だと勘違いし、他の人々の意見や利益を無視できると思いこんでしまったこと。

では、最大の成功を三つ挙げるとしたら？

アメリカ人の最大の成功は、再生能力を保持していることだと思う。

世界金融危機の根本的原因は何だと思いますか？

過剰な信用。貸し過ぎ。銀行がそのリスクをコントロールできなかった。

短期的思考のせい？

そう、間違いない。

あなたも金融危機の影響を受けましたか？

だれもが受けた。

損失額はいくらですか？

言いたくない。

でも、あなた個人にとっても最悪な金融危機だった？

そう。

いまの危機からどのように脱出すればよいのでしょう？

脱出はできる。だが、すぐにというわけではない。

どのくらいかかりますか？

三年から五年はかかると思う。

政府もその解決に参加できますか？

おそらく。政府は解決しようと試みた。彼らは銀行に資本を注入した。銀行はそれを貸し付けに回すべきなのだが、そうしていない。だから、この施策は一部しか成功しなかった。

金融危機によって、規制が厳しくなり、市場の自由度が狭まりますね。

その可能性はある。

それは悪いことでしょうか？

悪い方向に進むことになる。わたしは自由市場が良いと信じている。政府による規制は、活動を拘束するネガティブなものになりやすく、ビジネスの流れを妨害してしまうことが多い。政治的介入は、市場の効率への最大の脅威となる。

今後五年間に世界はより自由になるでしょうか、それともより不自由になるでしょうか？

大まかに言えば、人々はつねに、より自由になろうとする。自由を求めるのは、たぶん人間の本性だと思う。

では聞きかたを変えましょう。今後も規制は強まり、自由度は狭まりますか？

自由化と規制強化は交互にやってくる。それらはそのときどきの経済的・政治的状況の産物と言ってよい。残念ながら、いまは規制強化のトレンドになっているようだ。どこかに問題が生じると、それがほとんどの人に影響をおよぼさない一回限りの出来事でも、世間であるていど騒がれれば、新しい規制や法律を声高に要求する政治家が必ず出てくる。

グローバル化はさらに進みますか、それとも逆行しますか？

グローバル化はさらに進む。今回が初めてのような言いかたがされているが、グローバリゼーションはいまに始まったことではない。国境を越える取引は、人間が旅をして、ものを交換しだしたときから始まっている。

ロシアの石油・コモディティ政策をどう見ますか？

ロシア人はまずは自分たちのことを考える。そのことを責めるわけにはいかない。

ロイヤル・ダッチ・シェルやブリティッシュ・ペトローリアムといったロシアに進出していた外国のエネルギー企業は、利権を国営企業に売らざるをえませんでした。ロシアではコモディティ市場も国営化されるのでしょうか？

戦略的に重要なセクターではすでに国営化が進められている。

そうした政策に欧米はどのように対処すべきでしょうか？

欧米はロシアの政策を批判できる立場にない。新聞を読むだけでわかることだが、先進諸国もまた、大事にしたい企業やナショナル・チャンピオン（国を代表する大企業）を保護している。

ロシアはこれからどうなると思いますか？

雑音を取り除いて音楽に耳をかたむけないといけない。ロシアがこれから奏でる主旋律は、徐々に、ゆっくりと――おおむね――大部分の発展途上国が進んでいく方向へ、つまり民主主義と市場経済へ向かって、ただよい動いていく、というもの。わたしたちはいま、あらゆる情報が瞬時に伝わり、移動も比較的自由にできる時代に生きている。だから政治家も、昔のようには国民をだませない。

中国はコモディティの供給、消費いずれでも世界一のレベルに達してしまいました。

中国政府はなにしろ、一〇億人以上の国民に食料、エネルギー、住居、輸送などを与える必要があるのでね。彼らは先進国に追いつこうと必死なんだ。だから今後も、できるかぎり多くの石油や他のコモディティをコントロールしたがる。

それがコモディティの市場と政策にどのような変化をもたらすでしょう?

中国は経済的なプレーヤーである前に政治的・国家戦略的なプレーヤーだ。だから中国は必ず市場に大きな影響をおよぼす。他の市場参加者の大半は、経済原理のみで動くプレーヤーだからね。

あなたは他の人々よりもずっと早く中国と取引を始めました。中国人とのビジネスの特別な

ところ、楽なところ、難しいところは何ですか？

彼らは欧米の会社とはちがうルールでビジネスをする。自分のルールや価値観を中国のビジネス・パートナーに押しつけられると信じている者は、失望させられることになる。彼らのルールでプレーできる者が、成功を手に入れられる。

中国のコモディティ政策はとてもアグレッシブだと考えられています。中国は、アメリカの企業ならふつう投資を避けるスーダンやジンバブエにも、何十億ドルもの投資を行っています。こうしたことをどう思いますか？

中国には大国としての条件が備わっている。中国は大きいし経済的にも重要なので、他国はいじめたり取引を拒否したりできない。中国も当然そのことにしっかり気づいて、それを巧みに利用して事を有利に進める。

ヨーロッパ人は、コモディティ確保ということでは、愚直にすぎるということでしょうか？

愚直というわけではない。ただヨーロッパ諸国は、政治がかなりのていど経済をあやつる中央集権的な中国とはちがって、意見をひとつにして事に当たれず、ひとつの統一体として行動できない。

民主主義を掲げず人権を尊重しもしない国や政府とビジネスしてもよいと、あなたが考える理由は何でしょうか？

中国やベトナムを例にとろう。そういう国にコンピューターや携帯電話やテレビを売れば、国民にも世界で起きていることがわかるようになる。自分自身の意見を持てるようになる。それこそ民主主義に欠かせない最も重要なことだ。だから、そういう国と取引することは、実は国民を助けていることになる。だれにとっても、世界と接触する機会が増えれば増えるほど、より良い生活を送るチャンスもそれだけ増える。

そうした非民主的国家とビジネスをするのは、体制を支えるだけだから、モラル上受け入れられない、と主張する人々もいます。

たとえばキューバ人は人間として悪い人々ではない。それなのに、アメリカの禁輸措置は、キューバのたくさんの子供や高齢者を不必要に苦しめてきた。そして四七年にわたる禁輸措置でもフィデル・カストロを排除できなかった。

自由市場なき民主制は可能でしょうか？　あるいはその逆――民主制なき自由市場は可能でしょうか？

自由市場は民主制がなくても一時的には存在できる。だが、自由市場はインターネットのようなコミュニケーション手段をたちまち採り入れることになり、それによって非民主的な国もゆっくりと民主国家に変わっていく。繰り返すが、政治家はもう昔のようには国民をだませない。

倫理的な理由からやらない取引というものはありますか？

わたしは不法な取引は一切やらない。言うまでもないことだがね。

武器を取引したことはありますか？　合法的に、という意味ですが。

長い年月のあいだに二、三度、武器ビジネスをしないかと持ちかけられたことはある。そういうときは必ず、その種のビジネスに係わるのは自分たちのポリシーに反するとはっきり言い、断った。わたしも、わたしの会社も、武器を売ったことも、取引したことも、運んだこともない。いかなる国のためにも、武器ビジネスに携わったことは一切ない。友好国のためにもね。

慈善活動をたいへん積極的にやられていますね。とくにイスラエルで。最近では、二〇〇六年にイスラエルによるレバノン侵攻があり、ガザ地区での武力紛争がありました。イスラエルとパレスチナの和平はあるのでしょうか？

わたしの慈善財団は、イスラエルとパレスチナの相互理解を育もうと、懸命に努力を重ねてきた。容易なことではないが、イスラエルとパレスチナはいつかきっと平和に共存できるようになると、わたしは信じている。

これまで和平が成立しなかった理由は何ですか？

全体的な状況はとてつもなく複雑だが、いまだ平和が訪れない理由のひとつは、間違いなく入植者だね。

「ギブ・ピース・ア・チャンス（平和にチャンスを与える）」ためには何を変えないといけないのでしょうか？（「ギブ・ピース・ア・チャンス」はジョン・レノンの歌のタイトル。邦題「平和を我らに」）

和平は長期プロジェクト。恐ろしく長い時間がかかることもある。当事者たちがあてていど経済的に豊かになることも必要だ。忍耐と経験も必要になる。経験というのは、戦争もテロ行為も良い結果をもたらさない、ということを実際に体験して知ること。こうしたことをすべて学ばないといけない。だから、人々が和平を受け入れるのに、何世代もかかる可能性もある。

イラン、サウジアラビアといった産油国でのイスラム原理主義の台頭は、脅威となるのでしょうか？

原理主義というのは、どんなものでも、脅威だ。

原理主義者たちがサウジアラビアで政権の座についたら、世界への石油供給と石油価格はどうなるのでしょう？

石油価格はさらに変動しやすくなる。原理主義者や過激派というのは、どんなタイプでも、突飛な行動をとるからね。彼らが予測できない行動をとるので、価格の動きも乱れる。ただ、原理主義者といえども、結局は国民の支持を得ようと、誘惑に負けて原油で大儲けしようとする。お金を国民にも流さないと支持は得られない。

アラブ諸国、ロシア、アフリカ諸国、中国、インド、ヨーロッパ諸国。あなたはそれらすべての国々と取引をした経験があります。ビジネスではどのような違いがあるのでしょう？

ビジネスをする動機はどこでも同じ、収入を得るために何かをつくって売るということ。だが、民族や国が違えば、当然ビジネスのやり方も違ってくる。要するに現地のルールというものがある。それを知り、受け入れれば、ビジネスはうまくいくようになる。

あなたの最強のビジネス・パートナーはだれでしたか？

わが最強のビジネス・パートナーはピンキー（ピンカス・グリーン）とアレック（ハッケル）

だった。わたしたちがとても成功したのは、二人のおかげでもある。

あなたが世界市場でのビジネスで最も成功した分野を三つ挙げるとしたら？

原油、アルミニウム、通貨。

最大の失敗を三つ挙げるとしたら？

それらの最も成功した三つの分野で、もっと成功できなかったこと。

第20章 エピローグ――グレー・ゾーン

雪がぱらつくなか、わたしは車を運転してカーブを描く小道を進んだ。この小道の奥にヴィラ・ローズがある。大きな錬鉄製のゲートの前でとまり、石柱の上に据え付けられているカメラに向かって感じのよさそうな表情をつくった。「グリュエッツィ（こんにちは）」とスピーカーから挨拶する声が飛び出し、わたしの訪問の目的を尋ねた。わたしが自分の名前を告げると、鉄のゲートがゆっくりとひらいた。わたしはふたたび車を走らせ、館に隣接する屋根付きの駐車場に向かった。駐車場の近くまで来てやっと、シルバーのメルセデスがうしろからついてくるのに気づいた。ハンドルを握っているのはマーク・リッチのボディーガードのひとりだった。彼は微笑みを浮かべてうなずき、無言で挨拶した。

木曜日の午前八時三〇分。わたしはリッチと朝食をとる約束をし、ご自宅で会えないでしょうか、と尋ねた。「かまわんよ」と彼は答え、ルツェルン湖畔のメッゲンにある邸宅、ヴィラ・ローズに招待してくれた。スペイン語を話す召使が扉を開けてくれ、リビングルームに案内してくれた。わたしはベージュのソファに座って待ちながら、四方の壁にかけられたキュービストたちの高価な作品に見とれた。飾られていたのは、フランス人のフェルナン・レジェ、ジョルジュ・ブラック、そしてリッチの同胞であるスペイン人パブロ・ピカソの絵画。部屋の隅には、スイス人アルベルト・ジャコメッティの針金みたいに細いブロンズ彫刻がおかれていた。そして天井に据え付けられたちっぽけなスピーカーから聞こえてくるのは、グレン・グールドが弾くヨハン・セバスチャン・バッハのピアノ曲。

不意にマーク・リッチが姿をあらわし、挨拶した。服装はいつものように、ダークスーツに、白いシャツ、赤いネクタイ。彼はわたしのほうを見て、冗談半分に言った。「ネクタイを締めるのに早すぎるということはない」。プライベートな朝食ということだったので、わたしはネクタイを締めずに来たのだ。わたしが気の利いた返答を思い浮かべる前に、リッチ社のCEO（最高経営責任者）が現れた。わたし同様、ノー・ネクタイだった。わたしたちはテーブルについた。その朝のメニューは、黒トリュフ入りスクランブルエッグ、ホースラディッシュが添えられたスモークサーモン、熟したパパイヤ、絞りたてのオレンジジュース。

朝食後、リッチは邸内を案内してくれた。わたしたちは黙って庭を散策した。イチジク、ブドウ、バラの木々が、うっすらと雪をかぶっている。リッチのあとについていくと、スペイン人エドゥアルド・チリーダの巨大な鉄の彫刻があった。ルツェルン湖が、雲をなんとか突き破ってくる薄日にキラキラ輝いていた。生涯を振り返るようなきわめて重要な質問をするにはもってこいの雰囲気のように思えた。「もしもやり直せるとしたら、これまでの人生のどこを変えたいと思いますか？」とわたしは問うた。リッチは首筋を雪から護るため、コートの襟を立てた。「とくに後悔しているところはありますか？」とわたしは言葉を継いだ。即答ではなかったが、リッチは答えるのにそれほど時間をかけなかった。「アメリカでのトラブルは避けたかった。もっと用心すればよかったと思うね」と彼は言った。「あれは必要のない仕事だった。まったく必要がなかった。当時はもう、とてもよい仕事をやってしまっていたからね」

その仕事（合法か違法かの判断が法廷ではついになされなかった取引）さえしなければ、マーク・リッチは「最大の悪魔」などと言われることは決してなかったのだ。また、リチャード・ニクソン大統領が導入した――実は経済を阻害するだけの――国産原油価格規制（緊急石油配分法）さえなければ、リッチは「アメリカ史上最大の脱税者」などという評判を頂戴しはしなかったにちがいない。そしてリッチは、かつてそう見なされていたように「ヨーロッパ人に支配されていた金属市場を奪いとった天才」との評判をいまなお維持していたはずなのである（『現代アメリカ・ビジネスリーダー事典［Contemporary American Bussiness Leaders］』一九九〇）。さらに、この評判の失墜さえなければ、リッチはいまだに、石油メジャーのカルテルを打ち破って原油スポット市場を創りあげたアメリカン・ヒーローとして、人々の口の端にのぼっていたことだろう。「貧しい移民から身を起こし、巨億の富を築いて気前のよい慈善家となった」アメリカン・ドリームを実現した人物と、語られもしただろう。そもそもリッチをキング・

オブ・オイルにしたのは、彼が見事に一体化したアメリカの美徳、アメリカの価値観、そしてそう、アメリカの悪徳だったのだから。そしてそのアメリカの美徳でもあり悪徳でもある価値観とは、「もっと働け」「ひたすら目標を目指せ」「大きく大胆に考えろ」「アグレッシブになれ」「成功しろ」だ。

むろん、アパルトヘイト下の南アフリカに石油を供給したと、リッチを批判することはできる。あらゆる種類の独裁者――キューバのフィデル・カストロから、ナイジェリアのサニ・アバチャ、イランのアヤトラ・ホメイニまで――と取引をしたと、また、モラルよりも利益を優先して禁輸措置を破ったと、リッチを批判することもできるだろう。そうした取引を「白か黒」という基準で単純に解釈してしまうのが世の習いなのだから、リッチを批判するのは簡単なのだ。だが現実はそれよりもずっと複雑なのである。世の中がつねに単純な固定観念どおりに展開すると思ったら大間違い。真実が奥に隠されていて表面からは見えないということもあるのだ。

マーク・リッチのために事実上あらゆる金属を取引したトレーダーは、こうした点をきわめて明快に説明してくれた。ある冬、マンハッタンのミッドタウンにあるバーで、わたしが彼に商品取引についていろいろ聞いていたときのことである。「倫理だって?」と言って、彼は笑い声をあげた。そしてわたしのダイエットコークを指差し、こう言った。「きみのそのコークの缶はアルミニウムでできている。そのアルミをつくるのに必要なボーキサイトはたぶん、ギニアのコナクリから来た。そこはとんでもない独裁国家だ、嘘じゃない。この店を暖めるのに使われている石油は、サウジアラビア産かもしれない。アメリカの良きお友だちのサウジアラビア人たちは、まるで中世ででもあるかのように泥棒の手を切り落とすというじゃないか。きみの携帯電話はどうだ？　コルタンがなければつくれない。ごまかすのはもうよそうじゃないか。コルタンはね、コンゴの内戦の資金になったんだ」。彼は効果をねらっていったん言葉を切り、「では、教えてくれ」と、わたしを指差した。「ほかにどんなやり方があるというんだ？　取引しない？　資源や原料がなかったら、経済はすぐさま崩壊だ。世界は停滞するしかない。おれたちの仕事を批判する連中は、ほんとうにこういうことを知りたいのかね？　それとも、自分たちは善良だと思いたいがために、おれたちを非難しているだけなのか？」

こうした質問に簡単に答えられるのは、特定の理念を絶対だと思いこんでいるイデオローグだけだ。ほかの者たちはみな、とりわけ商品トレーダーは、現実直視と自己欺瞞の中間に身をおくことに甘んじている。現実を直視するときもあれば、現実を忘れようとするときもある、ということ。要するにグレー・ゾーンのなかで生きているわけ。そこは、黒っぽいときもあれば白っぽいときもある、フェアなときもあれば搾取的なときもある、灰色のゾーン。そしてそのゾーンの名前は資本主義（資本制経済）。

雪がぱらつくヴィラ・ローズの庭を歩きながらわたしは、ある興味をそそる質問について考えていた。それは、ジョン・テンプルトン財団が最近、一流の科学者、エコノミスト、学者、著名人に問うた「自由市場は道徳心をむしばむか?」という質問だった。それに答えて、ロンドン・スクール・オブ・エコノミクスのジョン・グレイ名誉教授は、まるでマーク・リッチについてのコメントを求められたかのように、こう言っている。「それはときと場合による。自由市場に最も報われる性格特性は、起業家的大胆さ、投機・ギャンブル意欲がある、新たな機会をつかみとったり創出したりする能力がある、といったもの」。そしてこう言い添える。「それらが保守的な道徳家に激賞されるような特性ではないということも指摘しておくべきだろう」

「うん、たしかに、契約を決めるのに『ファウスト的取引』をしなければならないときもあった」と、世界中でのビジネス経験を豊富にもつマーク・リッチ社の元幹部が、わたしに打ち明けたことがある。その言葉はかなり長いあいだ、わたしの頭のなかに響きつづけた。「ファウスト的取引」。この言葉は現代では、自分勝手な行動やモラルを犠牲にする行動(権力や富や影響力を得るための悪魔との契約)を形容するのに用いられることが多い。だが、ヨハン・ヴォルフガング・フォン・ゲーテの傑作『ファウスト——悲劇』では、学者ハインリヒ・ファウストは単なる非情なエゴイストではない。目標を達成しようと懸命に努力する男、自分の限界を試そうとする男、として描かれている。ファウストは「世界を最深部でつなぎ合わせているもの」を発見するために因習を破る科学者なのである。ただ彼はあざむかれ、間違った方向へ導かれてしまう——長期の苦痛と引き換えに短期の利益を得ようとするのだ。マーク・リッチをコモディティ時代のファウストのような人物と見なすことも可能かもしれない。まず、やる気満々で、成功し認められようと懸命に努力する点が、ファウストに似ていなくもない。彼が取引方法を完璧なものにできたのは、まさに境界を越えてタブーを破ることを厭わなかったからである。また彼は、世界の〝悪魔〟たちと取引することからも力を得ていた。

ルツェルン湖から吹き上がってくる微風は、凍ったように冷たく澄んでいた。近くの農場から羊の鈴の音が聞こえてくる。霧立つ湖面には――こんな天候にもかかわらず――漁師の孤舟がわびしげに浮かび、湖を渡っていく。対岸の雪をかぶった丘は、まるでパウダー・シュガーを振りかけられたよう。すべてがうっとりするほど美しい。「あなたは幸運だったのでしょうね」とわたしは、世界史上最も成功し、最も物議をかもした商品トレーダーに言った。リッチはしばし何も言わずに湖面のきらめきをながめていた。そして、ほとんど自分自身に告げるかのように、キング・オブ・オイルは静かに応えた。「ときには」

あとがき――マーク・リッチ（一九三四～二〇一三）の遺産（レガシー）

また葉巻を喫（す）うようになったんだな。マーク・リッチがあらわれるのを待っていて最初に気づいたのはそれだった。二〇一三年二月末のことである。サンモリッツにある彼の別荘、チェサ・マルジには、葉巻の煙の匂いが立ちこめていた。天井に設置されている小型スピーカーから流れてくるのはバッハのソナタ。客間のテーブル上には著名なバスク人彫刻家エドゥアルド・チリーダの作品を論考した研究書が一冊。庭にはそのチリーダの小さめの彫刻が置かれていて、それが窓の真ん前に見える。

リッチは約束した昼食の時間に遅れてやって来た。遅刻をあれだけ嫌悪していたのに。その日の朝は素晴らしい天気で、七八歳になるリッチもつい誘惑されてゲレンデに出てしまったのである。「悪癖はなかなかやめられない」。指のあいだに挟まれたキューバ産コイーバについてわたしが尋ねると、彼はそう説明した。数年前、健康に不安を抱えて一度禁煙したことがある。その陽光あふれる冬の日、リッチは昼食後にお気に入りのウイスキー、ジョニー・ウォーカーの水割りを楽しみ、体調はだいぶ良さそうだった。

これが最後の面会になりそうな気配などまったくなかった。だが、その年の六月二六日、リッチは脳卒中を起こし、ルツェルンの病院で他界した。そして、翌日、イスラエル第二の都市テルアビブの東方に位置するキブツ・エイナトの非宗教的な墓地に埋葬された。その傍らには、一九九六年に白血病で亡くなった娘のガブリエルが眠っている。

もしリッチがあの世で自分の死亡ニュースの内容を知ることができたら、きっと喜んだにちがいない。世界の主要メディアのすべて――『エコノミスト』から『ル・モンド』や『フィナンシャル・タイムズ』まで、『デア・シュピーゲル』からCNNや『エル・パイス』まで――が、彼の生涯と仕事について大々的に報じたのである。言うまでもないが、どの紙誌、放送局もみな例外なく、検事たち言うところのアメリカ史上「最大の脱税」の容疑でリッチが起訴されたことにも触れた。さらに、その他の〝汚点〟をいくつも列挙した。たとえば、あのアメリカ大使館人質事件の最中（さなか）に敵国イランと取引して告発されたこと。そして、もちろん、数々の禁輸措置を巧みにすり抜け、あらゆる独裁者、暴君と取引し、人種隔離政策（アパルトヘイト）下の南アフリカに石油を供給したこともあった、という事実。リッチの物議を醸した取引――その多くは本書で初めて明かされた――に対する人々の激しい憤りによって、彼はずっと、まさに死に至るまで、暗い陰へと追いやられてきた。いや、それは死後も続いた。そう、言うまでもなく。

「彼は世界を変えた」

だが、死亡ニュースには新たな論調も現れていた。リッチ死して、ジャーナリストたちはコモディティ・トレーダーとしての彼の起業家精神あふれる業績に敬意を表する余裕を持てるようになったのだろう。たとえば、ＢＢＣは「史上最も成功したトレーダーのひとり」とリッチを評価し、『フィナンシャル・タイムズ』は「海賊の死」という見出しを掲げて敬意をあらわし、『ル・モンド』は「傷のある自由市場のチャンピオン」と呼び、「そう、確かにマーク・リッチは汚い手を使ったが、世界を変えもしたのだ」とコメントした。このように評される人物はめったにいない。(1)

最後の評価は間違いなく誇張でもなんでもない。一九七四年にスイスのツークという町に設立されたマーク・リッチ社（Marc Rich + Co. AG.）こそ、原油においてもスポット市場を実現して自由競争市場を創り出したのだから。そして、おもに外部から資金を調達して取引を行う、同社のハイリスク・コモディティ・トレードというビジネスモデルは、今日に至るまで無数のトレーダーの手本となってきた。

サンモリッツで最後に会ったときリッチは、自分が世界最大手の商品取引商社のなかに数えられるグレンコアとトラフィグラの事実上の創業者であるということに誇りをあらわにした。グレンコアはマーク・リッチ社の後身であり、二〇一一年五月に有名な秘密主義を捨て去り、公開会社となった。その当時、通信社のロイターはグレンコアを「聞いたことがないほど巨大な企業」と説明している。一方、トラフィグラのほうは、現在、大手石油商社のひとつであり、一九九三年、リッチ〝帝国〟の主要幹部のうちの二人によってルツェルンに設立された。

今日、グレンコアとトラフィグラの重要性をどれほど強調してもしすぎることはない。二社の年間売上高を合計すると四〇〇〇億アメリカドルにもなるのだ。ＧＤＰ（国内総生産）がこれよりも少ない国が世界には一六〇もある。そのうえ、この二社が世界の商品取引に占めるシェアはかなり大きい。先進工業国のどの家庭にもグレンコアが何らかの形で係わった製品が必ずある、と考えてまず間違いない。

日本は特別な市場

マーク・リッチは今日の商品取引のビッグ・プレーヤーたちの師（メンター）だと自負していた。グレンコアの現ＣＥＯ（最高経営責任者）のアイバン・グラゼンバーグも、トラフィグラの共同設立者のクロード・ドーファンとエリック・ドゥ・チュルクアイムも、一九八〇年代にリッチの会社でコモディティ・トレーダーとしてのキャリアをスタートさせたのである。リッチが「優秀」と評したグラゼンバーグは、一九八四年にヨハネスブルグで石炭の取引を始めたときはまだ二七歳で、それから苦労して実力で会社のトップにまでのぼりつめた。日本は石炭取引をしていた自分にとって非常に特別なマーケットだった、とグラゼンバーグはかつてわたしに述懐したことがある。

ブルームバーグはグラゼンバーグを世界三大企業家のひとりと位置づけている。(2)トラフィグラのCEOを長いあいだ務め、二〇一五年に肺癌で亡くなったクロード・ドーファンの場合は、リッチのもとで初めて担当したのがボリビアでの亜鉛取引であり、その後、リッチの原油取引全体を指揮するようになった。いまもトラフィグラの重役のままであるエリック・ドゥ・チュルクアイムは、もともとはフランスの銀行パリバの行員で、ロンドンで長期間リッチの財務を取り仕切った。「彼らは全員、ビジネスをわたしから学んだんだ」とリッチは真顔で説明した。かくして、リッチ亡きあとも、世界の商品取引への彼の影響は、間違いなく何十年か続く。

世界市場の先行きについても、マーク・リッチはほかのだれよりも正確に予測できた。商品取引という道を歩きはじめた初っ端、原油取引に革命的変化をもたらしたとき、リッチはすでにそれを証明して見せたが、キャリアも終わりに近づいたころ、ふたたび将来の世界市場をしっかりと予測した。商品取引は相変わらず極めて重要だが、これからは原料を入手する力も決定的なファクターとなる、ということに――競争相手よりもずっと先に――気づいたのである。「われわれは原料の生産についてもより強大な支配力を持ちたいと思った。だから、鉱山、精錬所、製油所を買いはじめた」とリッチはサンモリッツでわたしに言った。「コモディティを売買するだけというのは、もはや成功するビジネスモデルとは言えなくなった」

もちろん、リッチの予測は的中した。近年、天然資源を求める闘いは急速にヒートアップしている。工業国の経済は原料入手力に完全に依存しているし、増大しつづける中間層、とりわけアジアでの激増によって、エネルギー、金属、鉱物への需要がどんどん膨れ上がっているのだ。世界の資源消費量は二〇五〇年までに三倍になる、と国連は予測している(3)。

中国、インド、ロシアといった大発展を成し遂げようと奮闘する諸国は、文字どおり原料に飢えていて、みな例外なく世界経済が生み出す利益の分け前に与ろうと懸命になっている。そして、中国のコモディティ政策が如実に示してきたように、それは全世界に影響をおよぼしている。〝世界の中心の国〟という意味の国名を有する中国は、もうかなり前から原料を確実に確保できる国になろうと努めてきた。だから、いまも莫大な資金を投入してアフリカや南米の鉱山や会社を獲得している。と同時に中国は、レアアース（希土類）、マンガン、ボーキサイトといったコモディティ――いずれも現代産業に欠かせないもの――の先進諸国への輸出を制限している。二〇一四年の春にＷＴＯ（世界貿易機関）によって禁止された、そうした不公平な貿易慣行は、世界の商品取引において確執が生じていることを暴露してきた。そうした衝突は今後数年のうちに激化するはずである。

最後にもうひとつ、本書のなかで語られるマーク・リッチの物語からわれわれが学びとれることを挙げておきたい。それは、国益がかかっている場合、とりわけ石油や金属といった戦略的に極めて重要なものを確保できるかどうかというとき、どのような政治的色彩の政府であろうと、道徳やイデオロギーに目をつむる用意がつねにある、ということだ。

二〇一九年一〇月

ダニエル・アマン

（1）BBC, June 26, 2013, Controversial trader 'king of commodities' Marc Rich dies. Financial Times, June 26, 2013, How Rich sapped power of the Seven Sisters. Financial Times, June 27, 2013. Yes, he played dirty ? but Marc Rich also changed the world. Le Monde, June 27, 2013, Marc Rich: Mort d'un pirate.

（2）https://www.bloomberg.com/news/articles/2013-09-03/most-influential-50-s-new-names-show-shakeup-bloomberg-markets

（3）United Nations Environment Programme, Decoupling: natural resource use and environmental impacts from economic growth, 2011.

■著者紹介

ダニエル・アマン（Daniel Ammann）

1963年、チューリッヒ生まれ。チューリッヒ大学、カリフォルニア大学バークレー校などで学ぶ。2006年にはスイスで経済ジャーナリズム賞、2007年にはビジネスジャーナリズムの分野で「ジョージ・フォン・ホルツブビンク賞」を受賞。本書は世界的なベストセラーになり、ドイツでベストビジネスブックにノミネートされた。

■訳者紹介

田村源二（たむら・げんじ）

慶応義塾大学文学部社会学科卒業。英米仏の翻訳で活躍。トム・クランシーのジャック・ライアン・シリーズ、ジャスパー・フォードの文学刑事サーズデイ・ネクスト・シリーズのほか、ハジュン・チャン『世界経済を破綻させる23の嘘』、ブレンドン・バーチャード『人助け起業《ミリオネア・メッセンジャー》』など、訳書多数。

2020年２月３日　初版第１刷発行

ウィザードブックシリーズ㉙②

相場師マーク・リッチ
――史上最大の脱税王か、未曽有のヒーローか

著　者　　ダニエル・アマン
訳　者　　田村源二
発行者　　後藤康徳
発行所　　パンローリング株式会社
〒160-0023　東京都新宿区西新宿7-9-18　6階
TEL 03-5386-7391　FAX 03-5386-7393
http://www.panrolling.com/
E-mail　info@panrolling.com
編　集　　エフ・ジー・アイ（Factory of Gnomic Three Monkeys Investment）合資会社
装　丁　　パンローリング装丁室
組　版　　パンローリング制作室
印刷·製本　株式会社シナノ

ISBN978-4-7759-7261-8